本书为陕西省社会科学基金项目（2014M14）研究成果

本书获咸阳师范学院学术著作出版基金
咸阳师范学院拟建硕士点教育学学科建设经费资助

近代中国
西北科学教育史

李晓霞◎著

中国社会科学出版社

图书在版编目(CIP)数据

近代中国西北科学教育史/李晓霞著.—北京:中国社会科学
出版社,2017.10

ISBN 978 - 7 - 5161 - 9043 - 2

Ⅰ.①近…　Ⅱ.①李…　Ⅲ.①科学教育学 – 教育史 – 研究 –
西北地区 – 近代　Ⅳ.①G529.5

中国版本图书馆 CIP 数据核字(2016)第 237608 号

出 版 人	赵剑英
责任编辑	曲弘梅
责任校对	王佳玉
责任印制	戴 宽

出　　版	中国社会科学出版社
社　　址	北京鼓楼西大街甲 158 号
邮　　编	100720
网　　址	http://www.csspw.cn
发 行 部	010 - 84083685
门 市 部	010 - 84029450
经　　销	新华书店及其他书店

印刷装订	北京君升印刷有限公司
版　　次	2017 年 10 月第 1 版
印　　次	2017 年 10 月第 1 次印刷

开　　本	710 × 1000　1/16
印　　张	14
插　　页	2
字　　数	221 千字
定　　价	59.00 元

凡购买中国社会科学出版社图书,如有质量问题请与本社营销中心联系调换
电话:010 - 84083683

序

科学教育发源于 19 世纪的欧美。一位真正的自然科学教育的先驱斯宾塞（Herbert Spencer，1820—1903）在其《什么知识最有价值》中指出："什么知识最有价值，一致的答案就是科学，这是从所有各方面得来的结论。为了直接保全自己或是维护生命和健康，最重要的知识是科学；为了那个叫做谋生的间接保全自己，有最大价值的知识是科学；为了正当地完成父母的职责，正确指导的是科学；为了解释过去和现在的国家生活，使每个公民能合理地调节他的行为所必需的不可缺少的钥匙是科学；同样，为了各种艺术的完美创作和最高欣赏所需要的准备也是科学，而为了智慧、道德、宗教训练的目的，最有效的学习还是科学。"在这里，科学知识、科学方法、科学精神、科学价值观成为教育活动中最为重要的内容，亦即科学教育就是一种以传授基本科学知识为手段（载体），体验科学思维方法和科学探究方法，培养科学精神与科学态度，建立完整的科学知识观与价值观，进行科研基础能力训练和科学技术应用的教育。

科学教育在科学技术文明的传承与发展中具有重要的作用，而科学史不仅包括科学本身内在的逻辑发展，而且包含着科学作为文化的继承与发展，故科学教育与科学史研究有着密切的关系。科学教育的内容更新不仅来源于科学本身的发展演化，也来自科学史工作者的不懈探索。因此，作为一名学习教育技术的本硕学生、工作于师范学院教育学分院和攻读科学技术史专业的博士生，选择科学教育史作为自己的研究方向，尽力缝合教育史与科学史两个区块的渐行渐远，不断通过研究科学史去丰富自然科学教育的内涵和外延尤其具有重要意义，无论对于自己所学和今后所用均是合适的选择。这正是指导晓霞同学作博士学位论文选题的初衷。

那么，学位论文选题除了与自己的所学、所用结合以外，还要尽量与导师的研究方向和当下学术研究的前沿相结合。诚可谓：两情相悦，一拍即合。于是，《近代西北科学教育史研究》遂成为我国第一个以国立西北联合大学（以下简称西北联大）自然科学教育为题的博士学位论文。

1937 年 9 月 10 日成立的国立西安临时大学——国立西北联合大学母体与其子体，即国立西北五校——国立西北大学、国立西北工学院、国立西北农学院、国立西北医学院、国立西北师范学院，从其成立至 1946 年各自回迁复校，具有特殊的整体性、连续性和统一性，是一个扎根西北、分而有合、子母血脉相连的高等教育共同体。其母体与子体在大西北历时九年艰苦卓绝的办学过程，保存、激活或汇聚了众多的地方高等教育的"小江""小河"，保存了我国最早高等教育的火种，同时也在国土面积占全国 1/3、少数民族人口占全国 1/3、古代四大文化（中原文化、古希腊文化、美索不达米亚文化和古印度文化）、三大宗教（佛教、基督教和伊斯兰教）、三大语系（阿尔泰语系、印欧语系和汉藏语系）交错的西北地区创建了现代西北高等教育体系。其意义远比在东南沿海建大学的意义深远得多。在西北创建现代高等教育，是百年来数代有识之士的梦想，而正是西北联大的"并序连黉"、扎根西北，实现了这一梦想，从而奠定了 21 世纪西部大开发的一支重要的文明根基。在自然科学方面：一是以曾炯促使中国近现代数学进入世界三大前沿领域、虞宏正院士发明胶体化学、汪堃仁院士开拓组织化学、林镕院士发展植物分类学、汪厥明院士创立中国生物统计、魏寿昆院士创始中国冶金物理学、张伯声院士形成地球构造学派、师昌绪院士开拓中国高温合金、李仪祉开创中国科学治水为代表，展现了西北联大立足西北直击世界科学前沿的发明创造；二是通过"并序连黉"，整合、保存和光大了中国最早的高等教育萌芽（北洋大学堂），中国最早的法政教育（京师大学堂仕学馆、京师法政学堂），中国最早的农（京师大学堂农科大学）、医（京师大学堂医学实业馆）、师范（京师大学堂师范馆）高等教育，民国时期最强的高等工程教育（北洋大学），中国最早的矿冶高等教育（焦作路

矿学堂），中国最成熟的家政教育（北洋女师范学堂）等；三是通过
国立西北五校及其后继学校发展了这些高等教育类型，形成了505名
教授、1500名教职员工的师资队伍，并培养了9000余名毕业生；四
是形成中国高等学校区域分布由"点""线"布局向"面"的布局演
化的历史性转折，将现代大学制度系统地植入西北，形成了文、理、
工、农、医、师范、综合等完整的西北高等教育体系，从知识、思想、
文化等方面促进了西部地区的社会进步，为战后中国西北建设奠定了思想
文化基础，为21世纪的西部大开发蓄积了宝贵的人力资本；五是西南联
大的"南渡北返"和西北联大的"扎根西北"，各具特色，同为战时中国
大学精神的最高表现，西北联大师生展现出的中国优秀知识分子对祖国西
北开发使命的崇高自觉，是一笔宝贵的精神财富。

　　正如教育部原副部长、中国高等教育学会名誉会长周远清所说，
作为20世纪中国最大的大学联合体之一，西北联大是中国现代高等
教育发展的重要成果，在中国高等教育史上书写了辉煌篇章，但长期
没有得到应有的关注。自2012年9月以来，在中国高等教育学会主
持下，与西北联大相关的多所大学，在西北大学、陕西理工学院、西
北师范大学、天津大学举办了四届"西北联大与中国高等教育发展论
坛"，加强了各界对西北联大的关注。但是，近代西北地区科学教育
发展的历史脉络有何特点，特别是抗战时期西北联大的高等科学教育
到底做出了哪些历史性的贡献？西北地区科学教育体系在整个中国科
学教育中占有何种地位，与现代西北高等教育体系结构的关系是什
么？西北联大倡导"发扬民族精神，融汇世界思想，肩负建设西北之
重任"的大学精神有何现实意义？这些问题皆有探索价值。

　　习近平同志指出："世界的今天是从世界的昨天发展而来的。今
天世界遇到的很多事情可以在历史上找到影子，历史上发生的很多事
情也可以作为今天的镜鉴。重视历史、研究历史、借鉴历史，可以给
人类带来很多了解昨天、把握今天、开创明天的智慧。"① 那么，情同

---

　　① 《习近平的历史观》（http://news.xinhuanet.com/politics/2015 - 08/29/C_
128179336.htm）。

此理，西北今天的高等教育正是从晚清、民国以来的高等教育发展而来的，研究其自然科学教育的历史，可以为把握今天和开创未来提供历史性的智慧。杨玉良同志也指出："大学在'坚守'和'创造'之间维持一种张力。如果大学一味'保守'甚至复古，大学就丧失了她的责任；但如果大学忘记了传统，完全流俗，那么也是丧失了大学的责任。因此，许多高等教育研究专家都认为，大学的这种'坚守性'，以及她的'创造性'，实际上构成了'大学之魂'。"这正是我们关于这一选题的逻辑起点之一。

好在我的学生、本书作者李晓霞，是一位不善言辞但执着、有韧劲和"咬紧青山不放松"的人，这个谁也没有碰触过的"山头"，硬是让她攻了下来，而且相继获得咸阳师范学院专项科研博士基金、陕西省教育科学"十二五"规划项目、陕西省教育厅科学研究基金项目、陕西省社会科学基金项目、陕西省社科界重大理论与现实问题研究基金、国家社会科学基金项目等的持续资助，不仅形成了一个博士学位论文选题，而且形成了一个较为持久的长期研究方向。

在其攻读博士学位阶段，接受了科学史、科学传播史与科学教育史的系统训练，参与了导师主编的《西北联大史料汇编》（西北大学出版社 2012 年版）等，发表了 20 余篇学术论文，甚至还发现了我国最早的《科学教育》期刊并作了初步研究，参加了有关西北联大或科学史的一系列学术会议，最终完成了摆在我们面前的这本专著。她在广泛查阅和掌握第一手文献资料的基础上，运用文献梳理法、个案研究法及科学史考证与分析法，对近代西北地区的基础自然科学教育、工程教育及农学教育等作了全面研究，首次纵向地按照历史顺序清理出了近代西北科学教育发展的历史脉络，划分了发展演化的几个阶段，提出了各阶段的代表性人物与事件，复横向地按照自然科学学科类别，选取西北联大与其后继院校为典型案例，深入挖掘、分析与研究了抗战时期数学、物理、化学、生物、地理地质学等基础自然科学教育的专业设置、师资队伍、学术研究、课程教材、学生学习与就业等精细视角，从而为今天的科学教育提供了一个鲜为人知的高等自然科学教育联合体，也为我们规划未来的西北科学教育提供了历史的依据。完成这样一个艰巨的任务，的确需要付出艰辛的努力，这与她突出的学术能力、深厚的教育理论和科学史功底，以及肯于吃苦耐劳是难以分开的。相信她能以西北联大的研究为起点，不断深化和拓展研究领域，在学术探索的道路上走得更远。

诚然，本书尚属初步研究结果。诸如西北联大的区域教育理论、西北联大科学教育思想、西北联大精英教育的理论与实践、西北联大教学实践环节研究、西北联大训导制的创造、西北联大导师制的推行、西北联大学生参与南海诸岛考察、西北联大学生参与西北科学考察，以及教材、教法的微观研究等，还有很多工作需要进一步展开，已经形成的这些研究结果也难免存在一些缺点和不足，尚祈方家不吝指正。

值此付梓之际，请序于余，为师者自难推辞，故乐缀数言，以弁其首，权以为序。

西北大学西北联大研究所所长

西北大学数学与科学史研究中心博士生导师、二级编审

姚　远

2017 年 3 月 7 日于西北大学桃园校区格致斋

目　　录

第一章

绪　论

一　研究目的与研究意义

（一）研究目的

科学教育是教育的一个重要组成部分，在社会经济发展中发挥着重要的作用。推动社会经济快速发展，则依赖于科技与人才，而科技的发展、人才的培养则在于教育。科学教育正是将科学家们几千年来创造、积累的数学及自然科学知识传承给受教育者，使他们掌握先进的科学知识、一定的科学方法，并培养其科学思想、科学精神，从而利用科学或开创新的科学为社会服务以推动经济的快速发展。因此，从根本上看，科学技术的发展、国民经济的振兴乃至人类社会的进步皆取决于大量合格的人才，尤其是科学人才的培养，也只有科学教育才能培养社会所需要的科学人才。可见，科学教育在整个社会中所占据的重要地位。那么，研究作为科技第一生产力与培养科技人才的高等科学教育就显得尤为重要。

科学教育在科学技术文明的传承与发展中起着重要的作用。在中国古代，科学教育隶属于国家正统教育的儒家经典教育。但是，这种不受重视的地位并不意味着中国古代科学的不发达，相反，其科学技术举世闻名，曾长期处于世界领先地位。正如世界著名科学史专家李约瑟经过深入系统研究中国传统科学技术后，高度评价"在科学技术发明的许多重要方面，中国人成功地走在那些创造出著名'希腊奇迹'的传奇式人物的前面，和拥有古代西方世界全部文化财富的阿拉伯人并驾齐驱，并在3—13世纪之间保持一个西方所望尘莫及的科学知识水平"①。而在近代中国，文化日落，百业不兴，中国由于长期受到封闭保守的封建社会结构的影响、重农抑商和单一的经济结构以及传统哲学侧重于社会而忽视自然、经世致用等因素的制约，其科学技术落后于西方强国。许多仁人志士尤其是留洋国外的学者们深深地意识到世界列强之所以强大不仅仅在于他们拥有先进的军事武器，更重要的是隐藏在其背后的精深的科学技术。因此中国开始西学东渐，引进学习西方先进的科学技术。在整个人类社会发展的历史长河中，无论是创造丰富的科技文明，还是传承先进的科学技术皆是全人类社会的共同作用，更是科学教育的结果。而且在当代社会，高等科学教育学府不仅培养科学人才，而且直接从事科学研究，为社会奉献科学研究成果。可见，从科学的起源与发展，继承与传播、创新与进步以及人类社会的文明与进步无不彰显科学教育的重要作用，而且科学教育直接促进科学的发展。

综上看来，科学教育无论是对社会经济发展，还是对科学技术的传承与创新都有着非常重要的作用。近年来，国际国内对科学教育的研究日渐升温，伴随着世界范围内的课程改革和我国的新课程改革，更多的学者、专家着手科学教育的研究，加大了对科学教育的重视。由此也凸显出研究科学教育的必要性，特别是研究近代西北地区科学教育的必要性。

陕西、甘肃、宁夏、青海、新疆5省（区），人称祖国的"大西北"。这里天高地阔，资源富饶，是华夏文明的发祥地之一，历来便是一块举世瞩目的胜地，曾在盛唐时期成为中西交通的要道、经济文化的中心，为祖国小半壁江山做出过卓越的贡献。但是，毕竟西北地区自然环境相对恶劣，荒原戈壁，高寒枯旱，相对东部沿海地区经济发展落后，科学技术力量相对薄弱，科技人才短缺，决定科技发展与高素质人才的至关重要的因素——高等教育发展亦极不平衡。从左宗棠开发西北，到新中国的成立、改革开放，一直到21世纪，有效开发利用大西北，一直是国家的一项长期战略任务。要开发西北，关键

---

① ［美］李约瑟：《中国科学技术史》（第一卷），科学出版社1975年版，第3页。

是科技与人才，而科技的发展与人才的培养离不开教育，特别是高等教育。因此，如何有计划地、全方位地发展西北地区的高等教育，使其充分利用自身拥有的教育资源优势推进科学文化传承创新、提升人才培养水平、增强科学研究能力以及大力服务于经济社会的发展，不仅需要研究当前的高等教育，更需要"以史为鉴"，考察其教育历史，特别是高等教育的历史，吸取近代以来科学教育的经验，以察古而知今，认识当前科学教育发展的现状，重新认识科学教育与国民经济、社会发展的关系，探索一条切实可行、具有西北特色的科学教育发展之路，抓住西北区域特色，把握西北地区发展脉络，规划科学教育策略，培养西北地区需要的高素质科技人才，以更好地服务于西北经济社会的发展。

西北地区的高等教育不仅是中国高等教育的重要组成部分，在全民社会中占据着重要地位，而且直接影响着西北地区高素质科技人才的培养和科学技术成果的创新，进而影响社会经济的发展、国家的强大。也正是有了近代西北地区高等教育所做的重要贡献才有了今天的发展，以史为鉴，探索新时期具有区域特色的高等教育发展之路。因此，研究近代西北地区高等教育，特别是抗战时期的高等科学教育显得尤为重要。但是，长期以来国内许多学者、专家仅关注中国整体教育或东部沿海发达地区的教育研究，而很少涉及西北地区教育发展研究。近年来，随着西部大开发战略的实施，有些学者将研究的重心亦逐渐转向西北地区，但是大多数学者仅注意于西北地区整体的教育概况或个别省份的教育发展，且研究的结果较分散而不成系统，没有深入全面系统地研究近代西北地区高等教育，特别是抗战时期高等科学教育的发展。从科学教育史的视角而言，近代西北地区科学教育发展的历史脉络是什么？其科学教育，特别是抗战时期高等科学教育做出了哪些历史性的贡献？西北地区科学教育体系在整个中国科学教育中所占据的地位如何？这些都是没有解决的问题，也是本书的研究重点。因此本书选择对近代西北科学教育做一全面调查、研究与分析，尤其以国立西北联合大学的科学教育为主线，挖掘与理清西北地区科学教育发展的历史轨迹，科学、公正地审视近代西北科学教育在其特殊区域、特殊时期所做的历史贡献。

（二）研究意义

研究的意义在于：第一，丰富并发展科学史的研究。科学史的研究不仅包括科学本身的历史发展，而且包含着科学的继承与发展，而科学的继承与发展又离不开科学教育。因此，科学教育史的研究在科学史学科中占据着重要地位。在世界上，许多科学家、科学史家在进行科学研究、挖掘科学历史、探索科学发现的同时，从事着科学的传承与科学人才的培养工作。如在近代中国，对于科学教育史的研究主要由科学家、科学教育家及科学史家完成。其中做出重要贡献的无疑是著名的科学史家李俨和钱宝琮。如李俨在《科学》第 17 卷第 10 期上发表的《唐宋元明数学教育》和在《学艺》第 13 卷第 4、6 号上发表的《清代数学教育制度》以及《清季陕西数学教育史料》就是专门论述科学教育史。此外，在李俨的其他著作中也有多处论述了古代科学教育的内容。如其所著的《中国算学史》中，有专门章节论述了上古时期的算学教育，唐代算学制度，清初和清末算学制度，教会算学教育和清末的算学教科书①。钱宝琮在 1940 年发表的《金元之际数学之传授》亦论述了唐宋时期的数学教育制度、元初时期的私人数学教育等科学教育史的内容。而且科学家、科学史家在深入研究科学史的同时，极大地推动了科学教育史的研究。如由著名天文学史专家薄树人先生主编、中国科学技术出版社 2008—2009 年出版的《中国天文学史大系》中专门对"中国古代天文机构和教育"进行了研究。因此，研究近代西北科学教育，探究科学在教育传播中的发展轨迹，将会极大地丰富与发展科学史的研究。

第二，指导西北地区科学教育教学改革，解决其发展中的现实问题。当今科学技术的迅速发展，社会赋予科学教育更高的期望，对科学教师科学素养的要求、课程设置、教学方法、教学内容等提出了更

---

① 李娟：《中国科学技术教育史研究百年历程及反思》，《河北师范大学学报》（教育科学版）2006 年第 1 期。

多更高的要求，对如何能够有效地实施科学教育，全面提高培养科学人才水平、科学研究能力等提出了巨大挑战，这就要求科学教育机构、科学教育者不仅能够研究科学本身的知识内容，还要研究如何传承与培养科学人才的科学方法、科学精神，在德国存在主义哲学家、教育家雅斯贝尔斯看来教师具有的科学精神更为重要，"最好的研究者才是最优良的教师。只有这样的研究者才能带领人们接触真正的求知过程，乃至于科学精神。只有他才是活学问的本身，跟他来往之后，科学的本来面目才得以呈现"①。因此如何改革科学教学，不仅仅要吸收国外的先进办学经验，更要吸取自身历史发展过程的经验与教训。李大钊曾明确指出："一切史学研究，不是僵石，不是枯骨，不是陈编，乃是过去、现在、未来和永世生存的人类生活的全部生命。"② 因此，"欲通今者则必先知古"，通过研究科学教育史有利于指导科学教育教学改革，有助于解决当前西北地区科学教育发展中存在的诸多现实问题。西北区域的科学教育在历史实践的发展过程中做出了许多重要贡献，积累了许多丰富的经验，通过这些贡献与经验，转化思维，找出解决问题的方法，改革现行科学教育中存在的弊端。

第三，为推行西北大开发的战略调整提供新的工作思路。历来受人瞩目的大西北，具有鲜明的区域与民族特色，要切实可行的开发西北必须以科学教育发展为重心，不仅要放眼世界，学习西方或中国东部沿海地区先进的办学经验，还必须重新认识近代西北地区科学教育的实践过程，从中发掘科学教育自身的发展规律，汲取历史的经验和教训，借鉴科学教育遗产的精髓，脚踏实地，植根于西北区域的民族文化基础，以期对今天的区域科学教育与经济的发展有所借鉴和启示，为制定符合西北地区实际的科学教育发展战略提供新的工作思路。

---

① ［德］雅斯贝尔斯：《什么是教育》，邹进译，生活·读书·新知三联书店1991年版，第152页。

② 李大钊：《李大钊选集》，人民出版社1959年版，第129页。

（三）选题来源

本选题来源于陕西省教育厅科学研究专项基金资助项目（11JK0324）"近代西北自然科学教育史研究"及陕西省教育科学"十二五"规划课题（SGH12372）"西北联大对西北地区科学教育体系建构的历史贡献研究"。

二　研究现状与文献综合述评

近代意义上的西北地区高等科学教育起源于清末，至新中国的成立，历经清末民初科学教育的萌芽、民初至1937年高等科学教育的初步发展与抗战时期以及新中国成立前高等科学教育的迅速发展三个阶段，从1902年的陕西大学堂至民初时期科学教育的第一次整合（陕西五大学堂的合并），从民初的西北大学至1928年组建的兰州中山大学及1934年创办的西北农林专科学校，从抗战时期西北联大的组建至国立西北五校的分立合作，使西北地区科学教育从无到有，从无序分散到系统化、制度化，构建了较为完善的科学教育体系，为今日西北地区的高等教育建设做出了开拓性的贡献，成就了西北地区高等教育的基本格局和重要地位，奠定了21世纪中国西北大开发的文明根基。但是，通过调查研究发现，目前对于这一历史时期西北地区的科学教育研究涉及很少，几乎没有专门的研究成果。仅在个别学者的研究成果之中略有提及。从学术著作来看，主要有：（1）东北师范大学教育史学科学术带头人曲铁华教授的著作《中国近代科学教育史》。该著作阐述了中国近代科学教育整体的发展与嬗变，细细研读，发现该著作研究内容非常全面，但对西北地区的科学教育尚未细化研究。（2）辽宁教育学院孙宏安教授的著作《中国近现代科学教育史》。该著作研究内容之间逻辑性较强，并涉及晚清民国时期中小学、高等教育的整体科学教育基本状况，此研究成果为本书的研究提供了许多借鉴之处。但中国幅员辽阔，西北地区的社会经济文化发展与东部沿海地区存在很大差距，而此著作并没有分区域进而详细研究中国近代科学教育，此正是本书选择近代西北科学教育进行研究的切入点之一。（3）华东师范大学王伦信教授的著作《中国近代中小学科学教育史》。此研究成果以中小学的科学教育为研究对象研究了中国近代科学教育的发展概况。（4）华中师范大学余子侠教授的著作《中国近代西部教育开发史：以抗日战争时期为重心》。此著作与西北地区相关，但研究的是整个西部地区，研究范围较大，研究层次较广。仔细研读此著作，发现其对近代西北五省的科学教育探讨很少。同时，还有一些学术著作从专题史的角度研究近代中国的科学教育，如中国科学院自然科学史研究所李兆华教授的著作《中国近代数学教育史稿》，此成果专门针对中国近代数学教育做了探讨研究，是科学教育中的一部分，属于专题史的研究。除此之外，还有浙江师范大学骆炳贤教授的著作《物理教育史——中国物理学史大系》，以古代、近代到现代几个时期的物理教育为研究角度，重点从物理教育思想、课程设置、教学内容、教育理论与教学方法等方面来阐述研究中国物理教育，故此成果亦属专题科学教育史的研究，仔细品读与研究，发现这些学者不仅在不同视角、不同范围的科学教育方面取得了重要的研究成果，而且这些成果为本课题研究做了非常重要的铺垫。

另外，众多科研论文、学位论文也涉及一些与本课题的相关研究，但围绕近代中国科学教育的肇始与发展、洋务运动时期新式学堂的科学教育以及斯宾塞、赫胥黎、严复、蔡元培、胡明复、任鸿隽等人的科学教育思想研究较多。代表性的论文有：张惠娟的《简论斯宾塞的科学教育思想》，曲铁华的《论任鸿隽的科学教育思想》，王冬凌的《对中国近代科学教育的回顾与反思》《试论洋务运动时期新式学堂中的科学教育》，张怀宇的《论严复科学教育思想的价值和启示》等。还有一些文献主要围绕西北高等教育或西北个别省的科学教育所作的研究，主要有李锦熙等人在抗日战争时期对西北高等教育作过研究，撰有国立西北大学校史。西北大学姚远教授的《三秦公学与陕西早期的科学教育》《陕西大学堂教学活动考》《晚清陕西农业学堂与实业学堂考——兼论陕西实业高等教育的萌芽》《西北大学的源流与承袭》等成果针对陕西科学教育与高等教育作了非常具有价值的研究。除此之外，浙江大学田正平、张建中的《近代西北地区高等教育发展探析——以 1927 年至 1949 年为中心》《对近代边疆教育研究的思考》，华中师范大学余子侠、冉春的《近代西部地区教育变迁发展的历史反思》，新疆师范大学袁澍的《近代新疆教育事业的三次盛衰》，北京大学赵夏的博士论文《民国时期国人西北研究之考察》，兰州大学刘亚妮的《论国民政府时期甘宁青的边疆教育》，中国人民大学祁美琴的《民国时期的新疆学校教育概述》，深圳大学熊贤君的《教育开发西北：李蒸的理论与实践》，兰州大学朱长彦的硕士论文《从甘肃官立法政学堂到国立兰州大学（1909—1949）》，西北师范大学高丽萍的硕士论文《清代甘肃书院研究》，宁夏大学曹香芸的硕士论文《民国时期甘宁青新式教育的形成与发展》等研究成果，都是从西北个别省的教育或高等教育来进行研究的，而真正对近代西北自然科学教育史做一全面研究的却没有。笔者曾从近代期刊传播入手，先对 1915 年创刊、率先引入西方现代科学教育理念的《科学》① 以及 1934 年创刊的专门性期刊《科学教育》进行研究，探寻近代中国科学教育思想的发展演变，在此基础上进而对西北联大的数学教育、物理教育、化学教育、地理地质学教育以及工程教育等从学科与课程设置、教师队伍、学生培养与管理以及科学研究及学术演讲等方面进行了详细研究②，试图厘清抗战时期西北联大的科学教育历史脉络，探寻西北联大对近代西北地区科学教育体系形成的历史贡献。

　　综上所述，关于近代西北科学教育史方面的研究，首先，在众多相关西北地区教育与科学教育的研究成果与文献中，尚需一部系统全

---

　　① 李晓霞、姚远：《〈科学〉与西方现代科学教育理念的传入》，《西北大学学报》（自然科学版）2011 年第 1 期；李晓霞、姚远：《中国〈科学〉月刊传播科学的编辑策略》，《编辑学报》2012 年第 4 期。

　　② 李晓霞、姚远：《国立西北联合大学的数学教育》，《西北大学学报》（自然科学版）2012 年第 3 期；李晓霞：《国立西北联合大学的物理教育研究》，《教育评论》2013 年第 1 期；李晓霞：《我国西北地区化学学科的肇始与发展——以国立西北联合大学的化学教育研究为例》，《宁夏大学学报》（社科版）2013 年第 1 期；李晓霞、姚远：《国立西北联合大学的地质地理学教育》，《西北大学学报》（自然科学版）2012 年第 6 期；李晓霞、姚远：《我国西北地区工程教育肇始与演化——以西北工学院工程教育发展为例》，《内蒙古师范大学学报》（教育科学版）2012 年第 7 期。

面梳理总结西北五省在近代时期科学教育发展的论著；其次，从研究内容看，已有学者对西北地区农林教育进行了专题史研究以及姚远教授对陕西早期的科学教育进行了较为深入的研究，而其他相关研究文献也零星涉及近代西北地区的科学教育，并且多是以教育整体而言，但是，科学教育还需深入挖掘史料与剖析评价；最后，从研究区域看，大多研究成果及文献，皆以整个中国在近代的教育发展为研究范围，论及西北高等教育发展史的研究则很少，而专门论及西北科学教育研究的更是少之又少。但是，这些研究成果为课题的开展提供了有力的支撑，也对本课题的研究提出了挑战。近代西北地区科学教育的历史轨迹是什么？抗战时期西北联大的科学教育取得了哪些成就？其构建的科学教育体系在整个中国科学教育中所占据的地位如何等，这些都是本研究要解决的问题，也是本书的研究重点。

基于以上诸多因素，本书拟以近代西北自然科学教育史为研究选题，上溯清末民初，下迄于新中国成立（1949），时间跨越50年，地域跨越西北五省，全面研究西北地区自然科学教育的演进与积累，意义非小，理清发展史迹，探明消长规律，温故而知新，发展西北地区的科学教育，以图西北的现代开发。

三 研究内容与方法

（一）研究内容

一是在绪论中简单阐明近代西北地区科学教育的萌芽与演化的历史阶段，从中分析可知抗战时期高等教育的迅速发展对近代西北地区科学教育体系形成与发展具有重要的奠基作用，特别是国立西北联合大学的科学教育对构建西北地区科学教育体系做出了重要的贡献，并分析相关学者关于本书研究的现状，进而确定课题研究时限、研究内容、切入点以及研究的重点。

二是概述近代中国科学教育的历史演变。重点从近代中国科学教育的萌芽、初步发展以及迅速发展入手，厘清其历史演化过程，并以

1915 年创刊的《科学》和 1934 年创刊的《科学教育》专门期刊为媒介来探究近代中国科学教育思想与理念的萌芽与发展。

三是重点阐述国立西北联合大学对西北科学教育体系形成的重大贡献。以国立西北联合大学的科学教育为本书的研究重点，对数学、物理、化学、生物、地理地质等学科的课程设置、教师资源、学生培养与管理以及科学研究、学术演讲等方面进行详尽的研究，以探索西北地区基础自然科学教育体系的形成与演化及其科学意义。

四是研究国立西北工学院与近代西北工程教育体系的肇始与发展。本章重点研究近代西北地区的工程教育，以国立西北联合大学分立出来的国立西北工学院的科学教育为研究对象，从其学科、课程设置、师资力量、实验仪器设备、学生培养以及科学研究等方面来阐述工程教育体系的肇始与发展，进而阐明西北工学院为西北地区的工程教育所做的历史贡献。

五是研究近代西北地区农业教育体系的萌芽与发展。本章先是厘清近代西北地区农学教育的历史演化过程，进而以抗战时期及前后西北地区高等农学教育的形成与发展进行详尽的研究。研究的对象主要是陕西省的国立西北农林专科学校、国立西北农学院以及甘肃省的国立西北技艺专科学校、国立兽医院的科学教育。从而廓清近代西北农学教育发展的历史脉络及其体系的形成与发展。

六是结论，重点研究科学教育体系在西北地区演化与积累的现代价值。从区域教育角度，勾勒西北科学教育发展的基本脉络与中国高等教育区域分布的转折；阐述西北联大对西北地区科学教育做出的历史成就；概括总结西北联大在中国高等教育史中所占据的地位。

（二）难点与重点

开展本研究具有一定的难度：（1）由于时间久远，该项课题的研究时限，上溯清末民初，下迄于新中国成立，时间纵跨近 50 年；涉及的区域学校较多，文献史料分散，如何从浩如烟海的文献史料中挖掘出有用的信息，将分散的集中、无序的系统起来，的确具有一定的难度。（2）由于规模浩大，所涉学校档案、史料多属保护文献，虽调阅价值大，但获取不易。（3）前人研究基础薄弱，这一研究方向多被学者所忽略，即使有涉及者或概述于高等教育，或侧重于中国整体的科学教育，或侧重某一学科，可资借鉴的研究成果极少，故必须从搜集第一手资料（即调阅大量校史、期刊以及过刊）做起，整理、分析、考证、研究文献史料，并考虑多种研究方法的有机结合，这些均是本课题开展研究的难点。

研究重点：从西安临时大学、西北联大到国立西北五校子体的成立，西北联大可以说存在9年之久，在民族危难时期，成为支持和延续我国高等教育的擎天柱石，极大地推动了西北地区高等教育与科学教育的发展，对西北科学教育体系的建构做出了历史性的贡献。因此，本书以国立西北联合大学的自然科学教育为研究重点。

（三）思路与方法

1. 研究思路

本书的研究思路为：（1）搜集、解读、梳理、分析、研究各种现存的有关期刊、书籍等文献史料，从中选择与本书研究相关的信息，并对这些文献史料信息做出分析、使用与研究。（2）筹划从个案做起。由于本研究涉及高等学校较多，因此，对相关学校的科学教育分门别类，从其一个一个的历史调查入手，收集第一手文献资料，并形成相应的科学研究成果。（3）两条线索深入研究，以自然科学类别为明线，以时间为暗线，并重点围绕国立西北联合大学全面研究近代西北地区的科学教育发展，并进行比较研究，科学、公正地分析近代西北科学教育在中国科学教育历史上的贡献与地位。

2. 研究方法

本书的研究方法主要采用：（1）历史文献法。因为本研究涉及历史时期的科学教育发展，因而历史文献资料的搜集、整理和分析是最主要的方法。（2）个案研究方法。由于本研究涉及区域范围广，学校多，因此透过个案相关资料之搜集、整理与分析，深入研究科学教育，找出区域科学教育发展的特点。（3）比较研究法。纵向以时间为维度，对科学教育的生成与发展进行比较研究，横向以科学类别为维度，与近代中国科学教育的发展进行比较，找出区域科学教育发展的特殊规律。

（四）创新之处

本研究的特色与创新之处在于：（1）从科学教育传播的视角，首次勾勒出近代西北地区自然科学教育发展的历史脉络，从某种意义上来说填补了近代西北自然科学教育史研究中的一项空白，为西北地区科学教育的起源与发展研究提供新的理论依据。（2）本研究内容涉及较多领域，分数学、物理、化学、生物、天文、地理等基础自然学科与工程教育、农学教育等多个学科领域，且也是教育、科学技术与科学教育传播等几大领域相交叉的一个新领域。（3）在其他学者的研究基础上，挖掘西北地区科学教育的史料，得出新的看法，更重要的是多种研究方法相结合，以自然科学门类与时间为线索，专门研究西北五省区科学教育的起源、发展与体系化自然科学教育的形成及其区域特色，丰富和深化中国近代科学教育的研究。（4）将区域研究方法引入本书的研究，以定量与定性分析方法来研究近代西北科学教育，为重新认识和制定符合西北地区实际的科学教育发展战略提供新的工作思路。

第二章

近代中国科学教育的历史演变

一　近代中国科学教育的启蒙与发展

随着科学进入学校成为学校教育课程内容的必要组成部分，19 世纪上半叶以德国、法国和英国为主的欧美工业化国家的一些学校逐渐开展了科学教育，但科学教育的制度化以及从教育理论角度来研究科学教育则是在 19 世纪 60 年代以后。在世界近代教育史上，英国哲学家和社会学大师斯宾塞（Herbert Spencer，1820—1903）率先提出并强调科学教育的重要性。1859 年，在《什么知识最有价值》（1861 年收录在其名著《教育论》中）一文中，他系统地阐述了其科学教育思想[1]，他是 19 世纪欧洲最有影响的教育改革者、教育思想家。另一位值得一提的科学教育先驱则是与斯宾塞同时代的科学家托马斯·亨利·赫胥黎（T. H. Huxley，1825—1895），他是英国著名的自然科学家、教育家，不仅勇敢捍卫和积极宣扬达尔文的生物进化论，而且大力提倡和积极践行科学教育活动。首先，在他看来，自然科学极其重要。科学影响着人们每天的生活，人们事业的成功亦依赖于科学的掌握，甚至人们的"人生观已不知不觉地普遍受到了这种宇宙观的影响。这种影响是通过自然科学而强加于我们的"[2]。因此，他认为社会进步、民族成功以及人的心智发展等方面皆与自然科学有着密切的关系。其次，他认为人类要真正学到和掌握科学知识，则必须通过科学教育的途径，工业发展也离不开科学教育。但并不意味着科学教育是

---

① 丁邦平：《国际科学教育导论》，山西教育出版社 2002 年版，第 51—60 页。

② ［英］托马斯·亨利·赫胥黎：《科学与教育》，单中惠等译，人民教育出版社 2005 年版，第 106 页。

把全部科学知识传授给每一位学习者,而是尽可能地让所有学习者在学校的科学教育中"牢固地掌握科学的一般特点,并且在所有的科学方法上多少受到一点训练"①。同时,他认为科学教育不仅包括科学知识,更重要的是科学教育中的科学方法。于此他进一步对科学教育及其科学方法提出了独到的见解,指出"心智直接与事实联系"是科学教育的最大特点,而用系统化的"归纳方法来训练心智"是科学教育的又一特点,换言之,其所具有的"从对自然界的直接观察而获知的一些个别事实中得出结论"②的重要特点,是其他任何教育所不具备也无法取代的特点。再次,他还倡导将科学教育引入不同层次的所有学校,甚至认为科学教育应当开始于智力的发端,并对高等科学教育不同于其他层次的科学教育提出了自己的看法,他认为"世界的未来掌握在那些对于自然的解释能够比他们的前辈更进一步的人手里"③,而高等教育的首要任务就是要发现他们,尽可能地培养他们,使其具备从事服务于科学事业的能力。同时,他还倡导创建一种理想的高等科学教育,而在这种教育中,其学术思想是不受任何约束的,发现那些具有研究自然科学潜力的学生,并将他们培养成从事科学的研究者,并且在这样的教育中所有的学习者都将能获取全部的科学知识,并掌握所有的学习工具。最后,赫胥黎对科学教师训练亦提出了独特的看法,他认为要使教师能够胜任科学教育,使教学更加系统化和更加注重实际,那么需要采用一种不同的训练制度进行教师训练,而这种训练制度不仅要使教师熟悉所教的科目、所教的对象,更要懂得教学的科学方法,强调在科学教学课堂中尽可能利用实物,使教学过程真实直观。赫胥黎毕生都在努力追求促进自然科学的发展,科学方法的应用以及倡导与践行科学教育,极大地推进了近代英国与欧美其他国家的科学教育发展。亦由此可见,西方国家科学教育思想有了一定的发展,而制度化的科学教育也正是从 19 世纪中期以后才开始的。

---

① [英]托马斯·亨利·赫胥黎:《科学与教育》,单中惠等译,人民教育出版社 2005 年版,第 89 页。

② 同上书,第 91 页。

③ 同上书,第 171 页。

但是，即便是有大哲学家斯宾塞，科学家、科学教育改革家赫胥黎这样的伟大人物重视科学教育的重要性，但当时西方科学教育的发展还是很缓慢。

近代中国的科学教育肇始于洋务运动时期。这一时期中国的科学技术远远落后于西方国家，西方列强用坚船利炮大肆侵略中国，挟其声、光、电、热、机器、天算等科学炫耀于吾国人面前，举国上下如梦初醒。因此，洋务时期，洋务派试图"师夷之长技以制夷"，通过学习西方的坚船利炮、格致器械、军备制造等"技艺"，以求民族富裕、国家强大，对这种西方技艺的学习，有学者将其称为"西艺教育"①。可以说，此时期正是近代中国科学教育的发端时期。这一时期，洋务派通过创办洋务学堂、派遣学生出洋留学、翻译西书来传播科学。兴办的京师同文馆、上海广方言馆、福建船政学堂等诸多学堂中最著名的是 1861 年创办的京师同文馆。京师同文馆起初还没有涉及科学内容，1866 年开始增设天文、算学馆，化学课程由法国人比利干任教习；1868 年开设算学课程，李善兰任教习；1869 年增设万国公法，聘请丁韪良任教习；1871 年增设医学生理，德贞任教习，1877 年添设天文，先是美国海灵敦教授，后以费礼饬继之。表 2 - 1 为京师同文馆的课程设置，可见，此时的科学课程主要包括算学、物理、化学、天文、地理等自然科学以及实用科学。其他洋务学堂也相应开设了初期的自然科学与应用科学课程。这一时期学堂所用的科学课程教材主要有三方面的来源：一为教师自编教材；二为翻译的西书；三为中国传统自然科学著作。如数学教材，主要使用的是中国传统算学著作《算经十书》《几何原本》《数理精蕴》等，以及李善兰、华蘅芳等与西方传教士翻译的数学著作，如李善兰和伟烈亚力翻译的《代微积拾级》，邹立文与狄考文编译的《代数备旨》《笔算数学》等。虽然这一时期开始在中国传播西方的科学，但是其程度并未达到高等教育的水平，各科学内容只是最基本、最初步的知识，仅相当于国外普通中学程度。在科学教育思想方面，此时期对我国科学教育具

① 朱华：《任鸿隽科学教育思想及其实践初探》，《贵州文史丛刊》2008 年第 3 期。

有一定影响的则属武昌文华书院和上海圣约翰书院的开创者之一的颜永京（1838—1898），他率先将斯宾塞重视和提倡科学教育的思想导入中国。但由于历史条件所限，没有在中国引起很大的反响。

表 2 – 1　　　　　　　　　京师同文馆的课程设置①

八年制课程		五年制课程	
首年	认识识字、浅解辞句、讲解浅书	首年	数理启蒙、九章算法、代数学
二年	讲解浅书、练习文法、翻译条目	二年	学四元解、几何原本、平三角、弧三角
三年	各国地图、各国史略、翻译选编	三年	格物入门、兼讲化学、重学测算
四年	数理启蒙、代数学、翻译公文	四年	微分积分、航海测算、天文测算、讲求机器
五年	讲求格物、几何原本、平三角、弧三角、练习译书	五年	万国公法、富国策、天文测算、地理金石
六年	讲求机器、微分积分、航海测算、练习译书		
七年	讲求化学、天文测算、万国公法、练习译书		
八年	天文测算、地理金石、富国策、练习译书		

　　维新运动时期，维新派在变法运动中废科举、兴学堂，提倡西学，创办了数百所新式学堂。如著名的万木草堂，是康有为于1891年在广州创办的，学堂除开设中国古典文、经、史等中学课程外，还开设地理学、数学、格致学等西学课程，特别注重声、光、电、化等科学知识的学习；再如时务学堂，是梁启超与谭嗣同于1897年在湖南创办的，学堂设普通学与专门学课程，其中专门学的课程内容就有格算学等自然科学。还有1897年严复协助张元济创办的北京通艺学堂，1897年徐树兰捐资在绍兴兴办的中西学堂等②。同时，维新派还兴办了一些专门科学教育性质的学堂，如蚕桑学堂、茶丝学堂及铁路、矿物、农学、医学等专门学堂。这一时期，最典型的特点是将西学课程以章程形式统一纳入各类学堂的课程之中，并成为主要科目，

---

①　朱有瓛：《中国近代学制史料》（第一辑上册），华东师范大学出版社1983年版，第72页。

②　曲铁华、李娟：《中国近代科学教育史》，人民教育出版社2010年版，第106页。

从而对近代中国科学教育体制的初步形成起到了重要的推动作用。此时期，对科学教育思想的初步提出最有影响的是康有为和严复。康有为明确指出"中国数千年文明，实冠大地，然偏重于道德哲学，而于物质最缺然"①，因此以他为首的改良主义者主张西学、倡导科学、发展实业教育、改革教育制度、以求物质救国。他倡导"通国小学增设机器、制木二科"，并大力购买西方的工程材料、格致器械，如建筑、铁路、桥梁、电力等方面的机械、设备、材料等，并令学堂每天开设一两节格致课程，在此，"科学教育"的概念或名称虽未明晰，但其中已经孕育着科学教育思想的萌芽。此时期，要说对科学（西学）教育最有影响的莫过于人称"近代西学第一人"的严复，他认为"中国此后教育，在宜著科学"②，并强调其教学应以西方实事求是的科学方法作为指导。由此表明，科学教育已逐渐被重视。但严复主张的科学教育并未规定实施的具体教学内容、学制等，另因思想超前、社会落后而使其发展受到限制，严格来说并不能算作真正意义上的科学教育③。

新政时期，清政府于1902年颁布了中国教育史上第一个比较完整的学制，即"壬寅学制"，第一次正式将科学教育纳入学校教育体系。如学堂中设置有算学、图画、博物、物理、化学、地理等科学课程及其他课程，科学课程所占比重较大。1904年清政府又颁布了《奏定学堂章程》，即"癸卯学制"，将普通教育分为三段七级，一段为初等教育，设三级；二段为中等教育，不分级；三段为高等教育，设三级。此外，还设有师范和实业学堂两个体系。如中学学堂设置的课程中有中外地理、地文学、算术、代数、几何、簿记、三角、植物、动物、生理、卫生、矿物、物理、化学等科学课程。这一时期，在中等和高等教育阶段，自然科学内容显著增加，中等教育设置了门类较为广泛的数、理、化等科学课程，高等教育中的科学教育则实行分科设置。从此科学教育成为中国教育的必要组成部分，为中国科学

①　汤志钧：《康有为政论集》（上册），中华书局1986年版，第565页。
②　王栻：《严复集》（第3册），中华书局1986年版，第565页。
③　朱华：《任鸿隽科学教育思想及其实践初探》，《贵州文史丛刊》2008年第3期。

教育体制化发展奠定了的基础。

　　科学教育在中国真正的倡导与发展则是五四运动时期，国人开始倡导信仰德赛两先生，反对专制、反对愚昧，民主与科学思潮的发展以及科学救国的运动促进了中国科学教育思想的形成与发展。此时期，为我国科学教育做出突出贡献的则首推这位 20 世纪前半叶在中国科学界、教育界中具有重要影响的科学教育家任鸿隽先生，他明确提出了科学教育的思想，倡导科学，强调科学教育的重要性和意义并付诸实践。这一时期，科学教育的倡导者不仅重视将科学知识引入学校教育中，而且更重视科学精神、科学方法的传播。

二　《科学》与西方现代科学教育理念的传入

　　《科学》是 1915 年 1 月由美国康奈尔大学中国留学生任鸿隽（1886—1961）、胡明复（1892—1927）、赵元任（1892—1982）、杨铨（杏佛，1893—1933）等人创办、在上海商务印书馆出版发行的一份综合性科学期刊，以传播世界最新科学知识为宗旨、以阐发科学为己任，提倡科学、求真致用，使人渐得科学，共图中国科学之发达。

（一）《科学》传播科学教育相关的文献调查

　　《科学》从 1915 年创刊开始至 1951 年，共出 32 卷 369 期，共计 347 册。传播内容涉及算学、物理学、化学、农学、生物学、天文学等自然科学，同时还发表了许多科学工作者、科学教育家尤其是留美学子们在科学教育方面的重要论述。通过《科学》杂志第 1—15 卷索引文献调查统计，从 1915 年《科学》创办第 1 卷到 1931 年第 15 卷，发表教育与科学教育相关文章共计 104 篇，其中涉及科学教育的文章就有 62 篇（见表 2 - 2）之多。从科学教育层次来看，涉及博士教育 1 篇，大学教育 7 篇，中等教育 3 篇，小学教育 4 篇，以及留学教育 5 篇和职业教育 8 篇。从教育传播要素来看，涉及科学教师教员 3 篇，教材 3 篇，学生 3 篇，科学设备 2 篇，实验室 7 篇，教学与教学法 14 篇，电化教育手段 1 篇。由此可见，《科学》从算学、化学、物理、生物、地理、地质等学科全面传播西方的自然科学知识体系；从博士教育、大学教育、中等教育、小学教育以及职业教育与留学教育等多层次全面传播西方的科学教育体系；从师资的培训及学术研究、学生的选科、教材的编写、科学的教学法、科学设备的购建、科学实验室的建设及其使用，实习以及将幻灯、投影、电影等运用于科学教育的电化教育手段以优化教学等教育传播要素，全面传播构建科学教育的基本框架。其中尤其注重各自然学科教学方法的传播，比如《美国大学之化学教学法》《植物学教学法》《地质学教学法》《算学教学法》《地理教学法之商榷》《对于初级化学教学法之一建议》以及《推士对于中国中小学校科学教学法改进之意见》等，大大提高了教师的教学效率并促进了学生科学知识结构的有效形成，这对我国后来各自然学科课程教学论专业的形成与发展奠定了良好的基础。《科学》不仅注重传播科学实验室的建设，比如《南京河海工程专门学校水利实验室》《南洋大学试验室之扩充》等，而且具体到实验室簿记格式标准、实验课本、实验习题等各个实验环节，这对当时我国各地区、各学校实验室的建设均给予了理论与实践的指导，促进了科学教育的迅速发展。《科学》还特别注重传播职业教育，涉的文章有 8 篇之多，从《职工教育》《生计与教育》《实业教育观》到《森林教育问题》《化学工业与职业教育》《工程教育》等全面论及职业教育。《科学》还论及了科学与教育的关系、欧洲战后的科学教育状况以及当时我国科学教育实施与进步及发展状况。

表 2－2　　　《科学》杂志中科学教育传播文献调查

篇名	年卷期	篇名	年卷期
中国留美学生科学调查表	1915，1（1）	美国大学所授之博士学位	1915，1（5）
论近年派送留学政策	1915，1（9）	留美中国学生之确数	1915，1（10）
科学与教育	1915，1（12）	活动影戏机与自然科学之关系	1916，2（10）
职工教育	1916，2（4）	生计与教育	1916，2（6）
最近留学界之一鳞	1916，2（1）	教育中科学之需要	1917，3（6）
实业教育观	1917，3（6）	森林教育问题	1918，4（2）
科学教授改进商榷	1918，4（2）	童子军与理科教育	1918，4（3）

篇名	年卷期	篇名	年卷期
中等教育算学通论	1919，5（2）	化学工业与职业教育	1919，5（6）
美国最近之工商教育	1921，6（4）	科学教授的原理	1921，6（11）；1922，7（3）
中国科学教育进步之状况	1922，7（1）	欧洲战后之科学教育状况	1922，7（6）
水功实验场之重要	1922，7（6）	十年来留美学生学科之消长	1922，7（10）
南京河海工程专门学校水利实验室	1922，7（8）	美国中小学校之科学教育附推广中国科学教育计划	1922，7（11）
中国之科学教育	1922，7（11）	算学教学法	1922，7（11）
科学之教授	1922，7（11）	生物学与女子教育	1922，7（11）
美国大学之化学教学法	1922，7（11）	地理教学法之商榷	1922，7（11）
植物学教学法	1922，7（11）	地质学教学法	1922，7（11）
中国中等学校数学科教授状况	1922，7（11）	三十年前吾国科学教育之一斑	1923，8（4）
推士对于中国中小学校科学教学法改进之意见	1923，8（7）	科学教育与科学	1924，9（1）
东吴大学建筑科学馆	1924，9（3）	北京科学教员暑期研究会之发起	1924，9（1）
江苏科学教育实施委员会	1924，9（4）	南洋大学试验室之扩充	1924，9（3）
理科教育著作之介绍	1924，9（6）	对于初级化学教学法之一建议	1924，9（5）
实验室簿记格式标准	1924，9（9）	小学教师与科学研究	1924，9（6）
对于庚款用于建立中国科学设备基本之具体办法	1924，9（11）	全国科学教育设备概要	1924，9（8）
工程教育	1925，10（11）	论工业教育应注重实习	1925，10（2）
生物学与大学教育	1926，11（2）	与中小学教员谈中国地质	1926，11（1）
科学教育暑期研究会	1926，11（2）	金陵大学植物标本室之概况	1926，11（2）
中国地质学会设立葛氏奖章	1926，11（6）	中国地理学中几个错误的原则	1929，13（1）
沪江大学之煤气室	1929，13（10）	一年余之有机化学教学	1929，13（12）
初级中学之混合自然科学教学问题	1929，13（8）	实验课业在科学教学上之地位	1930，14（8）
实验习题之性质及实验课本	1931，15（1）	发展江西省立陶业学校计划书	1931，15（1）
从铜与盐酸作用问题谈到化学教学	1931，15（12）	化学与教育	1931，15（7）

《科学》不仅通过各类各层次诸多科学工作者所书的文章，而且通过国外大学校园图片、科学实验室、科学讲堂、图书馆、实验设备器械插图等来传播西方先进的科学教育。据统计，国外大学、科学实验室、图书馆等相关科学教育插图达 60 幅之多，第 1 卷第 2 期有哈佛大学图书馆，第 6 期有康奈尔大学藏书楼之阅览室、化学分析室、化学讲堂、机械实业所、哈佛大学图四帧等，第 9 期有芝加哥大学之赖尔生（Byerson）物理实验室及好寄宿舍，第 10 期有哥伦比亚大学图书馆；第 2 卷第 1 期有格拉斯戈大学校舍及恺尔文豪松园，第 2 期有美国波士顿城图书馆内景两幅，第 5 期有德国柏林工科大学图两幅，第 6 期有耶尔大学校景两幅；第 3 卷第 1 期有英国皇家学会之图书馆；第 4 卷第 5 期有康奈尔大学文科部、康奈尔大学大同会会舍；第 5 卷第 10 期有美国斯坦福大学之矿床学会实验室；第 10 卷第 2 期有清华大学科学馆图四幅，第 9 期有上海南洋大学机械及电机工程实验室摄影四幅；第 12 卷第 2、3 期有南洋大学工业展览会摄影七幅，第 7 期有南洋大学试讲耕田机及学生成绩陈列室之摄影；第 13 卷第 4 期有美国芝加哥大学之莱凯士天文台及其世界最大值四十时经折光天文镜和二十四时经廻光天文镜；第 14 卷第 8 期有东北大学理工学院科学馆、物理实验室六幅；第 11 期有国立中央大学化学系及化工科实验室之摄影八幅。

（二）《科学》传入的西方科学教育①

1. "科学于教育之重要" 当 "确立不移"

在社论《科学教育与科学》一文中指出："虽然科学教育重要矣，而科学本身之尤为重要"，"言科学教育而不可不先言科学"②。任鸿隽进一步强调："科学于教育之重要，久已确立不移矣。其在今日，科学之范围愈广，其教育上之领域亦日增。设有人焉，居今之世，犹

---

① 李晓霞、姚远：《〈科学〉与西方现代科学教育理念的传入》，《西北大学学报》（自然科学版）2011 年第 1 期。

② 任鸿隽：《科学教育与科学》，载樊洪业，张久春《科学救国之梦——任鸿隽文存》，上海科学技术出版社 2002 年版，第 309—310 页。

狃于中古之法，谓教育之事，唯以读希腊拉丁之文，习《旧约》神学之书为己足者，彼方五尺童子，知唾其面矣。"① 他还从科学发明在古今工业中的不同作用，进一步强调在学校开展科学教育的充分必要性。其中论及"古之工业，得于自然与习惯之巧术。今之工业，得于勤学精思之发明。古之工业，难进而易退。今之工业，有进，而无退。何则？有学问以为后盾故也"，"因以见学校中科学教育之不容已"②。由于工业发达之起源，皆出于学问、智识，而学校则为学问之府、智识之源，因此必须在学校开展科学教育。

2. "今之科学教育""唯有教以归纳的理论、实验的方法"

任鸿隽在《说中国无科学之原因》一文中指出："关于教育之事吾西方有一物焉，足为东方人之金针者，则归纳法（inductive method）是也。"③ 他还指出国人应该学习西方的一种重要科学教育方法，即归纳法，并认为"西方近百年之进步，既受赐于归纳的方法矣。……吾人欲救东方人驰骛空虚之病，而使其有独立不倚、格致事物、发明精神，亦唯有教以自然科学，以归纳的理论、实验的方法，简练其官能，使其能得正确之智识于平昔所观察者而已。"④ 他还在《解惑》一文中也提到"真正之科学智识，当于学校教科实验室中求之，非读一二杂志中文字，掇拾于口耳分寸之间所能庶几"⑤。因此，实施科学教育，首先要重视自然科学中的归纳法、实验法等科学方法。

任鸿隽在论及科学教育的第一目的时指出："今之科学，固不能废推理，而大要本之实验。有实验而后有正确智识，有正确智识而后有真正学术，此固为学之正鹄也。"⑥ 这里再次强调了科学实验方法的教育在整个科学教育中的根本性地位和首要地位。

胡明复在论及科学实验方法教育的重要性时也指出：将来我们无

---

① 任鸿隽：《科学与教育》，《科学》1915 年第 12 期。

② 任鸿隽：《科学与工业》，《科学》1915 年第 10 期。

③ 任鸿隽：《说中国无科学之原因》，《科学》1915 年第 1 期。

④ 同上。

⑤ 任鸿隽：《解惑》，《科学》1915 年第 6 期。

⑥ 任鸿隽：《吾国学术思想之未来》，《科学》1916 年第 12 期。

论从事何种职业、何种工作，作为一名具有广博知识结构的教育者来说，都应该知道"物理化学博物之原理大要""且学此数种科学应彻底澄清，附以实验。盖此为学者一生之根据"①。还特别指出学校的科学课堂教育"非如水之可灌入"②。任鸿隽在《科学与工业》一文中指出："今之学校以实验科学为教者，吾不知其何居。计学者自中学以至高等或大学毕业，其致力于科学之时，亦既不少矣。其人必明于几何代数之理，方圆形体之算。其在物理，必明于动力能量之定律、声光电磁之原理。……今日言学，诚与空言格物而坐俟，豁然之一旦者，其难易繁简，不可同日语矣。"③ 在此，划出了中国古代科学教育与西方现代科学教育的清晰界限，即：一为"空言格物"；二为科学实验，并且二者"不可同日而语"。

任鸿隽在《科学教育与科学》一文中提及美国科学教育专家推士（George Ransom Twiss，1863—1944）对中国科学教育状况进行的考察和研究，进而反思道："今之科学教育，何以大部分皆属失败，岂不曰讲演时间过多，依赖书本过甚，使学生虽习过科学课程，而于科学之精神与意义，何茫未有得乎？则试问今之科学教师，何以只知照书本讲演……"④ 就此推士提出了改进的建议，"如减少讲演时间，增加实验时间，注重个人之实验练习及采集训练等，皆可谓具体的改良计划"⑤。

在此，任鸿隽引用 1922—1924 年美国著名科学教育专家推士考察中国科学教育的研究结果，将 20 世纪初期中国科学教育失败的原因，归之于课堂教育过多而实验教育和野外实习过少。这一论点，一针见血，直击中国科学教育失败的根本，实际上也再次强调了科学教育的精髓在于科学实验教育。

---

① 伏恩：《教育之性质与本旨》，胡明复译，《科学》1915 年第 6 期。

② 同上。

③ 任鸿隽：《科学与工业》，《科学》1915 年第 10 期。

④ 任鸿隽：《科学教育与科学》，载樊洪业，张久春《科学救国之梦——任鸿隽文存》，上海科学技术出版社 2002 年版，第 309—310 页。

⑤ 同上。

3. "注重实业教育，养成各级人才，以专才事专业"

在《科学》中还专门论及实业教育。任鸿隽强调实业教育在教育中占据着重要的位置，为了我民族的发展与进步，必须重视实业教育，且"实业之位置既高，其组织与制造之术，亦日趋于繁衍而奥邃。前世师徒相授，箕裘相绍之制，既不足以副新时势之需求。将因仍旧贯，循之不改，艺术梏窳，社会枯瘠，殆期恶果之无可避者。欲求此弊，则唯有注重实业教育，养成各级人才，以专才事专业，事既举矣，而进步始可得言"①。以往在实业中所用的教学方法主要是师徒法，如此传播方式有可能造成某些科学与技艺的失传，更不能适应新时期社会的需求，只有重视现代实业教育，采用新式教学方法，创办专门教育：农业教育、工业教育、商业教育等各类层次程度不同的实业学校，才能应新时局之需。如"大学内之实业专科、实业专门学校、中等实业学校（即吾国现行学制之甲种实业学校），初等实业学校（即乙种实业学校），补习学校"②等各类实业教育，都应兴办。同时任鸿隽认为实业教育有其自身的内涵与外延，与职业教育、职工教育概念有所不同，指出实业教育非即职业教育，亦并非仅职工教育，其"兼造成实业上之高等人才，司发纵指示之役，及具开创建设之能者而并包之也"③。同时还指出，实业教育与普通教育亦不相同，它需具备四个特征，一为虚，即物理、化学、算术、图画等科学；二为实，即工场实验；三为狭，即专习一门，以求至乎其极；四为阔，即学习实业既其内蕴，又当通其外缘，而对于高等实业教育更是如此。

对于中等实业教育的创办，他指出必须适应地方之需求与环境条件，在论及创办实业学校的学科范围、设施建设时，指出须依据其办学目的而定，"譬如中等以下之实业教育，苟专为造就某项实业工人而设者，则当于某项实业之实际多事讲授，而关系较远之化学物理，可加剪削。反是，与研究某项专门之实业，不可不于实验室之设备务

① 任鸿隽：《实业教育观》，《科学》1917 年第 6 期。
② 同上。
③ 同上。

求完善”①。在此还指出应选择长期从事实业的人员作为实业教师。

任鸿隽还进一步指出：实业教育的政策与普通教育不同，普通教育在普及初等教育方面尤为迫切，而实业教育则在高等教育中实施更为紧要，所以他主张注重发展高等实业教育。如此，“实业乃能发达，实业发达，而后中初等实业可得而言”②。

4. 留学教育重在培养实业教育之人

论及留学教育，主张多习实学，学以致用。胡明复指出：“昔日之调查、宪政、速成师范……何济于事”。“善治国者，必自治本起矣。治本之道在鼓励实学，必以学成为惟一宗旨”③。在论及留学生目的是否实用方面，任鸿隽指出：“吾国送留学生之效，远不如日本……日本留学生收效独多者，自以彼出外留学时，皆具有一定之目的，对于欲研究之问题，先已知其大要，到外国后专研究此事，归国即举措之耳。我则无目的，无材料，在外时任择所好而研究之，归后所研究者得用与否，全听之不可知数。”④ 在《建立学界论》与《实业学生与实业》文中记载，麻省工业学校有 47 名中国实业留学生，29 名归国后所从事行业的统计（见表 2－3），可知从事实业者仅有10 人，占回国学生总数的 34.5%；从事科学教育工作者 13 人，占回国学生总数的 44.8%。由此可见，虽留洋习实业，但从事实业者还不到一半，“即从事实业矣，亦不过受佣于已成之实业，如铁路、铁厂、机器厂等。其能自创一实业，为国家开生利之源者，盖渺乎未之闻也”。究其原因，“留学外国者，有研究实业之机会，而苦无研究之材料。国内实业家有供给材料之能，而苦无研究之人。……问何以不能互相为用，则以两者之间，少一介绍机关而已”⑤。所以，寄希望于有识之士能重视“此介绍机关”的真正意义所在。且明确指出“留学外

① 任鸿隽：《实业教育观》，《科学》1917 年第 6 期。

② 同上。

③ 胡明复：《论近年派送留学政策——为一般国民与有志留学者告》，《科学》1915年第 9 期。

④ 任鸿隽：《实业学生与实业》，《科学》1917 年第 4 期。

⑤ 同上。

国归者。必先令教于某校中。以是为试验之具，且教学相长。教者亦不搁置所学，久而益荒"①。

表 2 - 3　美国麻省工业学校中国学生近十年内毕业者之大概情况②

（单位：人）

科目	得相当职业者	教书者	无业者	未详职业者	未归
土木	0	3	2		0
机械	4	1	0		3
矿	2	1	2		1
化学及化工	2	3	0		2
电机	0	3	0		0
军舰	0	0	0		8
商舰	2	2	0		0
飞机	0	0	0		4
总计	10	13	4	2	18

　　这种强调优先培养实业研究人才的思想，又进一步延伸至实业职工教育。李垕身在《科学》撰文中指出："启发工人之智识，涵养工人之性情，为不容少懈之急务。""欲改良吾国工业品，必先增进工人之智识，使工人于操作之业知其发达之次序，以求逐渐改良；于使用之材料知其构造之组织，以免无识之浪费。"如此，"使工人长于所业，及乐于所业"；"使工人无论何时，能以其所长及所乐以成己事，或助他人之事"；"使工人适于社会之所需，而为善良之公民"③。李垕身在强调科学与职工教育的重要性后，又将此延伸至国民教育，指出："国民为一国之根"，"根枯者华落"，"国民无振兴之精神，则神州大事行将尽去，何况乎职工教育。有志之士，奋袂而起，以弥漫我中华之精神于东亚"④。

① 任鸿隽：《建立学界论》，《留美学生季报》1917 年第 9 期。

② 同上。

③ 李垕身：《职工教育》，《科学》1916 年第 4 期。

④ 同上。

5. 科学教育事业的初创

《科学》在我国科学教育事业初创时期，任鸿隽提出两个重要的观点，其一是提出："文学与科学之于教育，乃并行而不可偏废"①，认为"吾绝不抹煞真正文学于教育上之价值，或以智育之事，无待文学而已完者，误也。……若以科学教育造成一曲之势，其害有以异乎"②。在此认为抹杀社会科学的教育价值是一种错误的思想，必须同等重视自然科学与社会科学的教育价值。其二是提出创建"大学及专门学校之研究科"③。在《发明与研究》一文中，指出外国学术研究的组织之一是大学及专门学校之研究科。在《建立学界论》中也指出因"学校萃群材于一隅，具研几之涂术。成人之有德，小子之有造"④，认为在学校建立学术、开展学术研究尤为重要，教师不仅要传道授业解惑，而且要担负起学术研究的重大责任。

《科学》的主办者中国科学社不仅传播西方先进的科学教育理念与思想、科学教育方法等，而且身体力行地开展、推进科学教育事业。在《科学》第7卷专门设置"科学教育"专栏，并出版发行科学教育专号。任鸿隽于1920年秋受聘为北京大学化学系教授、1923年冬任东南大学副校长，1935年9月—1937年6月任四川大学校长，在此期间，改革课程和教育方法，优化师资队伍，优选知名教授授课，将自己的科学教育思想付诸实际。再如胡明复1917年回国后任教于上海大同学院，并创办数学系，推进和践行数学科学教育。同时，《科学》还推崇中华教育文化基金董事会的科学教学事业。比如，其主创者在南京中央大学、北平师范大学、东北大学、武汉大学、广州中山大学、四川大学全国6所学校内举办科学讲座，以培养科学教师，改进教学方法。同时，中基会将科学教科书与设备改良双举并进，审查各中等学校所用教科书，特约科学专家编纂科学实验教科书，如丁燮林的《初级物理实验讲义》、萨本栋的《大学物理学》

---

① 任鸿隽：《科学与教育》，《科学》1915年第12期。

② 同上。

③ 任鸿隽：《建立学界论》，《留美学生季报》1917年第9期。

④ 同上。

等。关于科学教学设备的改良方法主要以资助制造设备厂家大量生产，廉价销售给各学校，使其科学设备渐臻完善。如东吴大学之生物材料供给所，即受中基会之补助而从事此项工作。

除此之外，《科学》还曾与中华教育改进社和洛氏驻华医社等在清华大学办理暑期中等学校科学教育讲演会，并专设科学名词审查会、改良科学教育委员会、科学咨询处等机构，从事科学名词审定、科学技术咨询服务、中学科学仪器设备、科学教科书的辅导和改进等活动。

（三）《科学》传播科学教育的意义

民国之前科学教育思想虽已萌芽，但没有明确提出科学教育的口号和形成完善的科学教育思想体系。五四运动时期，国人开始倡导民主与科学，反对专制、反对愚昧，真正开始科学救国的运动，而《科学》为此做出了重大贡献。《科学》全面引入西方的科学教育思想，明确指出科学于教育之重要及科学精神的培养与科学方法的训练是科学教育重中之重，实施科学教育刻不容缓，并形成了较为完整的科学教育观。《科学》全面传播了各学科各层次的科学教育，从范围上来看，有农业、算学、天文、实业教育等各个层次或门类的科学教育。从层次上来看，有初等、中等、高等教育、职工教育及留学教育等，传播了西方较为完整的科学教育体系。从教育传播理论来看，从师资培训、教材编写、学生选科、科学设备购置及科学实验室建设使用等传播要素以及教学方法、手段、策略等方面，全面引入西方科学教育体系。从学习和教育理论来看，推崇杜威的"做中学"等新的教学理念与方法，而且将西方最先进的幻灯、投影、电影技术运用到科学教育之中。《科学》在强调科学教育之重要的同时，还倡导科学教育与人文社会科学教育双举并进，不偏废任何一方的主张，显示了既重视传播西方先进教育理念，又继承和发扬中国传统教育思想的新的价值取向。

《科学》及创办人任鸿隽等人还特别重视实业教育、职工教育，从工程、化学化工等不同角度论述职业教育的建制与发展，详细论述实业教育的意义和影响以及实业学校的建立、选科制度和实业教育中所存在的问题，使实业教育的发展在此期间达到了高潮。

三　《科学教育》与其科学教育思想

近代中国科学教育之发轫时期是在鸦片战争之后，而创刊于民国四年（1915）的《科学》，其创刊人任鸿隽率先提倡科学救国，以传播科学为宗旨，并初步引入西方科学教育思想及其方法，推动着中国科学教育的兴起。而创刊于民国二十三年（1934）的《科学教育》期刊，是中国第一份专门研究算学、化学、物理、生物、天文、地理等科学教育内容、教学方法、师资培训、教材研究、实验设备及其改革等方面的期刊。该刊的出现在中国科学教育历史上具有标志性的意义。但关于《科学教育》几乎没有专家学者做过研究，姚远编著的《中国近代科技期刊源流》一书也遗漏此刊[①]，只是偶见在教育技术发展史中有学者提到该刊发表的《视觉教育》一文[②]。因此，在此侧重于从科学教育期刊传播的视角来探究近代中国科学教育思想的渊源。

（一）编辑出版概况

《科学教育》是以"科学教育"一词冠名创办的中国最早的专业性期刊（见图2－1），创刊于民国二十三年（1934）三月，是由金陵大学理学院创办并出版发行的季刊。该刊专述科学教育之相关内容，其编辑委员有余光烺、石道济、戴安邦、魏学仁、吴咏怀、潘廷洸、李方训、陈纳逊、裘家奎、刘恩兰、戴运轨11人，其中余光烺为编辑委员会主席。编委们均在金陵大学理学院从事数学、化学、物理、生物等科学教育工作与研究，曾留学于美国纽约哥伦比亚大学、美国西北大学、普林斯顿大学、克拉克大学以及日本京都帝国大学等一流

---

① 姚远、王睿、姚树峰：《中国近代科技期刊源流》（1792—1949，上中下），山东教育出版社2008年版。

② 朱敬：《中国早期电化教育的特点与逻辑》，《现代教育技术》2007年第2期。

学府，在物理、化学、数学、动物学、自然地理等科学研究方面很有造诣，皆是中国近代著名的科学家、科学教育家。创办方金陵大学理学院还附设以服务社会为目的之科学服务部，设有应用化学、电机、科学仪器、科学教育及解答各界关于科学上之各种问题的咨询组等五组，利用其现有之人才与设备以协助我国科学教育之发展。

《科学教育》设置栏目多样、传播内容丰富，主要传播科学与探讨科学教育，包括"明瞭科学之真意及发生浓厚之兴趣"的科学智识论文，"工欲善其事，必先利其器"的实验设备充实之文，"专门训练科学教员""谋教学方法之改善""明瞭与运用科学方法"等科学教学论文探讨。还设有打破"国内沉闷空气，添呈活跃生气"的国内科学新闻以及传播"欧美各国之科学文明"的国外科学新闻栏目，并设置"通俗简明而有教学价值""便利中等学校理科教师及一般理俗读者之参考"①的中英文期刊科学索引栏目。其创刊号有余光烺的《科学教育发刊词》、戴安邦的《今后中国科学教育应注意之数点及问题》以及魏学仁的《认清科学教育目标》等。该刊出版卷数不详，现存卷数与其刊号有 1934 年第 1 卷第 1—4 期，1935 年第 2 卷第 2、4 期，1936 年第 3 卷第 1—2 期，1937 年第 4 卷第 1 期，今存中国国家图书馆、北京大学图书馆、武汉大学图书馆等地。

《科学教育》期刊中还载有大量关于科学仪器、科学与科学教育类期刊、著作、科学教材等广告。如科学仪器馆、中华书局、大华科学仪器公司所作的理化器械、生理模型、动物标本、化学药品，以及各国高等精密理化器剂之广告，还有上海冠龙照相材料行有关摄影机、电影放映机、软片及其维修、照片冲晒放大等广告。此外，介绍有关科学与科学教育类期刊广告有灌输科学知识的最大定期刊物《科学》，中国天文学会刊物《宇宙》《中国天文学会会报》，人人应读之通俗科学杂志《科学的中国》《科学世界》《江苏教育》《地理教学月刊》等。著作方面的有开明书店出版的《进化思想十二讲》《宇宙生物与人类之进化》《神秘的宇宙》《数学的园地》《化学奇谈》等；教

---

① 编者：《科学索引》，《科学教育》1934 年第 1 期。

材广告有适用于大学理学院教材，如解析几何、方程式论、非欧派几何学、普通物理学、无机化学通论、有机化学等商务印书馆发行的教材，以及由金陵大学动物学教授范谦衷博士主编的《高中生物学实验教程》等中学教材。

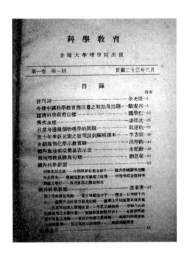

图 2 - 1　1934 年创刊的《科学教育》封面与创刊号目录

《科学教育》刊物有其独特的编辑特色与先进的办刊理念，以"科学救国"为核心宗旨，为确保该刊的学术质量，编者十分注重稿件的来源，除以自身编委为作者群外，还积极向国内外科学专家、科学教育者征稿，且编者们都非常谦虚，"惟草创伊始，自惭简陋，倘蒙海内外贤达、教育专家，时赐教言，以资攻错，或赐鸿篇，藉光梨枣"①，力图将科学、科学精神与科学方法融入科学教育实践中，唤醒国人注重科学教育，认清科学教育目标，将该刊创办为联系中国科学与教育的唯一刊物。

（二）科学教育思想

1. 科学之式微，静思提倡科学之方

"一国之文野，恒视乎文化之盛衰，而文化之盛衰则系于科学之

---

① 余光烺：《发刊词》，《科学教育》1934 年第 1 期。

兴废"①。中国在前清道咸之年，当政朝野，发起谋求救亡之道，引入西方科学，开办江南制造局、设立福建船政局，附设学校以专授格致算学等科学，建立翻译馆翻译西方科学著作，同时派遣学生出洋留学，专习西方科学。至光绪末年，废科举，兴学校，以算学、物理、化学、生物、天文、地理地质等科目为各级学校必修课程，可见当时政府已尽其力倡导发展科学，然科学在中国效果何在？以前之提倡何以失败？究其原因于"我国科学之式微，而科学之所以式微，则由于提倡之不力"②，编委会主席余光烺在该刊发刊词中一语道破了科学与国之关系及我国科学式微之原因，并特别强调"非科学无以提高文化，非科学无以从事建设，非科学无以利用厚生，非科学无以防备天灾，非科学无以抵御外侮，而尤非提倡科学，无以振兴此衰老民族之精神，以为我中华另辟一新文化之途径"③，因此只有发展科学才可以挽救中国之危亡，于是他疾呼"提倡科学，毋宁退而静思所以提倡科学之方"，以此为创办《科学教育》的思想之源。戴安邦在该刊创刊号上论及"今后中国科学教育应注意之数点及问题"时也明确指出，我国应"提倡科学以自救，上行下效，戮力同心，推行科学于全国"，并进一步指出"惟若提倡不得其道，则与所欲达之目的，适南辕而北辙，恐徒劳而无功耳"④。金陵大学理学院的仁人志士正是"有慨于此，不揣微力，爰集同志，发行季刊"，希望以此"区区刊物，对于我国科学教育前途，得有若干贡献，则造福邦国"⑤。国难当头，发展科学，以科学救国，是每一位仁人志士的责任，金陵大学理学院创办的《科学教育》大有与国之兴旺紧密联系的宏伟气魄。

在《科学教育》中刊载了许多重要的科学论文来传播科学、倡导科学（见表2－4），而且该刊以独特的方式体现其办刊思想，即刊载中英文科学索引。在该刊每一期中，将近期各重要中英文杂志，如

---

① 余光烺：《发刊词》，《科学教育》1934年第1期。

② 同上。

③ 同上。

④ 戴安邦：《今后中国科学教育应注意之数点及问题》，《科学教育》1934年第1期。

⑤ 余光烺：《发刊词》，《科学教育》1934年第1期。

《科学的中国》《科学画报》《宇宙》《中等算学月刊》《东方杂志》《科学世界》《化学》、*Science*、*Scientific American*、*School Science Mathematic*、*Science Progress*、*Journal of Chemical Education* 等，从中以选择通俗简明而有教学价值者之科学论文为主分类制成索引刊载，将其分为：科学通论、科学名人传记、天文及气象、算学、物理、化学、生物学、地学及地理、科学教育、应用科学等，列其标题、著者、来源、卷期号、日期等，极大地方便了科学教育工作者与科学研究者查找调阅。同时，该刊在每一期还刊载了大量的国内外科学新发明与新发现，如国内的科学名词之规定、度量衡标准制单位名称问题、四川富源之调查利用、新发明新发现、岑士龙之华文打字电报机、矿产之开采等；国外的种子受热产生突变、重子核产生中子、金属薄膜能透不可见之光线、氢化合物毒之新解药、电子之分裂能力变成物质、金星与火星上生物之可能、镀金新术、外行星上发现沼气等。《科学教育》倡导科学、普及科学，该刊每期一经出版发行，各科学教师、理科学生争相购阅，取得了很好的传播效果。

表 2 - 4　　《科学教育》现存 9 期中发表的科学论文调查

作者	文章名	发表时间
戴运轨	日常身边几个物理学的问题	1934 年第 1 卷第 1 期
H. C. Sherman 著，吴征铠	百年来之营养化学进步观	1934 年第 1 卷第 2 期
李恕先译	新旧元素	1934 年第 1 卷第 4 期
翁文灏	关于研究科学的几个问题	1936 年第 3 卷第 1、2 合期
梁其奎	药物与化学	1934 年第 1 卷第 3 期
吴戒逸	化学战争	1934 年第 1 卷第 3 期
秉农山	中国生物学之现状	1934 年第 1 卷第 3 期
李书华	科学在中国之演进	1934 年第 1 卷第 3 期
潘廷洸	四元空间浅谈	1935 年第 2 卷第 4 期
林与年	氢离子浓度之概念	1935 年第 2 卷第 4 期
魏学仁	近代科学发达简史	1935 年第 2 卷第 4 期
顾毓珍	四川化学工业之近况	1934 年第 1 卷第 3 期
李方训	介绍 1935 年诺贝尔物理及化学奖金获得者	1936 年第 3 卷第 1、2 合期
孙明经	中子与正子在近代物理学上的地位	1935 年第 2 卷第 2 期

　　2. 欲求科学在中国之发展，必先注重科学教育

　　"欲求科学在中国之发展，必先注重科学教育"① 集中体现了《科学教育》的又一办刊思想。该刊编委魏学仁在《认清科学教育目标》中指出科学教育是 "兴夫国家民族之需要，是整个教育之一重要部分"②，对我国普通教育具有重要的贡献，"使国民具有应用科学思想之习惯，培养国民之科学态度，使国民有应用科学方法之能力；使国民有求知与问难之习惯；使国民有寻找事实之技能；使国民了解自然并充分利用之"③。他不仅明确提出科学教育的八大类目标，即知识、能力、习惯、动机、态度、兴趣、欣赏、道德，而且详细阐述了实现每一类科学教育目标的要求，并特别指出科学教育最为重要而最易忽略的目标，则是培养科学思想之习惯与养成科学态度。物理学家、教育家、科学教育事业创建者之一李书华先生在《科学教育第二卷祝词》中将科学分为科学教育、科学研究与科学应用三个方面，并指出一个国家只有此三方面同时发展才是真正的科学发达，而科学教育尤为重要，是科学研究与科学应用的前提。但是在我国各级学校，特别是在中小学，"往往视算学为畏途，视理化为幻术，视博物为草木鸟兽之末学，非畏其玄奥难寻，即鄙为干燥无味，或因循规避，或敷衍塞则，一经升学，则多趋于文法之门，一若科学兴其天生无缘者，此岂青年自身之责哉？特素养之不丰，与诱导之无力耳"④，而每年各大学入学考试亦同此弊，以理科成绩最劣。此皆足以昭示时之教育所失败，亦皆足以说明我国民族科学发展之可危。因此，"作科学救国，尤应返身于学校"⑤，重视科学教育。而金陵大学理学院诸位先生正是 "鉴于国家科学教育落后，特刊行《科学教育》季刊"⑥，以供学校理科教师及一般理科学生阅读，从速改良我国科学教育以培养真正科学

---

① 戴安邦：《今后中国科学教育应注意之数点及问题》，《科学教育》1934 年第 1 期。

② 魏学仁：《认清科学教育目标》，《科学教育》1934 年第 1 期。

③ 同上。

④ 余光烺：《发刊词》，《科学教育》1934 年第 1 期。

⑤ 同上。

⑥ 李书华：《科学教育第二卷祝词》，《科学教育》1935 年第 1 期。

人才。各编委即理学院诸先生"在授课及研究学问之余，尽力于介绍知识，普及科学的工作，以辅助国内科学教育的不足"①。在现存的《科学教育》第 1 卷第 1—4 期，第 2 卷第 4 期，第 3 卷第 1—2 期，第 4 卷第 1 期共 8 期中，发表了很多国内学者关于注重科学教育的鸿文，主要有戴安邦的《今后中国科学教育应注意之数点及问题》《科学教学》，魏学仁的《认清科学教育目标》《我国科学教育之概况》《一年来国内科学教育进展之回顾》，裘家奎的《科学教育与精神训练》，戴运轨的《科学教育与思想训练》，艾伟的《算学教学与思想训练》等。

周厚枢在《介绍科学教育季刊》中，指出"研究教育者，多未精研科学，以致不能教授科学；而教授科学者，又多不喜研究教育或不能与教育接近发生兴趣，致教材教法，不能有所改良"②，以致科学与教育二者相脱节，无法沟通，此为我国科学教育中常见现象，他还进一步明确强调"欲使科学深入民间，及使科学教学之效率有所增加，则非应用适当之教育方法不可，是科学教育实为今日之理科教师所应急切研究者也"③。因此他指出"金陵大学理学院诸君子，多方提倡科学教育，并为吾国理科教师之进修与便利设想，出版科学教育刊物一种是诚科学教师之福音，以科学专家，提倡教育，实为难能可贵"④。《科学教育》正是通过传播国内外科学新发现、新学说、科学教材教法探讨等以实际行动提倡科学、注重科学教育，从而该刊也成为当时沟通我国科学与教育的唯一刊物。

3. 科学教育之急宜革新

"科学教育之急宜革新，与其内容之急须充实！"⑤ 这是《科学教育》办刊的核心宗旨。范谦衷在《关乎中小学生物学教授实验方法的一点意见》中亦指出"欲振兴工业促进生产，非从根本提倡科学及改

---

① 李书华：《科学教育第二卷祝词》，《科学教育》1935 年第 1 期。

② 周厚枢：《介绍科学教育季刊》，《科学教育》1935 年第 1 期。

③ 同上。

④ 同上。

⑤ 余光烺：《发刊词》，《科学教育》1934 年第 1 期。

进科学教学不可""欲求科学发展进步，必须将其基本智识建筑稳固，则循序而进，必致有所发明及发现，裨益于社会民生"①，而要使科学基本智识建筑稳固，"须从科学教学改良不可"，因此如何养成优良师资、改进教学方法、选择课本教材，均为提倡科学教育之先决问题，亟须研讨。因此金陵大学理学院的仁人志士共同努力出版发行《科学教育》刊物，期望同人共同"研究我国科学教育之改善方案，讨论各种理科教学法，课本、教材、实验、设备等等有关问题"②。通过对现存《科学教育》卷期的调查研究可见（见表2－5），该刊正是围绕这一思想，对有关科学教学内容、教材教法、实验设备、师资培养等科学教育实践活动展开全面探讨。

表2－5　　《科学教育》现存9期中发表的科学教育论文调查

作者	文章名	发表时间
教学内容		
段天煜	正切定律之几何的证明	1934年第1卷第2期
段天煜	方程式 $1/x = 1/a + 1/b$ 之捷解	1934年第1卷第2期
言心	算学诡论	1934年第1卷第2期
魏学仁	高级中学物理练习	1935年第2卷第2期
汪仲钧	电动力公式之写法	1935年第2卷第2期
魏学仁	高级中学物理练习	1935年第2卷第4期
戴安邦	科学教学——科学的重要原理（续）	1935年第2卷第4期
黄国璋	我们为什么要学外国地理	1936年第3卷第1、2合期
戴安邦	科学教学——科学思维	1936年第3卷第1、2合期
魏学仁	高级中学物理练习	1936年第3卷第1、2合期
蔡其炎	高级中学化学练习	1936年第3卷第1、2合期
杨立言	高级中学生物理练习	1937年第4卷第1期
教学方法		
朱纪动	体内血液循环简易表示法	1934年第1卷第1期

---

① 范谦衷：《关乎中小学生物学教授实验方法的一点意见》，《科学教育》1934年第1期。

② 余光烺：《发刊词》，《科学教育》1934年第1期。

续表

作者	文章名	发表时间
潘廷洸	奇次坐标	1934 年第 1 卷第 1 期
朱纪动	如何使学生对于生物学发生兴趣	1934 年第 1 卷第 2 期
范谦衷	视觉教育	1934 年第 1 卷第 4 期
李方训	如何指导学生在课外自习科学	1934 年第 1 卷第 4 期
吴咏怀	怎样教授代数减法	1935 年第 2 卷第 2 期
范谦衷	教育电影之概观	1935 年第 2 卷第 2 期
范谦衷	基本学程课室教学之改进	1937 年第 4 卷第 1 期
李方训	课外活动与科学教育	1937 年第 4 卷第 1 期
实验与设备		
汪仲钧	介绍几个化学示教实验	1934 年第 1 卷第 1 期
石道济	从中学理科设备之通弊说到部颁设备标准	1934 年第 1 卷第 2 期
石道济	介绍几个物理示教实验	1934 年第 1 卷第 2 期
范谦衷	关乎中小学生物教授试验方法的一点意见	1934 年第 1 卷第 3 期
汪仲钧	介绍几个化学示教实验	1934 年第 1 卷第 3 期
汪仲钧	几个关于气体的示教实验	1934 年第 1 卷第 4 期
石道济译	初期汽机之示教实验	1934 年第 1 卷第 4 期
李恕先	实验室中制作调味粉的简便方法	1935 年第 2 卷第 2 期
李瑞震	简便硫化氢发生器	1935 年第 2 卷第 2 期
朱纪动	观察草履虫之新法	1935 年第 2 卷第 2 期
戴安邦	学生实验之改进	1937 年第 4 卷第 1 期
教材		
李方训	从十年来新元素之发现谈到编辑课本	1934 年第 1 卷第 1 期
刘恩兰	为地理教员说几句话	1934 年第 1 卷第 1 期
刘恩兰	地理教材之选择与组织	1934 年第 1 卷第 2 期
编者	高初中物理教材之重要顺序	1934 年第 1 卷第 3 期
教师与学生		
潘廷洸	课室中之算学教员	1934 年第 1 卷第 2 期
特载	本年度各地中等学校理科教员暑期讲习班概况	1934 年第 1 卷第 4 期
黄国璋	怎样才算一个合格的中学地理教员	1934 年第 1 卷第 3 期
田冠生	解决高级应用化学科职业学校毕业生出路问题之商榷	1936 年第 3 卷第 1、2 合期

在《初级中学算学课程新标准与修正标准比较表》中详细阐述了算学教法要点，指出"本科用分科并教制，或混合制，须随时注意各科之联络并保持固有之精神。新方法与原理之教学，应多从问题研究及实际意义出发，逐步解析归纳，不宜仅用演绎推理"①。朱纪勋在《如何使学生对于生物学发生兴趣》② 一文中首要指出生物学教学中，记忆部分太多、生物名词太多、用途不明等原因致使学生对生物学觉得枯燥无味，针对其原因进一步探讨在课堂教授与学生实习中应注意的教学方法，如在讲授中注重与学生熟知的实际相比较，并引入生物学发展历史或名家的逸闻趣事以激发学生的学习兴趣；在实习中注意实习时间的把握以及地点的选择，注重野外实习，就地而教，使学生在自然环境中精神愉悦地学习知识；在教材选择上，教师常常把大学所用的英文课本翻译为中文或直接以英文作为中学课本或教材参考，致使学生所学内容太多太繁、读而不化，或在大学时内容重复，学习索然无味，因此朱纪勋指出科学教师应该编著合乎中国教育制度、符合学生认知水平的课本。除此之外，还有很多论文专门论及科学教学，如戴安邦的《学生实验之改进》、系列文章《科学教学》中《科学的重要原理》《科学思维》，黄国璋的《我们为什么要学外国地理》，范谦衷的《基本学程课室教学之改进》，刘恩兰的《地理教材之选择与组织》等，这些关于科学教学方法与思想、内容与教材、实验与设备、教员与学生的论文不仅给从事科学教育者以实际的方法指导，而且明确指出了当时我国生物、算学、物理、化学、地理等教育中存在的弊端，进一步细化了科学教育目标，并对中国科学教育体制及其改革指明了方向，对构建符合中国实际情形的科学教育体系化具有重要的指导意义。

（三）《科学教育》创刊的意义

由以上分析可见，《科学教育》不同于 1915 年留美学生创办、以

---

① 编者：《教育部颁行中学理科课程标准新书之比较》，《科学教育》1936 年第 1 期。

② 朱纪勋：《如何使学生对于生物学发生兴趣》，《科学教育》1934 年第 2 期。

传播科学为主的《科学》月刊，该刊是中国科学教育第一份专业期刊，有其显著的编辑特点和先进的办刊思想，首先在刊载内容方面，非常注重传播西方科学及科学本体，特别是数、理、化、生、天、地等中小学基础科学知识，同时更加注重传播科学方法之训练、科学精神之养成，以给予科学教师与学生实际的方法操作指导与科学精神的培养。另外，刊载的国内外科学新闻内容使读者耳目一新，视野开阔，而清晰、明了的国内外期刊科学索引更是便于师生的查阅与参考。其次，该刊集具有很高科学素养的教师、编辑与作者三种身份于一体传播科学与科学教育的新思想、新方法、新理念、新发现，不但以之治学，而且以之行事，在没有政府机构支持、没有充足经费来源的情况下，凭着理学院科学教师对科学教育救国的理想信念和执着精神，将科学与教育紧密联结，身体力行，实际践行科学教育事业，以图培养优良师资、改进教学方法、养成科学思维，改革与发展中国科学教育。此外，该刊编者始终以"科学救国""尤应返身于学校，作科学教育之革新运动"为办刊宗旨。正是该刊多元的栏目、体裁，先进的科学知识、方法，科学救国的办刊思想、理念以及编者们极高的科学素养，才使《科学教育》牢固地根植于读者的土壤之中，汲取营养，极大地激发了科学人才对科学教育活动的兴趣，在改进科学教学方法，培养优秀科学教师，选编符合中国实际的课程教材，培养学生的科学思想等方面起到了举足轻重的作用。这一刊物的出版发行，不仅有力地推进了中国科学教育的改革与发展，而且在构建完善的科学教育体制方面做出了重要的历史贡献，特别是该刊的编辑特色及其与国之兴旺紧密联系的办刊理念依然是当今科技期刊值得学习与借鉴之处，是创办科技与教育期刊的典范。

四　近代西北地区科学教育的历史演变

近代意义上的西北地区高等教育发展可分三个阶段：第一为清末民初高等教育的萌芽阶段。西北地区最早开始高等教育的地区是陕西、甘肃两省。陕西的高等教育肇始于 1902 年 1 月创办的陕西大学

堂（今西北大学陕源）；甘肃以成立于 1909 年的甘肃官立法政学堂
（今兰州大学前身）为最早，1913 年改称为甘肃公立法政专门学校；
新疆的高等教育则开始于 20 世纪 20 年代以后，而青海、宁夏两省直
到新中国成立后才有真正意义上高等教育。因此，陕西大学堂是近代
西北地区最早的高等教育学府。1902 年 1 月，陕西巡抚李绍棻奏准在
原游艺学塾旧址（即原崇化书院旧址）和西安六海坊原咸宁、长安两
县考院旧址创建陕西大学堂①。总教习为屠守仁。同年 5 月 2 日正式
开学，首批招生入学 40 名，并奏准"设农务、工艺两斋"。陕西大学
堂的科目分为两大类，一为中学，共为四门，每门又分以子目。第一
门性理格致，统明伦、修身、综物、博文四子目；第二门政治时务，
统治纲、掌故、内政、外交四子目；第三门地舆兵事，地舆考形势、
习绘图，兵事以法制、韬钤；第四门天文算术，天文精测候、审推
步，算术研元化究积微。二为西学，设算艺、质测、电化和文语四
科②。1905 年陕西大学堂改称为陕西高等学堂。西学课程至 1906 年
聘回东洋教习和购置图书、仪器后才开始开课。陕西大学堂的师资主
要来源于省内选拔，省外选聘或聘用日本教习和中国留学生。据资料
记载，当时先后到学堂任教的教习有总教习屠仁守、吴树芬，数学教
习李异材、杜斗垣、毛昌杰、刘葆锋、周铭、汪如波，算术教习狄楼
海、陆元平，政治时务科算术教习刘春谷，英文教习王猷，体操教习
董明铭，数理教习高普，世界史教习邵力子，地理教习张子安，兵学
教习宋元恺等。1909 年陕西高等学堂始办正科，1911 年改为陕西高
等学校。第二为民初至 1937 年高等教育的初步发展阶段。在陕西，
1912 年 3 月，中华民国秦军政分府大都督张凤翙决定将陕西高等学校
（陕西大学堂）、关中法政大学（陕西法政学堂）、三秦公学（陕西农

---

① 姚远：《中国西部最早的高等学府陕西大学堂》，《西安电子科技大学学报》2000
年第 3 期。

② 李永森、姚远：《西北大学史稿上卷》（1902—1949），西北大学出版社 2002 年版，
第 25 页。

业学堂）、陕西实业学堂、陕西客籍学堂等合组为西北大学①。1915
年西北大学改为公立陕西法政专门学校，1923 年恢复为西北大学，
1928 年改组为西安中山大学。由于当时陕西连年灾荒，加之军阀混
战，生源严重不足，经费缺乏，至 1935 年，西北大学陕源暂时中断。
1934 年在陕西武功成立国立西北农林专科学校，标志着西北地区高等
农林教育的开端。在甘肃，1928 年年初，由原省立甘肃法政专门学校
和中山学院组建为兰州中山大学，1931 年改称甘肃大学，1932 年改
为省立甘肃学院。其学科专业先设有法律系、国文专修科、艺术专修
科等科系和预科、政治专门部、教育行政人员训练班，后增设教育系
和医科、农科、金融、经济等科。新疆的高等教育发端于 1924 年成
立的新疆省立俄文法政专门学校（今新疆大学前身），1931 年改称为
新疆俄文法政学院，1935 年改建为新疆学院。其学科设有政治经济
系、语文系、教育系与农业系等系科。可见，这一时期，西北地区的
高等教育已经有了一定的发展，但其基础依然薄弱，仅有 3 所高等学
校，而且学科设置相对单一，并以社会科学为主。第三为抗战时期以
及新中国成立前高等教育的迅速发展阶段。抗战爆发，平津高校被迫
西迁，不仅保存了中国高等教育的火种，而且极大地促进了西北地区
高等教育的发展。1937 年 9 月国立北平大学、国立北洋工学院、国立
北平师范大学（及北平研究院）西迁至陕西西安，合组为国立西安临
时大学（以下简称西安临大），1938 年 4 月西安临大改称国立西北联
合大学（以下简称西北联大），1938 年 7 月，西北联大农学院与工学
院独立分出，并分别与西北农林专科学校、焦作工学院组建为国立西
北农学院、国立西北工学院。1939 年 8 月西北联大改称为国立西北大
学，并将原西北联大师范学院、西北联大医学院分别独立设置为国立
西北师范学院、国立西北医学院。自此，由西北联大延伸出国立西北
大学、国立西北农学院、国立西北工学院、国立西北师范学院、国立
西北医学院等分立、合作的国立西北五校。此时期，自然学科设有数

---

① 姚远：《中国西部最早的高等学府陕西大学堂》，《西安电子科技大学学报》2000
年第 3 期。

学、物理、化学、生物、地理、地质以及工程学、农学、医学等。1940 年国立西北师范学院迁往兰州，使甘肃有了第一所高等师范学校。1942 年 10 月甘肃学院医科独立并创办西北医学专科学校，1944 年后，国立西北医学院在甘肃兰州设立分院，西北医学专科学校随即亦并入。1946 年 8 月，又将西北医学院兰州分院并入同时在甘肃学院基础上成立的兰州大学。1946 年，国立西北兽医院在兰州成立，成为国内唯一一所国立兽医专业高等院校。至此，陕西设有西北大学、西北工学院、西北农学院、西北医学院、陕西省立医学专科学校、私立西北药学专科学校、陕西省立商业专科学校、陕西省立师范专科学校、私立西北音乐学院 9 所高等学府。甘肃设有兰州大学、西北师范学院、西北农业专科学校、国立兽医学院、国立西北医学专科学校 5 所高等学府。新疆设有新疆学院、新疆女子学院 2 所。平津高校的西迁，使西北地区高等教育发展迅速，高校数量急剧增长，形成了师资力量雄厚、学科设置全面、学生数量增长、教学质量提高、科学研究能力增强等显著特点，特别是理、工、农、医等学科的发展逐渐占据主导地位。这一时期西北地区高等教育的迅速发展不仅构建了比较完善的高等教育体系，而且为今天的西北地区高等教育奠定了扎实的基础。

第三章

西北联大的科学教育

一　西北联大的历史变迁

1937 年 7 月 "七七事变"，暴敌肆虐，平津地区相继沦陷，高等学府惨遭横扫，抗日战争全面爆发。紧要关头，北平大学、北洋工学院、北平师范大学（及北平研究院）三所国立高等学府奉国民政府教育部令西迁入陕，三校一院合一组建国立西安临时大学。1938 年 3 月，上课未几月，西战场失利，山西太原失守，陕西门户潼关告急，西安古城不断遭到日本飞机的狂轰滥炸，"为国家根本的教育事业起见，乃命本校再迁汉中"[①]。4 月，教育部令西安临大改称国立西北联大（图 3 – 1 本校门壁），并 "为发展西北高等教育，提高边省文化起见，拟令该校逐渐向西北陕甘一带移布"[②]，以 "负起开发西北教育的使命"[③]。1938 年 7 月，教育部令西北联大农学院与西北农林专科学校合并为国立西北农学院，西北联大工学院与焦作工学院合组为国立西北工学院。1939 年 8 月国民政府行政院将西北联大改称为国立西北大学，将原西北联大师范学院、西北联大医学院分别独立设置为国立西北师范学院、国立西北医学院。从此，西北联大进入国立西北五校子体分立、合作共存时期。1941 年 3 月国立西北师范学院奉令本年暑假在兰州设立分院，12 月底正式开课。抗战胜利后，1946 年初，西北工学院部分师生回迁复校，名为北洋大学（天津大学前身），部分师生仍留在西北工学院，并成为西北永久的高等学府。北平师范大

[①]　《本校城固本部举行开学典礼志盛》，《西北联大校刊》1938 年第 1 期。

[②]　《国民政府教育部给西安临时大学的训令》，1938 年 4 月 3 日。

[③]　同上。

学于 1946 年 11 月在北京复校正式开学，西北师范学院永久留在西北兰州。从 1937 年至 1946 年西北联大合而有分、分而有合，历经西安临时大学、西北联合大学以及国立西北五校分立合作三个时期，在西北地区生存发展 9 年之久。在民族危难时刻，西北联大"联辉合耀，文化开秦陇"，以"公诚勤朴"为校训，在艰难中奋发前进，规范教育体系，尊师重教、培养英才、繁荣学术、服务西北、文化传承，推进西北科学教育，为西北地区高等教育发展做出了伟大的历史性贡献。

"文理导愚蒙，政法倡忠勇，师资树人表，实业拯民穷，健体明医弱者雄"①，一首豪气冲天、壮志凌云的西北联大校歌精辟地反映了西北联大的学科特色与体系。可以说，在抗战时期，国立北平大学、国立北平师范大学、国立北洋工学院 3 所一流高等学府的合并组建，以及随后并入的河北省立女子师范学院，使西北联大成为中国当时最大的高校联合办学体之一，师资力量雄厚，系科十分齐全，尤其是自然学科实力甚厚。西北联大时期，学校仍沿袭西安临大时期所成立的系科，分为文理学院、法商学院、教育学院、农学院、工学院、医学院 6 个学院②，23 个系。文理学院是基于北平师范大学文学院、理学院和北平大学女子文理学院而成立的，后又并入河北女子师范学院的家政系组成该学院，地址设在城固县。在文理学院，仅自然学科就设立有五大学系，即数学、物理、化学、生物、地理；1938 年 7 月随教育部令教育学院改称师范学院，并增设科系，其中自然学科增设了数学、理化、博物 3 大系科。而农学院是以北平大学农学院为基础建立起来的，南迁后地址设于沔县（今勉县）武侯祠。农学院又下分 3 个系，即农学、林学与农业化学 3 学系。医学院因南郑县居民较多，为了方便民众的诊病，则设在此地，学院没有分系。工学院则是由北洋工学院、北平大学工学院合并组成，地址设在城固县，并成立了六大学系，即土木工程学、矿冶工程学、机械工程学、电讯工程学、化学

①　《国立西北大学第三届毕业同学录》，现存西北大学校史馆。
②　编者：《本大学组织系统说明》，《西北联大校刊》1938 年第 1 期。

工程学、纺织工程学。这些自然学科的设立"因时因地之制宜",以
"适应非常时期之需要""内求生存之自给,外御强暴之欺凌"①,进
而树立西北科学教育之良善基础。

图 3－1　国立西北联合大学门壁

二　西北联大的科学教育

在西安临大、西北联大以及国立西北五校分立合作三个时期内,
西北联大科学教育学科的发展主要有数学、物理学、化学、生物学、
地理地质学等基础自然科学与农学、工学与医学。笔者在本章主要选
择数学、物理学、化学、生物学、地理地质等基础自然科学来阐述西
北联大的科学教育。

（一）数学教育

西安临大数学系是由北平大学、北洋工学院、北平师范大学 3 所
院校理学院数学系组成。西北联大时期,数学系沿袭西安临大旧制,

① 李书田:《适应抗战期间之生产建置与工程教育》,《西安临大校刊》1937 年第
2 期。

并在师范学院增设了数学系，因此这一时期的数学教育是在理学院与师范学院两院并行发展的。国立西北五校分立合作时期，由于西北联大师范学院的独立，此时期数学教育只有在理学院数学系开展。

1. 课程设置

（1）西安临大—西北联大时期

国民政府教育部经调查全国大学课程，各校皆"因人地之宜，自由发展，惟以缺乏共同标准，遂至科目各异，程度不齐，未能发挥大学教育一贯之精神"①，因此教育部颁布了各科共同必修科目。西北联大理学院的共同必修科目除社会科学科目外，自然科学有高等算学（或微积分任选），物理（或化学、生物学、地质学任选两种），而数理化学生必须学习算学。西北联大师范学院1939年度算学系的课程（如表3－1所示）分为共同必修科目与选修科目。由表3－1可见，师范学院算学系的课程设置为：一年级课程主要为自然科学与社会科学的共同必修科目；二年级课程则在第一学年的基础上开始增加专业一般科目，如微分方程与高等代数；三年级、四年级全面展开专业科目的学习，进行深入的专门数学学习，如高等分析、数论、复变数函数等；五年级课程除理论力学外，重点为论文讨论与专业教学实践。其数学必修科目设置的特点是以"高等代数、高等几何、高等分析"为中心，围绕代数、分析、几何三大分支展开深入的数学基础课程以及高深数学课程学习。同时，必修课程的设置还非常重视数学教育实践以及学生科学论文的研究与讨论。更具有特色的是西北联大算学系开设了形式几何、实变数函数、代数数论、天文等门类广泛、专业性极强的选修科目供学生选习。这些选修课程主要是由教师据其研究领域及研究成果来开课，其教材多是教师自编讲义，甚至是众多教师数年来刻苦研究的最新成果，其课程内容皆是当时数学各分支前沿性的内容。这些选修课程不仅为学生的学习提供了多种的选择方向，而且充分发挥了教师的专长，极大地促进了师生更深层次地研究与学习。20世纪兴起的纯粹数学，有利于发展与培养数学教师与数学人才。国

---

① 《颁布文理法三学院共同必修科目》（训令二），《西北联大校刊》1938年第3期。

立西北工学院各学系一年级也开设了数学基础课程，有微积分、投影几何、立体解析几何等。此外，航空工程学系二年级还开设了每周 4 学时、3 学分的高等微积分，土木工程学系、机械工程学系二年级开设了每周 3 学时、3 学分的微分方程。

表 3-1　　1939 年西北联大师范学院算学系必修、选修科目①

必修课				
第一学年	第二学年	第三学年	第四学年	第五学年
党义	哲学概论	普通教学法	数论	理论力学
国文	社会科学	高等几何	向量分析	论文讨论
外国文	西洋文化史	高等分析	复变数函数	教学实习
社会科学	教育心理	近世代数	微分几何	
自然科学（算学、物理、化学、生物、人类学任选）	中等教育	综合射影几何	算学史	
本国文化史	微分方程	解析射影几何	分析教材教法研究	
教育概论	高等代数			

注：第一学年之自然科学，以选习算学为原则，注重学生做题。内容包括代数、几何、三角、解析几何及微积分。

选修课				
数论	向量分析	实变数函数	椭圆函数	代数函数
微分方程论	积分方程论	群论	不变量数	代数数论
图书馆学	形式几何	黎曼几何	最小二乘法	多元几何
代数曲线与曲面	几率	算学统计	天文	天体力学
弹道学				

注：选修科目，不定学分年级，俾各校有伸缩余地。

（2）国立西北五校时期

国立西北五校时期，数学系课程分为当然必修科（体育、军训，不计学分）、公共必修科（46—54 学分）、专业必修及选修科（其学分依课程标准之规定）四种。表 3-2 为国立西北五校分立合作时期国立西北大学民国三十年度数学系课程科目与所使用教材。此时期数学系开设的课程中专业必修科目有：微分方程、方程式论、高等分析

①《师范学院算学系必修选修科目表》，《西北联合大学校刊》1939 年第 8 期。

或高等微积分学、高等解析几何学、射影几何学、近世代数学、复变
数函数论、微分几何学、普通物理学、普通化学、理论力学、第二外
国文、毕业论文学。选修科目有：函数各论、级数论、数论、群论、
初级数学研究、概算、数理统计等课程①。显然，因此时期国立西北
大学独立，数学学科也单独成系，数学课程设置与前一时期师范学院
算学系课程注重广博之理念不同，数学基础课程更加全面与完善，并
且更加注重数学精深的研究与发展，其教育目标也从培养数学教师为
主转向培养数学专家。由表3-2亦可见，各门科目使用的教材主要
是教授自编讲义或英文原著，参考书几乎均为国际数学大师的英文原
著，正如19世纪初杰出的数学家阿贝尔所言："只有直接面向名家的
原著才能最有效地取得宝贵的知识和智慧"，这些英文原著不仅将西
方高深前沿的数学知识传入中国，使学生们得到更为精确与深入的专
业知识训练，更是开阔了他们的科学视野，提升了其数学思维的境
界，而且极大地促进了学生外语水平的提高，培植了他们深入科学研
究的思想。

表3-2   1941年国立西北大学数学系科目及教材②

科目	课本	参考书
微分方程	讲义	Murry：Differential equations
近世几何	讲义	Holgate：projective pure geometry. Veblen & Young：Projective Geometry. Clekch - Lindemaun：Vorlesungen Uber geometric. 窪田忠彦：解析几何学第一卷
解析几何	讲义	Milhand et ponyet：Geometric Analytique. Sommerville：Analytic Conies. Analytical geometry of 3 dimensions. Salmond：Conic sections. Graustein：Introduction to higher Geometry. Schoenflies：Analytische Geometric. Bianche：Lozioni di geometria analitica. 窪田忠彦：解析几何第一卷

① 李永森、姚远：《西北大学史稿上卷》（1902—1949），西北大学出版社2002年版，第300页。

② 《国立西北大学三十年度各院系所用课本》，西北大学学报资料室所藏。

续表

科目	课本	参考书
群论	園正造：群论	Dickson：Modern algebraic theories. Miller，Brichfeldt - Dickson：Finite Groups. Burnside：Theory of groups. Hilton：Finite groups.
微分方程	Cohen：Dif；Equations	Forsyth：Differential equations.
近世代数	Bocher：Introduction to higher algebra	Dickson：Modern algebraic theories. Salmon：Modern higher algebra.
数论	Dickson：Introduction to the thory of numbers	Reid：The elements of the theory of algebraic numbers，Mathews theory of numbers.
复变数函数论	讲义	Goursal cours disnatyse mathematique vl. 2.
理论力学	讲义	Appell：Traite do me canique rationelle. 4 vols. Leuicitive：Lezioni di Micanica Razionale. 3 vols. Painlerie：cours de mecanique. Whittakor：Analytical Dynamies. Mac Mittan：The rotionl moohomioo. 3 Vols. Granaille - Smith - longley：The Differential and integral Calculus.

2. 教师资源与教学

西北联大时期，由于三校合一，当时云集了一大批国内外知名学者和专家，仅文理学院数学系就有 6 名教授，即曾炯、傅种孙、赵进义、杨永芳、刘亦珩、张德馨等（见表 3 - 3），助教 1 人。国立西北五校分立合作时期，国立西北大学数学系除以上教授外，还有段子美、刘书琴、魏庚人、赵祯等教授。这些教授不仅毕业于国内知名学府，并且均有国外一流大学留学或有国外科学考察的经历，据表 3 - 3统计，留学英国 1 人，德国 2 人，法国 2 人，日本 3 人，其中获得博士学位的就有 3 人，而且他们在数学各个分支领域里取得了举世瞩目的研究成果，如曾炯教授，他曾留学德国柏林大学数学系，后又入世界数学中心哥廷根大学，师从举世闻名的抽象代数奠基者、女数学家爱米·诺特（A. E. Noether）攻读抽象代数。他沿着诺特开辟的世界数学发展的主流方向，率先站在了抽象代数的前沿。1934 年毕业获哲学博士学位，次年回国后被浙江大学数学系聘为副教授，讲授代数方面（包括抽象代数）的课程。1936 年，其论文《关于拟代数封闭层次论》在《中国数学会学报》第 1 卷发表。1937 年他又被北洋大学聘为教授。抗战爆发后,随北洋大学西迁至西安,成为西北联大数学系教授;国立西北五校分立合作时期,他亦是国立西北工学院教授。1939 年加入北洋大学校长李书田新创办的国立西康技艺专科学校,在此期间一直从事高等数学方面的教学工作。曾炯是中国研究抽象代数的第一个学者,也是国际上最早进入抽象代数学领域并做出重大贡献、被丘成桐认为是 20 世纪唯一可与日本数学家相媲美的中国数学家。他在 30 年代就已发表被后来誉为"曾定理""曾层次"的研究结果,成为"大多数关于超越扩张的布劳尔群研究的基础,而且对阿廷—施赖埃尔形式实域上二次型理论有重要的应用"①,并且世界各国许多抽象代数教科书都将他的"曾定理""曾层次"列入其中。第一次世界大战结束之后逐渐发展起来的抽象代数、李群论与泛函分析、拓扑学成为 20 世纪纯粹数学的三大支柱和国际数学发展的主流。张奠宙教授对曾炯的数学贡献做出了高度评价,指出 20 世纪 30 年代中国能进入纯粹数学三大国际主流的人很少,而曾炯却进入了主流数学圈②。

表 3 – 3　　　　　　　　　　西北联大数学教授

教授姓名	出生年月	留学经历	研究专长	所任课程
曾炯	1894.4	留学德国柏林大学、哥廷根大学,获博士学位	抽象代数	高等数学、代数,包括抽象代数在内等
傅种孙	1898.2	赴英国考察	几何基础、代数学	高等代数、近世代数、数论、群论、高等几何、非欧几何、实变函数论等
赵进义	1902.10	留学法国里昂大学,获数学博士学位和理学博士学位	代数体函数、分析力学、天体力学	物质构造等

①　李文铭、曾令林:《陈省身与曾炯之》,《西北大学学报》(自然科学版) 2004 年第 1 期。

②　张肇炽:《中国第一位抽象代数学家——纪念曾炯之博士诞生一百周年》,《数学学习》1997 年第 4 期。

续表

教授姓名	出生年月	留学经历	研究专长	所任课程
杨永芳	1908.6	留学日本东京高等师范学校、仙台东北帝国大学，获学士学位	实变函数论、集合论、拓扑学、广义函数论	实变函数、高等微积分、集合论等
刘亦珩	1904.11	留学日本广岛文理科大学，获学士学位	几何学	微分几何、近世几何等
张德馨	1905.3	留学德国柏林大学，获博士学位	基础数学	高等数学、数理方程等
段子美	1898.3	留学法国巴黎大学	高等数学、概率论、微积分	高等数学、微分积分学、微分方程、概率论与数理统计等
刘书琴	1909.2	留学日本东北帝国大学	数学分析、单叶函数	数学分析、复变函数论、复变函数几何理论、几何函数论、单叶函数等
魏庚人	1901.3		中学数学教育研究	数学分析、数学教学法、微分方程、初等数学等

数学系傅种孙教授，原北平师范大学数学系教授，1937 年随校西迁至西安、城固等地，历任西安临大、西北联大、国立西北大学数学系教授，1945—1947 年赴英国考察。在数学研究方面，他曾在《武汉大学季刊》《数理杂志》、牛津大学 *The Quartey journal of Mathematics* 等期刊发表《几何学之基础》《大衍求一术》等数学论文。他的《几何学之基础》，详细介绍了 O. VeblenD 几何公理，这是我国首次关于几何基础理论的报道，他则是将西方数学基础研究引入中国的第一人。他的《大衍求一术》是用现代数学方法研究中国古算的创举。他还在英国哲学家罗素在北京大学讲授数理逻辑之前，就撰写了论文"算理哲学入门"，后又与他人合作翻译罗素的全书 *Introduction to Mathematical Philosophy* 为中文，可见他又是将西方数理逻辑引入中国的第一人。西北联大时期，傅种孙撰写了两篇研究论文，一是将组合理论中相关无向循环排列问题予以解决，并于 1942 年将其全英文论文发表在《武汉大学理科季刊》上。二是讨论了"阶为 ab 的有限群

G 中，方程 xb＝E（E 为单位元）的解数 Nb"。傅种孙不仅推广了著名数学家 F. G. 弗罗贝尼乌斯（Frobenius）的结果，而且还证明了定理：设群 G 的阶为 ab，如 b 与 aφ（a）互素［φ（a）为欧拉（Euler）函数］，并且 G 的任何两个不同而共轭的循环子群，都不包含在同一个阶能整除 a 的叙洛夫（Sylow）子群中，则 Nb＝b[①]。1945 年，傅种孙的科学研究被英国数学界专家认为是世界上一流水平的。在数学教学方面，他承担了高等代数、近世代数、高等几何、非欧几何、数论、群论、实变函数论等多门课程，并率先采用近代观点来讲授[②]，以实际来践行数学教育。傅种孙教授特别重视数学文化建设，1937 年他自北平南下西迁时就背负数百册数学书籍。他还翻译名著，为师生们编写教材，帮助师生解决教材、参考书非常紧缺的问题。1945—1947 年赴英国考察期间，他又为国立西北大学数学系购置数百册数学书籍。他在西北联大任教期间，通过数学研究、翻译名著、编写教材、数学教学等实际践行数学教育，为国家培养了数学人才，也为西北地区培植了许多优秀的数学教育工作者。

数学系赵进义教授早年留学于法国里昂大学，专攻数学，并攻读天文学与力学，1928 年获该校理学博士学位。1937—1948 年，历任西安临大、西北联大数学系教授，国立西北大学数学系教授兼主任、理学院院长。1944 年，曾代理西北大学校长。1946 年，他被聘为国立西北工学院兼任教授，讲授"物质构造"等课程。他对函数论中代数体函数分支有着很高的造诣，曾在法国留学期间发表了两篇重要论文，即"具有二分支整代数体函数的分析"与"代数体函数的反函数论"，通过论证得出了非常著名的定理："设 x（y）为有两个分支 x_1（y）和 x_2（y）的多值函数。若分支 x_1（y）是全纯函数，当 y＝∞ 时，x_1（y）＝α。则 α 或是函数 F（x，y）＝0 坐标集合中的极限点，或分支 x_2（y）有 α 值的路径。""若 x：（y）在无限远处全纯，则函

① 姚远：《西北大学学人谱》，西北大学出版社 1997 年版，第 181—182 页。

② 王世强：《数学基础研究的一些新进展——纪念傅种孙先生百年诞辰》，《数学通报》1998 年第 1 期。

数 x（y）的黎曼曲面是有限曲面。"① 此定理曾引起了国内外学者的特别重视与广泛引用。他还对反函数论作了系统研究，并率先提出两支代数体整函数的反函数论。他还进一步深入研究了代数函数、椭圆函数、模函数、比伽尔定理、正规函数族与反函数等问题，并在其《复变函数论》专论中作了精辟论述。这些理论既对解析函数论研究者，亦对固体力学研究者皆具有重要的研究价值。赵进义教授不仅是著名的数学家，我国近代数学发展的奠基人之一，他还是非常著名的天体力学家，在其著作《天体力学》中，他用分析力学完美地解决天体力学中最基本的两体问题，并进行了完美的论述。他是集数学、天文学与力学于一体的、我国难得的科学人才，为我国培养了大批数学与天文学人才，为我国数学、天文事业的发展做出了重要贡献。数学系杨永芳、刘亦珩、张德馨等教授在集合论、拓扑学、几何学、现代微分几何等现代数学的各个分支以及基础数学方面都有很高的造诣，形成了自己的研究特色，对于后来集合论、拓扑学以及现代中国微分几何学的发展有着非常重要的作用。抗战时期，国困民敝，西北地区的条件更是恶劣，但是这些著名的数学专家扎根西北，兢兢业业、严谨治学、孜孜不倦地坚持数学研究与高等数学教育活动，培养英才，不仅将西方现代数学引入中国西北，向西北地区传播数学理论知识，而且他们使西北联大、西北大学的数学教育博采众长，形成了完整的数学教育体系，为西北地区数学教育奠定了扎实的学科基础，促进了西北地区乃至中国数学教育的发展，开创了数学传播和数学教育的新纪元。

3. 学生培养与管理

抗战时期，西北联大学生学习条件非常艰苦，学习教室严重不足，图书馆阅览室也很小，图书参考资料缺乏，除教师自编的少数油印或石印讲义外，学生常常没有课本，学生的学习主要靠课堂教师讲授和记笔记，文具纸张缺乏，多数学生都是用陕南生产的"巴山毛边

---

① 叶述武、李国平、刘书琴等：《数学和天文学家赵进义》，《纯释数学与应用数学》1939 年第 5 期。

纸"自制笔记本、作业本,并自制墨水。尽管条件如此艰苦,但是由于教师们的勤于教学、严格要求,全校学生逐渐形成刻苦学习、追求知识的学习精神。知名教授讲课时,学生常常课前争抢座位,课后补对笔记,并积极参加读书会等社团组织,学习风气浓厚。西北联大在抗战期间,培养了一大批数学人才。据统计西安临时大学1937年度,在校学生人数(包括借读生)中仅习数学、物理、化学等基础自然科学与农学、工程学以及医学的学生就有812人。其中数学系学生包括2名借读生(王傅林、段毓秀)①在内,一年级9人,二年级8人,三年级6人,四年级11人,全系共计34人。②1937年数学系毕业学生7人,分别在河南洛阳中学、四川碧山职业中学、西安临大文理学院数学系、河南邓县县立中学等单位就职。1938年年初数学系又录取5名新生,即梁慧中、任井明、常友章、米钦堂、梁文德。西北联大成立后,1938年度各院系录取新生414人(因交通不便等问题,实际到校学生近三百人),其中文理学院数学系10人,师范学院数学系22人,共计招收数学学生32人。据西北联大在校学生人数统计,本年全校包括正式、转试、借读、旁听学生在内,在校学生1114人,而习自然学科学生有370人(不包括农学、工学),其中文理学院数学系36人,师范学院数学系11人,共计47人。从数学系培养的毕业生来看,从1940年至1946年,历届毕业生人数为:1940年10人,1941年11人,1942年7人,1943年8人,1944年5人,1945年5人,1946年8人,7年时间毕业学生总计54人,加之1937—1939年西安临大、西北联大培养的毕业生,足有100多人,他们在陕西、甘肃、河南、四川等地就职,为我国的数学发展与各地数学教育事业做出了重要的贡献。

在学生管理方面,西北联大在全国大学中首创建立训导制度。1938年9月,西北联大"为积极训导学生思想、行为、学业及身心摄卫起见"③,组织训导处。1939年1月,在《西北联大校刊》第7

---

① 《本校录取借读生名单》,《西安临大校刊》1937年第3期。

② 《本校学生人数统计》,《西安临大校刊》1937年第2期。

③ 《训导处章程》,《西北联大校刊》1938年第3期。

期颁布了《本校训导大纲》，明确规定了训导纲要与要目、训导方式与成绩评定等细则，指出训导目标为："训导学生切实理解三民主义之真谛，养成德智体群美兼备之人格"①，为此，全校的训育工作主要通过两个途径展开：一是通过开设课程来进行，即全校学生共同必修课《三民主义》（每学期为 1 学分，四年中共授 8 学分）和《伦理学》，以及举行"国父纪念周"（每星期一次）大会来实施；二是通过"训教合一"的训导工作和实施导师制来进行。导师制是教育部抗战之初"以矫正现行教育之偏于智识传授而忽于德育指导及免除师生关系日渐疏远起见"②而颁布的一项训令，以期更好地实施教育、培养人才为目的，其纲要"参照我国师儒训导制及英国牛津剑桥等大学办法"③所规定。西北联大数学系亦严格施行导师制，在学校成立不久就为各年级学生聘定了导师，四年级导师杨永芳先生，三年级导师傅种孙先生，二年级导师张德馨、刘亦珩两先生，一年级导师赵进义先生④。导师以个别谈话、个性考查、团体训导等多种方式指导学生在思想方面养成研究之信仰、合作改进之精神，培养学生服务之观念；在治学方面，督导学生养成切实、虚心、创造之精神，培养学生寻求及探讨问题之兴趣与习惯，训导方式多种多样，成绩评价不拘一格。为了给予学生个性化的督导，导师们事先去明了学生性格、思想、行为及学业，以对学生选系、选组、选课、改课及学业进修等事宜作周密一贯之计划，并尽可能事先预定谈话讨论或研究题目，督导学生举办各种谈话会、学术讨论会、读书会、研究会、服务团或远足会，逐渐使学生养成健全人格、科学修养，成为国家有用人才。

4. 科学研究与学术演讲

西北联大在数学教育中不仅注重专业训练，而且注重师生学术研究之培养。教授们在勤于教学的同时，刻苦钻研，积极开展数学各个领域的科学研究，发表出版了许多非常有价值的研究论文或著作。国

①　《本校训导大纲》，《西北联大校刊》1939 年第 8 期。

②　《教育部训令》，《西北联大校刊》1938 年第 1 期。

③　《本校城固本部举行开学典礼志盛》，《西北联大校刊》1938 年第 1 期。

④　《聘定文理师范两院系各年级导师》，《西北联大校刊》1938 年第 7 期。

立西北五校时期，国立西北大学的学术性刊物《西北学术》，创刊于
1943 年 11 月 12 日，"专以研讨学术，融合东西文化，扬民族精神"①
为主旨，至 1944 年 2 月因经费紧张仅出版了 4 期，但共载论文数 41
篇之多。其中每期都有数学系教授的科学研究成果，如杨永芳教授在
第 1 期发表的《近代若干种点集之发现》。他的科学研究方向与教学
工作主要集中在集合论、点集拓扑、实变函数论、广义函数及泛函分
析等方面。抗战爆发时，他随校西迁至陕西，决心在西北联大创办中
国基础数学、集合论、拓扑学的科学研究中心。他的这篇论文主要围
绕近代出现的若干种点集进行论证分析，尤其对直线上的点集合进行
了重点分析，这是集合论与拓扑学中最具奠基性的研究，其研究成果
对于集合论与拓扑学的发展有着至关重要的作用②。在《西北学术》
第 2 期上发表有数学系刘亦珩教授的《几个定理的新证明》。他在课
程教学中可讲授近 20 门课程，着重致力于几何学的教学和研究，特
别是现代微分几何学。他在科学研究中紧跟国际发展趋势，开展黎曼
几何等专题讨论班。发表的这篇论文是刘亦珩具有代表性的研究成
果，直接影响近代微分几何学的发展。在《西北学术》第 3、4 期还
载有数学系赵进义教授的《非完整质点系与阿伯尔氏方程式》以及傅
仲孙教授的《释数学》，这些研究成果在当时中国极具代表性，反映
了数学研究的主流方向，极大地促进了数学科学的发展与传播。1944
年 10 月，在国立西北大学召开的中国物理学会第 12 届年会上，不仅
宣读了物理系教授的 8 篇研究论文，还宣读了数学系教授的 3 篇，即
赵进义的"太阳黑点""宇宙射线"，杨永芳的"抽象空间"等研究
成果，③ 大大促进了西北联大物理与数学学术交流及科学研究。数学
系科学研究成果中，还有一些理论科学研究方面的论著，这些成果不
依赖实验或较少受仪器设备限制，如傅种孙教授的《初等数学研究》

---

① 赖琎：《题词》，《西北学术》1943 年第 1 期。

② 亢小玉、姚远：《〈西北学术〉与现代数学在西北的传播》，《西北大学学报》（自
然科学版）2011 年第 2 期。

③ 《中国物理学会第十二届年会西北分区分会胜利召开》，《国立西北大学校刊复刊》
1944 年第 3 期。

《罗素算理哲学》《黑柏提几何原理》，刘亦珩教授的《微分几何学》，赵进义教授的《复变数函数论》《椭圆函数数论》等①。另外，学校还特别注重学生的学术研究，1945 年 7 月在《国立西北大学校刊》复刊第 14 期上还发表了数学系学生毕业论文，有 "代数基本定理集解""Srgrange 氏方程式及其应用""ühersslung fürDie Differcrtialund integralgleiehungen" 以及 "解析函数之特性与其积分" 等论文题录，从这些论文选题来看，学生的研究课题主要以数学教授们的研究方向以及在国内开创的研究领域为研究方向，紧紧围绕当时国际国内数学发展前沿问题展开研究。

　　西北联大虽地处贫穷偏僻地区，诸种教学设施颇为简陋，但学校为弥补教学与学术上之不足及 "增进学生学术上、道德上修养起见，特于课外或课外定期举行学术演讲"②。此时期的学术演讲大多围绕国防科学、文学与艺术以及西洋文化及历史、地理、资源等内容，特别注重西方文化科学的传播。各院也因此敦请校内外专家学者做公开讲演，特别是理科、工程学推行教员公开演讲之举。西北联大曾两次邀请时在陇海铁路局工作的中算史家李乐知（李俨）先生作演讲。第一次是 1937 年 12 月 29 日在西安临大礼堂（今西北大学礼堂）作了题为 "隧道工程" 的演讲。第二次是 1938 年 6 月 27 日在城固西北联大大礼堂为全校学生讲演 "中算的故事"③，使学生了解到中国古时算学之发达。推测在此间李俨被聘为国立西北大学兼职教授，今可见到他于 1950 年 11 月在《中国科学》第 1 卷第 2—4 期《中算家之平方零约术》一文的署名单位为 "西北铁路干线工程局，西北大学数学系"④。1938 年暑期，西北联大对陕南六县举办小学教师讲习会，其中数学系主任赵进义作 "科学价值" 的讲演，讲师蔡英藩、王毓彪分别作 "算术教材及教法" 的讲授，以积极推行社会教育与地方中小学

---

　　① 李永森、姚远：《西北大学史稿上卷》（1902—1949），西北大学出版社 2002 年版，第 299 页。

　　② 《本校学术讲演办学》，《西安临大校刊》1938 年第 3 期。

　　③ 《历届纪念周讲演纪要：中算的故事》，《西北联大校刊》1938 年第 1 期。

　　④ 李俨：《中算家之平方零约术》，《中国科学》1950 年第 2—4 期。

师资的培训。1942 年 12 月 25 日是牛顿诞辰 300 周年纪念日，国立西北大学数学学会与物理学会为了"纪念伟大科学家牛顿"，联合举办了专题演讲会，其中数学系主任赵进义作"由伽利略到牛顿"的演讲，论及牛顿在数学与物理学方面的科学贡献以及进行科学研究的方法，不仅开阔了学生的科学视野，并倡导学生进行学术之研究、学习其科学研究之精神与方法。1945 年 9 月，英国著名科学家、科学史专家、中央科学合作馆馆长李约瑟博士来国立西北大学访问，并于 18 日在校本部大礼堂作"科学与民主主义"的学术报告，论及科学与民主之关系，科学研究应具有之精神，还特别指出中国科学不发达之原因等科学问题，会后与教授座谈交流学术问题①。数学系还开展数学社会教育，培训中学数学师资，每年暑假举行"西安暑期讲演会"。傅种孙教授发表在《西北学术》1944 年第 4 期的《释数学》一文，就是他在 1943 年西安暑期讲演会上的第一讲。该文论及"数学乃类名""数学无人神之见""数学中之名实论据"等何为数学、数学的本质等重要数理逻辑、数理哲学问题，这是他继所著《罗素算理哲学》之后的重要研究进展。由以上可见，尽管抗战时期物质、环境条件极差，实验研究几乎无法展开，但数学系教授们并未因此放松科学研究与科学传播工作，他们利用一切条件进行数学研究和学术交流，而且指导青年教师和学生进行学术研究，皆取得了许多重要的研究成果，这为西北地区数学学科发展以及近现代中国数学的发展奠定了基础。

（二）物理教育

1. 课程设置与实验仪器

西安临大—西北联大时期，物理学科是由国立北平大学、国立北平师范大学、北洋工学院三院校的物理学科合并构建而成。1938 年 7 月教育部令教育学院改称师范学院后亦增设了物理学与化学学科合二为一的理化系科。因此，此时期西北联大的物理学科在两学院并行发

---

① 《美国李约瑟博士来校访问》，《国立西北大学校刊复刊》1945 年第 15 期。

展，一是文理学院物理系，二是师范学院理化系。表 3 - 4 为 1939 年
西北联大师范学院理化系开设的课程，主要有必修与选修课两大类，
在必修科目中一年级为大学共同必修科目，二、三、四年级为专业必
修科目，五年级重点为论文讨论与教学实习。专业必修科目中物理学
课程主要有普通物理（附实验）、普通力学及物理（附实验）、电磁
学及无线电学、光学及实验、热学及实验；选修课程有音学及实验、
近世物理、电子论、量子论、物理学史。虽然物理学与化学学科一起
构成理化系，但是从开设的科目可以看出，主要以物理学为主，而且
涉及力学、电磁学、光学、热学、无线电等物理学的多个分支，虽然
当时开设的科目还不是很完善，但是这为此后西北地区物理学科体系
的构建奠定了基础。

表 3 - 4　　　　1939 年西北联大师范学院理化系必修选修科目[①]

必修课				
第一学年	第二学年	第三学年	第四学年	第五学年
党义	普通化学（附实验）	定性分析及实验	普通教学法	理论化学及实验
国文	普通力学及物理（附实验）	电磁学及无线电学	定量分析及实验	论文讨论
外国文	微分方程	西洋文化史	有机化学及实验	教学实习
社会科学	本国文化史	中等教育	光学及实验	
自然科学（必修算学并特重微积分）	教育概论	教育心理	热学及实验	
普通物理（附实验）	社会科学	哲学概论	分科教材教法研究	
选修课				
音学及实验	近世物理	电子论	量子论	物理学史
工业化学	生物化学	化学史		

　　国立西北五校分立合作时期，国立西北大学物理学系专业必修科

---

① 《师范学院理化系必修选修科目表》，《西北联合大学校刊》1939 年第 8 期。

目有：普通物理学、光学、电磁学、理论力学、无线电学原理、热力学、物性及声学、理论物理、电工原理、近世物理，以及光学实验、电磁学实验、无线电实验、物理实验、物理教学法、毕业论文等①。在此基础上，教师们根据自己的专业特长开设出许多专业选修课程。由此可见，西北联大物理学教育有着显著的特色，一是开设出完整的物理学课程。由上述物理科目名称可见，抗战时期，西北联大、国立西北大学物理系开设的课程完全包含了经典力学、光学、电磁学以及声学、量子力学等各个方面，基本涵盖了当时物理学研究领域的所有内容，其物理教学与国际物理学发展前沿接近。西北联大物理学系教授们亦紧跟国际大学课程设置的变化与发展，不断完善与充实课程设置，在国困民敝时期，特别是西北地区尤为艰苦的条件下，却能开出如此完整的物理学课程，使学生能接受全方位的教育，为西北物理科学之发展奠定扎实的基础，构建了西北地区完整的物理学科课程体系。二是非常重视物理实验课程教学与建设。据《国立西北大学校刊复刊》记载，1944 年国立西北大学物理学系有普通物理实验室、电磁实验室、无线电实验室以及光学实验室等四部分，实验仪器类别较多，有力学、水力学、热学、音学、光学、磁学、电学、无线电等八大类仪器 52 种，普通类仪器 27 种、工具 27 种，药品 38 种，借用大型仪器 20 种，以及其他仪器共计 285 种，其余物理系还自制仪器，便于学生实验的开展。至 1945 年此八大类物理学仪器又增至 390 种。实验对物理学研究起着至关重要的作用，也是物理教学的基础，但是抗战时期，我国大部分高等学府的物理实验基础是十分薄弱的，实验仪器非常缺乏，只能应付极少数演示实验。与此相比，此时西北联大的实验仪器较为齐全，能基本满足所开设的普通物理、电磁学、无线电等实验课程，物理实验课程相对完整。三是自编教材与西文参考书并用（见表 3 - 5）。教师教学所用教材以教授自编讲义、翻译西文及西文著作为主，课外参考教材均为西文著作。如理论物理、近世物

----

① 李永森、姚远：《西北大学史稿上卷》（1902—1949），西北大学出版社 2002 年版，第 300—301 页。

理、无线电原理等课程教材均是自编讲义和英文参考书。从学校图书馆每年新购的物理学书目来看，除了萨本栋的中文版《普通物理学》较多外，其余约为80%的物理学书籍都是外文著作，这些书籍皆是师生们的学习与参考资料。甚至有的教师上课也用外文讲授，如张佩瑚教授用英文讲课，条理清晰、深入浅出，大大激发了学生对物理的兴趣，而且提高了学生的英文能力，致使有些学生去欧美留学语言上无多大障碍，并能尽快进入物理专业的学习。

表 3 - 5　　　　　1940 年国立西北大学物理学系科目及教材

科目	课本	参考书
理论力学	MaeMillan：Theoretical Mechanics.	Jeans：Mechanics. Lamb：Dynamics.
普通物理	Stewart：A Text book of Physics.	Duff：A Test book of physics.
光学	Houstoun：A Treatise on light.	Wood：Phusical optics. Schuster：Opticsz. Drude：Theory of light.
理论物理	编印讲义	Haas：Theoritical physics, Vol. 1. Montel：Mecanque Rahonnelle.
电磁学	笔记及 Hadley：Electricity & Magnetion.	Bruhat：Cours de I Electricate. Starling：Electricity & Magnetion.
近世物理	编印讲义	Crow ther：Ions, Electrons, and Ioniging Radialions. Urey 4 Ruark：Atoms, Melecales, and quanta. Bloch：Lancienne et la mouvelle Theoric des quanta.
普通物理实验	编印讲义	Newman & Searles：The general fropaties.
电磁学实验	编印讲义	Watson：Practical physics. White：Experimental college physics. Starling：Electricity & magnetism. Taylor：College Mznual of Optice. Laws：Electrical Measurements. Smith：Electrical & Magnetic Meacument. Houstown：Treatise of light.
无线电原理	讲义	The Principles of Radio Communication By Morecraft. Radio Egineering By Terman.
无线电实验	讲义	Experiments Radio By R. R. Ramsey. The Radio Handbook, 1938, By Frank, ec. John.

2. 教师资源与教学

西北联大时期物理系有一大批知名学者在此执教。初建时期教授有岳劼恒、张贻惠、杨立奎、林晓等 4 人，讲师 1 人；国立西北五校时期，在物理系任教授的还有蔡钟瀛、王象复、谭文炳、吴锐、王普、龙际云、张佩瑚等（表 3 - 6），讲师吕秉义后来亦为西北大学教授。由表 3 - 6 可见，这些著名的物理学教授是北平大学、北平师范大学及北平研究院的教授，他们均是物理学各个分支领域有所建树的早期物理学家、教育家。由于三校一院的西迁，为西北联大物理学科的建设形成了一支雄厚的师资队伍，在西安、城固等地生活极度艰苦的条件下，他们不仅构建了西北联大的物理学科，而且用百倍的热情继续从事物理学教学，还将西方最前沿的物理学发展引入西北，对近代西北地区物理学科体系的构建做出了巨大的贡献。如学贯中西的现代物理学家、教育家岳劼恒教授，1925 年入北京大学物理系学习，1928 年留学于法国巴黎大学，四年后获硕士学位，随后四年继续在法国深造，于 1936 年获法国理学博士学位。同年回国后，任北平研究院物理研究所研究员，1937 年随研究院迁移至西安，历任西安临大、西北联大教授。1941 年任国立西北大学物理系主任。他是络合物光学研究新领域的创始人之一。在留学期间，他在旋光学对物理化学问题应用研究中做出了两项重要的发明，对 P. 觉布（Job）连续变化法有了进一步的发展，并对酒石酸金属离子络合物化学结构与其稳定性进行了研究，开拓了一种从光学视角研究络合物的新方法，而这种方法在后来的研究中被国内外学者广泛应用与推广①。抗战时期，烽火不断，身为西北联大物理系教师的岳劼恒教授，利用自己所掌握的多门语言优势与专业所长，参考国内外相关物理教材，为师生自编《光学》《热学》《理论力学》《近代物理》等多门课程讲义，并且讲授多门他人无法承担的课程，同时率领师生亲自动手制作实验仪器和设备，以开展完整的物理实验课程，利用一切有利条件，尽其所能培养

---

① 张景勋：《岳劼恒——络合物光学研究新领域的开拓者》，2006 年 7 月（http：//www.gmw.cn/content/2006 - 07/31/content_ 455422. htm）。

物理人才，为西北联大以及国立西北大学物理学系及其学科的建设和
发展奉献了自己的一生。著名的物理学家张贻惠教授是西北联大物理
系的首任主任，原任北平大学工学院院长。他早年庚款留学日本东京
高等师范学习数学和物理，后又入京都帝国大学深造，获理学士学
位。1922 年赴美国芝加哥大学研究院进修，次年游学英、法、德等国
考察教育，获英国伦敦大学理学士。1937—1946 年，张贻惠历任西
安临大、西北联大、国立西北大学、国立西北师范学院教授，讲授普
通物理、力学、光学等课程，并讲授数学。他是近代中国较早留学日
本学习物理的学者，在力学、光学、原子物理学等方面有较深的造
诣，在我国高等学府较早开设了原子物理学。他在创办中国物理学
会、近代中国度量衡的统一诸方面做出了积极贡献。抗战时期，城固
偏僻贫穷、物资匮乏，但张贻惠教授始终坚守岗位，从事物理教学、
传播科学知识，为西北地区近现代物理教育做出了突出贡献。再如龙
际云教授，原为北平大学教授，对实验技术及电工原理、声学、光学
均有精深研究。他在国立西北大学物理系任教期间，许多实验设备皆
由他领导装配，筹建了物理学的大部分实验室，主要从事电工原理、
声学以及光学实验等课程的教学与研究。龙际云教授为国立西北大学
实验室建设与物理实验教学做出了重要贡献，并撰写了《普通物理实
验》《近代物理实验》《光学实验》等著作。谭文炳教授原为北平师
范大学教师，1937 年随校西迁。在交通闭塞、实验仪器严重缺乏的城
固、汉中等地，谭文炳教授深感"理科讲学靠粉笔，纸上谈兵心不
宁"，因此他只身赴汉口采购器材，冒着炮火，翻山越岭、长途跋涉，
终将实验器材运回汉中，并设法自制教学仪器，构建物理实验室，开
设实验课程，同龙际云教授一样为西北联大的物理教育与物理实验做
出了突出贡献。

表 3 - 6 西北联大物理学教授

教授姓名	出生年份	在系时间	原校	留学经历	所任课程
岳劼恒	1902	1937—1946 年	北平研究院	留学法国巴黎大学，获理学博士学位	光学、理论力学、热力学、高等力学等课程

续表

教授姓名	出生年份	在系时间	原校	留学经历	所任课程
张贻惠	1886	1937—1946 年	北平大学	留学日本东京高等师范、京都帝国大学、美国芝加哥大学	普通物理、力学、光学等课程
杨立奎	1888	1937—1946 年	北平师范大学	留学美国芝加哥大学	光学等课程
蔡钟瀛	1887	1937—1945 年	北平师范大学	留学日本东京帝国大学，获理学士学位	理论力学、理论物理等课程
谭文炳	1902	1937—1946 年	北平师范大学		物性学、物理实验等课程
龙际云	1893	1944—1946 年	北平大学		电工原理、声学、光学实验等课程
张佩瑚	1896	1944—1946 年	北平大学		力学、电磁学等课程
吴锐		1937—1946 年	北平大学	法国巴黎大学	近代物理、原子物理
吕秉义	1913	1939—1946 年	北平师范大学		实用无线电学
王普	1902	1940—1946 年	北平研究院	留学德国柏林大学、威廉皇家研究院，获博士学位	原子物理、核物理

3. 学生培养与管理

从西安临大创立至 1937 年年底，学校两次招考新生，录取新生共计 310 人，其中物理系 7 人，即王尧生、秦河、胡治、杜家驹、刘文海、司广福、苏崇华①。据 1937 年度西安临大在校学生人数统计，物理系学生 55 人（包括借读生 8 人）②：一、二、三、四年级各为 7 人、12 人、12 人、24 人，其中借读生各为 1 人、2 人、4 人、1 人。

① 《本校录取新生名单》，《西安临大校刊》1938 年第 3 期。
② 《本校学生人数统计》，《西安临大校刊》1937 年第 2 期。

1938 年度西北联大物理系包括正式生、借读、转试、旁听生在校学生共 48 人①（见表 3 - 7），其中正式录取学生 28 人，借读生 10 人，转试生 5 人，旁听生 5 人，男生占 93.7%，女生仅占 6.3%，生源来自全国 15 省，其中 63% 的学生来自山西、河北、河南与辽宁省。1938—1946 年，西北联大历年毕业人数如表 3 - 8 所示，可见在 9 年期间西北联大共培养物理学人才 84 人，虽不及同时期西南联大物理系培养的学生人数（130 人），但是在战乱时期贫困偏远的西北地区已经是相当不易，且在当时全国高等物理教育中占据前位。每一届毕业生都在物理学教授们的精心指导下选择论文题目，撰写毕业论文，佳作亦多。如 1944 年物理系毕业学生所作毕业论文有：定向广播；原子构造概述、热电子放射原理之研究、Bohr 原子构造学说（岳劼恒指导）；波力学中物质波之讨论（谭文炳指导）；振荡与检波（吕秉义指导）；等斜度与等厚度干涉之比（杨立奎指导）；广义的 Newlon 第二定律（吴锐指导）；电子 e/m 比值之测定（龙际云指导）；狭义相对原理之概念、狭义相对原理在近世物理中之应用（张贻惠指导）②。由各教授指导的论文题目可见，学生论文选题主要集中在光学、力学、原子物理、量子理论、电磁理论以及无线电等研究方向，特别是选择了最前沿的物理学问题相对论的研究，是西北地区最早开展与传播相对论研究的高等物理教育。

表 3 - 7　　　　1938 年度物理系第一学期在校学生人数统计③　　（单位：人）

物理系	一年级	二年级	三年级	四年级	总计
正生	8	3	6（女生 1 人）	11	28
转试		4	1		5
借读		3	4	3	10

①《国立西北联合大学二十七年度上学期在校学生人数统计表》，《西北联大校刊》1939 年第 9 期。

②《毕业论文题目》，《国立西北大学校刊》1944 年第 14 期。

③《国立西北联合大学二十七年度上学期在校学生人数统计表》，《西北联大校刊》1939 年第 9 期。

续表

物理系	一年级	二年级	三年级	四年级	总计
旁听	5				5
总计	13	10	11	14	48

表3-8　　　1938—1946年西北联大物理学系历届毕业生人数统计①

毕业年份	1938	1939	1940	1941	1942	1943	1944	1945	1946	总计
学生人数	5	10	12	15	11	6	11	10	4	84

物理系对学生的培养与管理亦严格施行导师制，在学校成立不久就为各年级学生聘定了导师，"四年级导师杨立奎先生，三年级导师岳劼恒先生，二年级导师林晓先生，一年级导师张贻惠、蔡锺瀛先生"②。导师们在传授智识的同时，以各种方式指导学生选系、选组、选课及学业进修等事宜，使学生逐渐养成良好的治学态度、科学修养、合作精神、服务观念。为了培养学生的社会服务观念，提高普通民众的教育水平，物理系三、四年级学生还承担了学校社会教育推行委员会举办的自然科学讲习班中的物理教学，选用的教材大纲有飞机之原理及简单构造、枪炮概述、炸弹及手榴弹之构造及用法、滑车之原理及应用、天秤及杠杆之原理及应用③，使学生实际践行物理教育，不仅提高了学生的社会实践能力，而且增强了学生的社会责任感与服务意识。

4. 科学研究

在科学研究方面，西安临大—西北联大时期，因学校初建实验设备缺乏，加之战事影响，科研成果甚微。国立西北五校时期，物理系教授取得了非常重要的研究成果，在本校创办的学术刊物《西北学术》上，在1943年第1期、第3期有罗仲言、张贻侗、岳劼恒等教

---

① 李永森、姚远：《西北大学史稿上卷》（1902—1949），西北大学出版社2002年版，第300—301页。

② 《聘定文理师范两院系各年级导师》，《西北联大校刊》1938年第7期。

③ 《本校社教推委会成立自然科学讲习班概况》，《西北联大校刊》1939年第11期。

授发表的论文，如《磁针与火药考》《偶极矩与分子构造》《酒石酸甲酯之旋光研究》。这些研究内容与教授们所讲授的课程紧密相关，均是当时国际物理学发展的前沿学科。1941 年 9 月 21 日，千载难逢的日全食现象在全国境内发生，经过城固时，国立西北大学物理系组织师生分组观测，并将多组观测结果取平均值进行分析研究，撰写成研究报告发表在《国立西北大学校刊》第 1 期首页上①。在报告中重点论述了日食发生时气温之变化、光度之变化、天电之干扰以及日食之摄影 4 项观测结果。虽然当时观测中缺乏精密仪器，但是日食各项观测结果与天文台预测结果差值很小，与《科学》杂志登载的政府规定的陇蜀时间非常接近，精度很高。《国立西北大学校刊》第 5 期发表了岳劼恒的"纪念牛顿诞生三百周年"② 一文。文中岳劼恒先生首先强调物理学对整个人类及世界的影响："以言应用，则事事物物，无微不至；以言学理，则高深邃远，无隐不显"，由此可见物理学对整个社会至关重要；其次他对牛顿对物理学之贡献及现代物理学之发展作以比较，指出牛顿最重要之贡献"运动三定律及万有引力定律"永远为物理学之基础。他还特别提到现代相对原理之成立与波力学之发明，也由此指出牛顿力学无法解释高速度之运动物体及原子物理中的各种现象，为之后物理学研究指明了方向。牛顿之后，电磁学、热力学、音学、光学、现代分子构造原子构造等都有了前所未有的发展，但是，他指出"牛顿之微粒学说虽为波动学说代替，但近数十年来，量子学说及光电现象发现之后，牛顿原有概念与现代学说往往暗合"。也由此说明了科学在前进的道路上不是一帆风顺的，常常与新的理论相矛盾甚至被取代，但数年之后，新的科学发现却使两者相吻合，这正是科学之发展规律。他也指出我们要用辩证之方法看待两种相矛盾的科学，而不能简单地加以丢弃。再次，岳劼恒先生探讨了牛顿在数学方面的贡献"微积分"及其物理应用，也由此指出数学在物理学研究中的广泛应用极大地促进了数学学科的发展，如牛顿的几

① 《日食观测报告》，《国立西北大学校刊》1941 年第 1 期。
② 《纪念牛顿诞生三百周年》，《国立西北大学校刊复刊》1943 年第 5 期。

何、分析已达"精深邃远之极致"。最后，岳劼恒先生不仅指出牛顿最大之功绩为奠定物理学治学之方法，而且他寄希望于后人"尤当效法其治学精深与方法"，认为唯有此"我国科学方法有进步之可能"。1944年10月中国物理学会第12届年会西北区分会在城固国立西北大学召开，在大会上宣读了物理系教授们的9篇论文，有岳劼恒的《有旋光性正负游子旋光性之研究》以及他翻译的沙德尼克（Chadwich）著的《原子能及其应用》，龙际云的《电解质溶解析光指数与浓度之关系》与《原子弹之探讨》，吕秉义的《无线电波》与《电话传送导线之放射场》，张贻侗的《原子弹之探讨》，张佩瑚的《谈原子弹》，陈祖炳的《爱因斯坦之伟大成就及其治学精神》。会议之后，这些论文陆续发表在《国立西北大学校刊》上。

（三）化学教育

1. 课程设置与图书仪器

西安临大—西北联大时期，化学系是由三校一院的化学学科合并组建而成的。1938年7月西北联大教育学院改称师范学院后亦增设了化学学科与物理学合二为一的理化系。因此，此时期西北联大的化学学科是在四学院并行发展，一是文理学院化学系，二是师范学院理化系，三是农学院农业化学系，四是工学院化工系。其中农业化学与化工均是化学领域的交叉应用学科，可见，此时期西北联大已经形成了化学基础学科与交叉应用的多学科体系。在师范学院理化系开设的化学课程有普通化学（附实验）、定性分析及实验、定量分析及实验、有机化学及实验、理论化学及实验，选修课开设了化学史。此时期虽然开设的化学科目很少，但是初步形成了普通化学、分析化学、有机化学三个化学学科分支，并且特别注重化学实验课程的开设，这为西北地区化学学科体系的建构奠定了基础。在城固时，西北联大化学系的课程设置如表3－9，分为必修科目与选修科目，由此课程表可见此时期化学学科的特点：其一，专业课程更加充实与完善，逐渐向精深发展，并且增加了工业化学和化学教育，如工业分析化学、化学教学法等课程，不仅培养理论化学、分析化学、工业化学人才，而且为西北地区培养化学教育人才；其二，开设了化学发展最前沿的选修课程，如热力学、原子构造等全新的课程，以开拓学生的科学视野，逐渐促进学生化学认知结构的完善，培养更适应当时社会发展的高水平人才；其三，将专题研究与毕业论文作为化学系的必修科目，这与当时教育部的要求是一致的，也由此反映了西北联大的化学教育不仅注重专业基础学科的训练，而且非常注重学生科学研究及其能力的培养。

表3-9　　　　　　　　在城固时西北联大化学系专业课程设置

必修科目			选修科目
普通化学	定性分析化学	工业分析化学	有机分析化学实验
普通化学实验	工学化学	专题研究	高等无机化学
化学教学法	有机分析化学	毕业论文	热力学
理论化学实验	毒气化学		原子构造

西北联大在国立西北五校时期，化学课程设置与之前有很大变化，必修科目与选修科目的课程均增加了不少，不仅增设了当时化学发展的前沿学科课程物理化学，如胶体化学、热力学，而且课程方向逐渐向全面化发展，并且更加系统化、规范化，特别是在分析化学、有机化学与工业化学方面，课程内容越来越细化，越来越精深，并相互交叉，同时选修课程比重加大，既体现了化学教育的多元化发展，又趋于统一化的发展特点，大大促进了高等化学教育的全方位发展，逐渐形成博学多才、高度专业化的化学人才培养模式。由表3-10亦可见，此时期教师与学生所用的课程教材主要以教授自编的讲义、笔记和国外化学著作为主，参考书均是国外知名学者的著作。究其原因，一方面是当时战乱，国内教学用书非常稀缺，另一方面当时的化学教授大多都是国外留学归来的专家，他们将西方最先进、最前沿的化学引入西北地区，这对开拓学生的科学视野以及对学习专业课程都有很大的帮助，无疑也提高了学生英语阅读理解能力。

表 3 - 10   1940 年国立西北大学化学系科目及教材①

科目	课本	参考书
普通化学	讲义	Holmes：General Chemistry. Brinkley：Principles of Chemistry. Schlasinger：General Chemistry. Chapin：Second Year college chemistry. Deming：Exercise in general Chemistry.
定性分析化学	A. A. Noyes：Qualitative Chemical Analysis.	Curtman：Qualitative Chemical Analysis. Treadwell & Hall：Analytical Chemistry Vol, 1.
定量分析化学	Talbot：Quantitative Chemical analysis.	Treadwell & Hall：Analytical Chemistry Vol. 2. Cumming & Key：Quantitative Chemical Analysis.
有机化学	笔记及讲义	Lowy & Harrow：Introduction to organic chemistry. Hill & Kelley：Organic Chemistry. Lucas：Organic Chemistry. Adkin：Practice of Organic Chemistry.
理论化学	Geteman & Daiels：Outline of Theoretical Chemistry.	Taylor：Treatise On Physical Chemistry. Encken：Lehrbuch der Chemischen plysik. Mack & France：Laboratory.
工业化学	笔记	Riezel：Industrial Chemistry. Rogers：Manual of Industrial Chemistry, 2 Vols.
有机分析化学	Kamm：Qualitative Organic analysis.	Malliken：Identification of Organic Compounds 4 Vols.
工业分析化学	笔记及讲义	Griffin：Technical Methods of Analysis. Parr：Fuel, Gas Water, and Lubricant Analysis. Woodman：Food analysis. A. O. A. C.：Official. Tentative Methods of analusis. Allen：Commercial organic analysis 10 Vols.
高等无机化学	笔记	Ephraim & Thornc：Inorganic Chemistry. Caven & Lander：Lystenatic Inorganic Chemistry. Glasstome：Recent Advance in Inorganic Chemistry.
高等有机化学	笔记	Cohen：Organic Chemistry for advanced students. Schmidt：Organic Chemistry. Richter：Organic Chemistry 3 Vols.
高等无机制备化学（选）	讲义	Henderson：Inorganic Preparation. Biltz - Hall - Blanchard：Laboratory Methods of Inorganic Chemistry.
工业化学实验（选）		Bannett：Chemical Formularg 3 Vols. Rogers：Manual of Industrial Chemistry. Archibal：Preparation of Pure Inorganic Sabsances.

① 《国立西北大学三十年度各院系所用课本》，西北大学学报资料室所藏。

续表

科目	课本	参考书
国防化学（选）	笔记	Fries 4 West：Chemical Warfare. Prentiss：Chemicals in War. Marshall：Explosives. Wwavers：Military Explosives.
化学史（选）	Moore：History of Chemistry.	Ernest Von meyer：History of Chemistry.
原子构造（选）	笔记	Sommerfeld：Atomic Structure and spect lines.
热力学（选）	笔记	Butler：Fundamentals of Chemical Thermodynamics 2 Vols. Lewis & Randal：Therodynsmics & the Free Energy of Chemiscal Substances.
胶体化学	笔记	Svedberg：Colloid Chemistry. Bancroft：Applied Colloid Chemistry. Bouge：Colloidal Behavior 3 Vols.

除此之外，西北联大其他学系也开设了一些化学课程。如在家政系的课程设置中，其基本科目中开设了有机化学，每周讲授 3 小时，实验 1 次约 2 小时，占 4 学分；定性定量分析化学，每周讲授 2 小时，实验 2 次每次约 2 时，占 4 学分。在其专业科目中还开设了生理化学，每周讲授 2 小时，实验 2 次每次约 2 时，占 4 学分；食物分析化学，每周讲授 2 小时，实验 2 次每次 2 小时，占 4 学分。在其选修科目中开设了家庭工业化学，每周实验 2 次每次 2 时，占 4 学分①。在文理学院、师范学院的共同必修科目表中，开设了基础自然科学的必修科目，选学之一就是化学。

在图书、实验设备方面，化学系初建时期已订购各类重要翻版化学图书 96 种共 203 册，原版书 1 种，挂图 1 种，翻版杂志 1 套共 17 卷，原版杂志 1 套共 30 卷，而且从汉口、香港等地兴华公司或洋行等商店订购了各种普通实验所需器材以及重要的仪器与药品。这些实验器材可勉力进行各班的基本化学实验。国立西北五校时期，化学系

———————

① 《家政系课程标准》，《西北联大校刊》1938 年第 3 期。

已建有实验室两部，药品有 158 种，仪器计有分析开秤等 85 种。之后化学系又不断充实和完善仪器实验设备，药品增至 400 余种，仪器增至 178 种①。虽然实验仪器极其缺乏，但化学系非常重视实验课程及其实习，特别注重学生能力的培养，并力求理论与实际相结合，如化学系师生通过调查发现汉中一带"无造胰工厂，并无造胰之基本原料（牛油），而胰子又为日常生活必需用品之一"②，故以所学知识理论为基础，利用土产之臼油制胰，又因本地出产为量甚富之木油，故将其改进加以利用制胰。这种以实践为导向的学习方法，不仅使学生将所学理论运用于实际，克服了实验仪器缺乏的困难，而且培养了学生思考和钻研的科学研究精神，同时也极大地推动了化学工业生产发展。

2. 教师资源与教学

"善之本在教，教之本在师"。抗战时期，西北联大化学系名家大师荟萃，他们在化学各个分支领域均有很高的造诣，为西北地区化学学科的发展奠定了坚实的基础。西安临大时期，化学系主任是刘拓教授，其余有赵学海、周名崇、陈之霖、朱有宣、张贻侗教授，总计 6 人，助教兼讲师有王毓琦 1 人，助教有杨若愚 1 人；城固时期化学系主任先后由教授刘拓和张贻侗兼任，赵学海、朱有宣、李家光、王毓琦、唐尧衢、徐日新、赵永昌、曹居久等先后在该系任教授、副教授③（见表 3 - 11），并从事胶体化学、物理化学、分析化学、应用化学等方面的基础理论研究。农业化学方面的教授有刘伯文、陈朝玉、王志鹄、虞宏正、罗登义，助教有王来珍、罗元熙。化工方面的教授有萧连波、李仙舟，助教有罗素一、毕淑英④。由表 3 - 11 可见，西北联大化学系 70% 的教授都有国外一流大学的留学经历，留学美国的

① 李永森、姚远：《西北大学史稿上卷》（1902—1949），西北大学出版社 2002 年版，第 301 页。

② 《化学系本学期所经办之重要事项》，《西北联大校刊》1938 年第 1 期。

③ 李永森、姚远：《西北大学史稿上卷》（1902—1949），西北大学出版社 2002 年版，第 301 页。

④ 《本校教职员录》，《西安临大校刊》1938 年第 4 期。

有 5 人，留学日本的 1 人，其中虞宏正教授在美国、德国、英国 3 个国家接受过学习或进行过科学考察。这些专家教授在化学的各个分支领域各自做出了重大的科学贡献，是中国近代化学教育科学事业的奠基人。如虞宏正教授，在胶体化学与物理化学领域很有造诣，是我国著名的胶体化学、物理化学家和科学教育家。他 1916 年考入北京大学化学系，1936 年赴德国莱比锡大学专门研究胶体化学，1937 年春又入英国伦敦大学深造学习物理化学。同年回国后先后任西安临大、西北联大和国立西北农学院教授。1945 年，他又赴英国剑桥大学进修胶体化学，同年 11 月又前往美国的布乐克林高分子研究所及加州理工大学学习和考察。虞宏正三次出国进修，专门从事胶体化学与物理化学的研究，特别重视基础理论研究，并撰写了高水平的论文与著作，如在《中国化学会会志》《日本农学会年会报告》等刊物上发表的 "Thermodynamics of Interfaces in Equilibrium" "A Statistical Derivation of BET Adsorption Equation"、《中国土壤分类》《表面平衡热力学的研究》等论文，以及与石声汉等人合译的《物理化学及胶体化学》等著作，其中 1941 年他发表的《平衡状态下的热力学界面》是陕西省化学基础理论研究的首篇论文。他提出新建的分支学科——土壤热力学对农业具有重要的价值，极大地促进了农业发展。他在西北联大任教期间，不仅承担胶体化学、热力学和量子化学等多门课程的教学任务，而且兼任多所大学的课程。自入陕以来，他常年在国立西北大学、西北农学院上课，不分酷暑寒冬，奔走于西安、咸阳与杨陵之间[①]。他治学严谨，讲究教学方法，重视理论与实际相结合，为西北乃至国家培养了大批的化学与农业科学人才，开创了西北地区农业科学研究，为祖国西北农业科学教育事业奉献了毕生的精力。再如西北联大化学系首任主任刘拓教授，在化学方面亦很有造诣，尤其是在化学运用于民用工业研究方面有较多成果。1920 年他从北平师范大学毕业，后又公费留学美国 4 年，获得农业化学博士学位。他原为北平师范大学化学系教授。在西北联大任教期间，承担普通化学、生物化

---

① 姚远：《西北大学学人谱》，西北大学出版社 1997 年版，第 233—234 页。

学、营养化学、农业化学、高等工业分析等多门课程，开设毕业论文专题课。他还带领师生为化学系添购实验设备、充实实验室建设，并聘任名家教授任职，扩大师资队伍，开展科学活动，为西北联大化学系的建设做出了重要贡献。张贻侗教授，字小涵，是中国近代著名的化学教育家，曾赴英国伦敦大学留学，师从诺贝尔化学奖获得者、英国著名的化学家拉姆赛，获该校理学学士学位①。抗战前他是北平师范大学理学院教授、化学系主任，1937 年抗战爆发随校迁陕，历任西安临大、西北联大、西北工学院、西北师范学院、国立西北大学教授、化学系主任及校教务长等职，兼任西北师范学院理化系主任、中国化学会陕西省分会理事长。在国立西北五校时期的西北大学期间，他尽心竭力培育化学人才，延揽师资，添购扩充图书设备。他对物理化学颇有研究，是当时我国著名讲座教授，曾讲授高等理论化学、理论化学、电化学、化学热力学、高等无机化学、定量分析化学等多门课程，并指导学生实验和进行课外辅导②。他还特别重视社会需要与学生实践，适时增开化工原理、造纸、制革以及石油化学等选修课程。1945 年，他用当时教育部颁发给他个人的奖金 5 万元法币及各方筹款 31 万元，在国立西北大学设立"小涵先生奖学金"。他在严谨治学的同时积极开展科学研究，发表了多篇论文及论著，其中有《原子弹问题》《偶极矩与分子结构》等科学论文。

表 3－11　　　　　　　　西北联大化学系教授

教授姓名	出生年份	在校时间	留学经历或毕业院校	所任课程
刘拓	1897	1937—1945 年	毕业于北平师范大学，留学美国	普通化学、生物化学、营养化学、农业化学、高等工业分析等
赵学海	1898	1937—1943 年	留学美国威斯康星大学化学专业，获硕士学位	不详
陈之霖	1898	1937—1945 年	留学日本东京高等师范学校、京都帝国大学及研究院	不详

① 姚远：《西北大学学人谱》，西北大学出版社 1997 年版，第 234—235 页。

② 同上。

续表

教授姓名	出生年份	在校时间	留学经历或毕业院校	所任课程
张贻侗	1890	1937—1946 年	留学英国伦敦大学，获理学士学位	高等理论化学、理论化学、电化学、化学热力学、高等无机化学、定量分析化学等
虞宏正	1897	1937—1945 年	先在德国莱比锡大学和英国伦敦大学从事胶体化学研究，后在英国剑桥大学、美国布乐克林高分子研究所和加州理工大学进修和考察	胶体化学、物理化学、热力学和量子化学等
郭一清	1896	1946 年	留学美国密歇根大学化工系	
刘致和	1910	1937—1946 年		无机化学、有机化学、分析化学等
徐日新	1913	1944—1946 年	留学美国密歇根大学，获硕士学位	工业化学
于滋潭	1914	1946 年	留学美国伊利诺伊大学、密歇根大学，获硕士学位	工业化学
曹居久	1916	1939—1946 年		理论化学、普通化学、无机化学、分析化学、有机化学、定性分析、生物化学等

3. 学生培养与管理

学生方面，西安临大成立之初，曾两次招考新生，共计录取学生311 人，其中化学系正式录取新生 4 名，即赵梦琴、苏少兰、王如芝、杜惠文；农业化学系正式录取新生 5 名，即李景玉、钱金锁、王素蟾、张忠宽、安守静；化学工程学正式录取新生 13 名，分别是王广誉、胡明安、胡杏芳、朱先泽、葛树萱、张振、燕蕙兰、佟泽民、田斌、张密、贺文鼎、费毓龙、李树荫①。据 1937 年西安临大在校人数统计，化学系在校学生 41 人（包括借读生 11 人在内），一年级 16人；二年级 6 人；三年级 8 人；四年级 11 人；农业化学系在校学生29 人，其中借读 1 人；化学工程系 43 人，其中借读生 6 人②。表 3－12 为西安临大时期 1937 年 12 月统计的本校录取化学科学各系借读生

---

① 《本校录取新生名单》，《西安临大校刊》1938 年第 3 期。

② 《本校学生人数统计》，《西安临大校刊》1937 年第 2 期。

名单。可见，此时期，仅化学各学科借读生有21人之多。据1938年度西北联大在校人数统计，化学系在校学生72人，包括正式生41人、借读22人、转试7人及旁听2人①，学生籍贯分布全国17个省[山西12人，河北、河南各10人，四川、陕西各7人，江苏、山东各4人，安徽、湖北、广西各3人，浙江、湖南各2人，江西、甘肃、广东、辽宁、察哈尔省（今内蒙古自治区）各1人]②。国立西北五校时期，1944年化学系学生人数达到90人，1945年有86人。1940—1946年，国立西北大学化学系历年毕业人数如表3-13所示，此期间共毕业学生144人，加上1937—1939年毕业的学生，西北联大化学系在9年期间共毕业学生可达180人之多。可见，西北联大化学系在抗战期间为西北地区培养了一大批化学人才。表3-14为1937年化学系毕业同学就业调查情况，由表可见，毕业的12名学生分别在陕西、贵州、四川等西部省内就业，其中83.3%毕业生担任教育工作，3名留西北联大。西北联大在全国大学中首创建立训导制度，化学系对学生在思想、行为、治学等方面亦严加训导，对学生的培养施行导师制管理，在学校成立不久就为各年级学生聘定了导师，如四年级导师刘拓先生，三年级导师张贻侗先生，二年级导师朱有宣先生，一年级导师赵学海、陈之霖先生③。

表3-12　　　　　西安临大1937年录取借读生名单④

化学系	一年级	田岁成		李立家	张尚德	
	二年级	白运河		李峥	邢铸经	
	三年级	邓任林	陆智明	王大志　崔泽琳	康鲁生	温春融
	四年级	刘德馨		林景华	周亚兴	
农业化学系	四年级	孙毅				

① 《国立西北联合大学二十七年度第一学期在校学生人数统计表》，《西北联大校刊》1939年第9期。

② 《国立西北联合大学二十七年度第一学期在校学生籍贯统计表》，《西北联大校刊》1939年第9期。

③ 《聘定文理师范两院系各年级导师》，《西北联大校刊》1938年第7期。

④ 《本校录取借读生名单》，《西安临大校刊》1937年第3期。

续表

化学工程学系	一年级	傅德衣			
	三年级	李尚林			
	四年级	白文钟	刘砥	边暇	

表 3 – 13　1940—1946 年国立西北大学化学系历届毕业生人数统计①

毕业年份	1940	1941	1942	1943	1944	1945	1946
学生人数	20	17	13	23	27	20	24

表 3 – 14　　　二十六年度化学系毕业同学就业调查（续）②

姓名	系别	在何机关就业	职别
张栻	化学系	马来亚启文中学	教员
刘蕙荃	化学系	同上	教员
周参丙	化学系	贵州黔西中学	教员
程明达	化学系	汉阴服务团	教员
彭绪让	化学系	国立陕西中学	教员
苗世沛	化学系	榆林师范	教员
徐峻山	化学系	四川内江县中	教员
杨希曾	化学系	四川内江县中	职员
曲在文	化学系	第二战区司令部	职员
朱汝复	化学系	本校理化系	助教
郁渠	化学系	本校化学系	助教
居咏宜	化学系	本校文理学院事务室	职员

4. 科学研究与学术演讲

西北联大非常重视师生的科学研究与学术演讲。国立西北五校分立合作时期，刘季洪校长明确指出："大学之任务，除聚集师生从事教与学外，尤须致力研究，期于学术上有所创获"，国立西北大学

---

① 李永森、姚远：《西北大学史稿上卷》（1902—1949），西北大学出版社 2002 年版，附录四。

② 《本校二十六年度毕业同学就业调查》，《西北联大校刊》1938 年第 6 期。

"设于西北，则对西北之自然与社会，自应加意探究，一面实地调查考察，蒐求各地文献；一面分清教授，研究各项问题，将所获资料一一保存，分别整理，相继发表。"①他还在1944年9月25日开学典礼上特别强调研究科学史料的重要性，指出在研究过程中，一定要积累若干重要资料，以便在研究时做出贡献。当时国立西北大学理学院与国立西北工学院合办成立了西北科学研究室，专注于我国西北部之科学研究及建设问题②。理学院与新成立的西北科学研究室为西北区域内唯一之科学人才培养所，唯一之科学研究所，其目的有三："一为培养科学人才，以推行各地之科学建设；二为供应各专家对于科学研究之需要，以图科学本身之发展；三为解决西北区域内所发生之科学问题并与各地科学家取得密切之联络，换言之即在此广大区域内散布科学种子并研究共生长及兴旺之道也"③。化学系的科学研究亦不例外，虽然当时图书资料匮乏、经费困难，实验条件无法达到，但是教授讲师积极开展学术专题研究。西北联大在城固时，物资特别缺乏，首要是纸张缺乏，时任化学系主任刘拓教授立即着手研究。他指导学生收集原料，发现陕南的构树纤维很长，可以制纸。于是采集标本，分离粗皮，软化细皮经蒸煮等程序后，制成白纸，质料洁白平滑。并将制造过程撰写成论文，发表于美国化学工程杂志④。汉中十八里铺，盛产甘蔗。刘拓教授带领学生协助该地糖房过程中，究其所制糖浆不能结晶之原因，发现其脱色方法陈旧，转化糖太多，漏盆中温度过低，致使结晶与母液不能分离。而刘拓教授专长于结晶分离之理论与方法研究，因此为本地农民挽回了巨大损失，他还将其研究结果撰写成论文《糖液中加石棉粉过滤之效果》，发表于美国化学工程杂志。城固当时没有电灯，全靠蜡烛，而这种蜡烛熔点甚低，极易弯曲，亮度欠佳，气味难闻。化学系朱有宣教授带领青年教师朱汝复，悉心研究，以资改良。所造蜡烛硬度增强，灯芯燃烧速率与蜡之消耗相当，

---

① 刘季洪：《本校之现在与将来》，《国立西北大学校刊复刊》1945年第17期。

② 《各学院之现在与将来》，《国立西北大学校刊复刊》1945年第17期。

③ 同上。

④ 田岁成：《母校试验室的光和热》，《西北联大回忆录》，西北大学档案馆藏。

外形美观，气味芬芳，以解师生之苦。陕南西乡在巴山之阴，洋县在秦岭之阳，均产漆树。化学系同学在研究漆树中漆的成分时，不幸为漆所伤，后用八木治愈后转而研究桐油。陕南桐树遍山，桐油输出，为陕南一大财源。"抗战时期出口停顿，货弃于地，非常可惜"①。朱有宣教授指导学生进行各种试验，以裂化桐油制造汽油，为抗战胜利做出了不少贡献。在1938年12月刊出的《西北联大校刊》第7期上发表有刘茂寅老师的《简单防毒概设》，文中详细论述了毒气种类，在生理上可分（1）血液及神经毒（氰酸—氧化碳），（2）催泪性毒（苯氯乙酮溴丙酮等），（3）窒息性毒（氯气光气等），（4）喷嚏性毒（二苯氰砷二苯氯砷等），（5）糜烂性毒（芥气路易氏气）五种以及在战术上分之为攻击毒气与防守毒气②，进一步指出各种毒气之防御，以芥气为最难，并提出简单防毒之具体方法，以及临时紧急防毒法，这些化学科学研究对抗战胜利无不具有重大意义。农业化学系因鉴于抗战中食品问题之重要，特组织抗战时食品问题研究会③，调查伤兵及难民之营养概况以作研究。在1943年11月创办的全校学术性期刊《西北学术》上发表有化学系张贻侗教授的《偶极矩与分子结构》论文。1944年10月，在国立西北大学召开的中国物理学会第12届年会西北区分会上，不仅宣读了物理系与数学系教授的11篇论文，而且宣读了化学系张贻侗教授的《原子弹之探讨》一文，并发表在《国立西北大学校刊》复刊第15期。西北联大的化学教育也非常重视"增进学生学术修养"，特于课外定期举行专题研究。学生的毕业研究课题均经过教授的精心指导，如1945年化学系学生所作的毕业课题有光学异构物，格里那德试剂及格里那德反应的应用，译Hall定量分析，人体化学泛论，几个有机上之理论概念，原子构造与光谱，芳香族化合物构造的理论，利用花青素为石代用品之研究，食物营养素之分析，原子核、罕土金属，α、β、γ放射线，电离质平衡，电离学，

---

① 田岁成：《母校试验室的光和热》，《西北联大回忆录》，西北大学档案馆藏。

② 刘茂寅：《简单防毒概设》，《西北联大校刊》1938年第7期。

③ 《农业化学系同学组织战时食品问题研究会》，《西安临大校刊》1938年第8期。

染料，肥料的化学研究，纸浆工业之研讨等①。这些论文选题主要围绕有机化学、分析化学、工业化学等方向展开，或与各指导教授的学术研究专长或国外留学研究方向紧密相关，且与战时化学工业发展密切联系，以适抗战之需要，这些研究论文题目在《国立西北大学校刊》复刊第 14 期上均有记载。

西北联大还举行了许多学术演讲。1938 年，在陕南六县举办了小学教师暑期讲习会，其中化学系虞宏正教授、王景韩老师作了防毒的学术演讲，讲师李志嘉、张栻、董兰麟、唐岱砺等人作了理化教材及教法的讲演②。西北联大为了积极推行社会教育，还成立防空防毒讲习班，由时任化学系主任刘拓教授担任指导，其中化学系学生讲演毒气之解释、性质、种类、特征、威力以及如何防毒、治疗、消毒、防火等内容 16 小时，以灌输普通民众防毒知识③。西北联大还成立了自然科学讲习班，其中化学部分由化学系主任及三、四年级学生负责办理，讲演食物常识及保存法、嗜好品之害处、农作物之病虫害及其预防法、造纸法之改良、生活用品之制法、毒气之防御法、急救法及消毒法、淘金及新式采金法以及其他化学制造常识等化学知识，以推行社会教育④。

（四）生物教育

1. 课程设置

西安临大时期，文理学院设有生物学系。1938 年 7 月西北联大教育学院改称师范学院，此时增设了博物系。因此，此时期生物学教育是在两学院并行发展。1939 年 8 月国立西北五校分立合作，国立西北大学文、理学院分开，此时分属理学院的博物系已改称为生物学系。表 3 - 15 为西北联大时期博物系开设的科目，由此表可见，博物系学制 5 年，分必修与选修课程。其中共同必修课程除党义、国文、社会

---

① 《毕业论文题目》，《国立西北大学校刊》1944 年第 14 期。
② 《陕南六县小学教师暑期讲习会讲师一览》，《西北联大校刊》1938 年第 2 期。
③ 《本校社教推委会成立防空防毒讲习班概况》，《西北联大校刊》1939 年第 11 期。
④ 《本校社教推委会成立自然科学讲习班概况》，《西北联大校刊》1939 年第 11 期。

科学、哲学概论等基础的人文社会科学课程外，还特别开设了算学、物理、化学、生物学等自然科学的任选课程。其二为专业必修课程，主要分为植物学、动物学、生理与卫生学以及矿物与地质学等课程，正是这些专业课程的开设为今天西北大学的生物学发展奠定了扎实的基础，特别是植物学、古生物学课程如今已成为陕西省、国家的重点学科。其三，西北联大非常重视生物学教育师资的培训，开设了较多的生物教学相关课程，如教育概论、教育心理、中等教育、普通教学法、分科教材教法研究、教学实习；其四开设了门类广泛的专业选修课程，主要有动物学、植物学、矿物与地质学以及交叉应用课程，甚至开设了非常前沿的生物统计学，药用植物学等课程。在国外，这些生物学科的研究也为时不长，在中国则刚刚起步，但是在最艰苦的西北地区能开设出如此全面而又前沿性的学科，真是一朵奇葩，开创了西北地区高等生物学教育。

表 3 - 15　　1939 年西北联大师范学院博物系必修选修科目①

必修课				
第一学年	第二学年	第三学年	第四学年	第五学年
党义	哲学概论	中等教育	植物分类学	动物分类学
国文	西洋文化史	普通教学法	植物生理学	细胞学
外国文	社会科学	地质学	矿物学	遗传学
社会科学	教育心理	生理学	个人及公共卫生学	论文讨论
自然科学（算学、物理、化学、生物、人类学任选）	比较解剖学	无脊椎动物学	分科教材教法研究	教学实习
本国文化史	普通植物学	组织学（植物制片方法）		
教育概论				
选修课				
原生物学	胚胎学	生物学史	生物统计学	进化论
昆虫学	鱼类学	优生学	树木学	藻类学

① 《师范学院博物系必修选修科目表草案》，《西北联合大学校刊》1939 年第 8 期。

续表

选修课				
药用植物学	植物育种学	古生物学	岩石学	地层学
经济地质	矿石分析	地史学	脊椎化石	标准化石
体育概论	图书馆学	卫生教育概论		

　　国立西北五校分立、合作时期，生物系专业必修课设有：生物学、组织学、植物生理学、种子植物分类学、植物解剖学、植物形态学、动物生理学、无脊椎动物学、脊椎动物胚胎学以及植物解剖学实验、无脊椎动物学实验、脊椎动物比较解剖学、脊椎动物比较解剖学实验、脊椎动物胚胎学实验、植物形态学实验与生物教学法、毕业论文等。选修科目有细菌学等。与西北联大时期相比，这一时期的生物学教育在前期"广与博"的基础上注重"专与精"的发展，非常重视专业学科的精深发展，如无脊椎与脊椎动物学、植物学的课程设置非常全面、细致。表3-16为1940年国立西北大学生物系科目及教材表，由此可见，生物系所用教材或参考书主要为英文著作。生物系因课程与理、教、农、医等院系均有关系，生物系教师在城固或沔县或古路坝上课均可，如农学院与生物系不在一处时，农学院所需要之生物学教员应请往农学院授课①。家政系的基本课程中也开设了一些生物学课程：生物学、生理学各每周讲授3小时，实验各1次约2小时，各4学分；卫生学每周讲授3小时，2学分②。

　　生物学的实验设备至1945年有实验室两处，研究室、标本室、材料室各一处，普通仪器有：显微镜2架，解剖镜8个，天平三角镜等15种，玻璃器有量筒、量杯等26种，另有普通用具34种，药品、染料57种，挂图、切片、骨骼等18种，生理仪器Bloodpressure bottle 54种③。

---

①　《本校常务委员会会议报告及决议案撮要》，《西北联大校刊》1938年第1期。

②　《家政系课程标准》，《西北联大校刊》1938年第3期。

③　李永森、姚远：《西北大学史稿上卷》（1902—1949），西北大学出版社2002年版，第302页。

表 3 – 16　　　　　1940 年国立西北大学生物系科目及教材①

科目	课本	参考书
细胞学	Sharp：Introduction to Cytology.	Cowdry：General Oytology.
组织学	Maxomor：Text – book of Histology.	Cowdry：Test – book of Histology. Cajal：Text – book of Histology.
植物生理学	Raber：Principle of plant physiology. Miller：Plant Physiology. Maximor：Text – book of plant physiology.	
种子植物分类学	Lin：Flowering Families ofNorth China. Rehder：Manual of Cultivated trees & shrubs. Bailey：Manual of Cultivated Plant. Mae Ewen：Vertebrate embryology.	Shumay：Introduction. To Vertebrate embryology.
细菌学	Marshall：Mierobiology.	
植物解剖学	笔记	Bames & Macdeniels：Introduction to plant anatomy. Haberlanct：Physiological plant anatomy. Jeffery：Anatomy of woody plant.
植物形态学	笔记	Caulter，Barnes & Cowles：Text – book of Botany. Fritoch：The structure & reproduction of Algae. Bassey：Text – book of Mycology. Campbell：Molles & Ferns. Bower：Prinitive land flora. Camberlain：ymnolperms，Structure & Evolution. Caulter & Camberlain：Morplology of Angiosperm.
脊椎动物比较	Hyman：A laboratory	Walter：Biology of Vertebrates.
解剖学	Mannal for Comparative Vertebrates. Kmgoley：Comparative anatomy of Vertebrates.	Adams：Introduction to the Vertebrates.
生物学	Woodruff：Foundation of Biology.	
动物生理学	笔记	Howell：Text – book of physiology. Starling：Principles of human phusiology.
遗传学	Sinnet & Dunn：Principles of Gentics. Walter：Genetic.	

① 《国立西北大学三十年度各院系所用课本》，现存西北大学校史馆。

2. 教师资源与学生培养

在抗战时期，西北联大生物学的师资力量非常雄厚，一大批中国近代生物学先驱曾在此执教，为开创西北和发展我国的生物学事业做出了历史性的贡献。西安临大时期，生物系主任金树章教授，其余教授有留学葛林乃尔学院和伊利诺伊大学的郭毓彬教授、获法国巴黎大学动物学博士学位的细胞生物学家雍克昌教授、获美国芝加哥大学植物学博士学位的植物学家容启东教授、获美国威斯康星大学植物学和植物病理学博士学位的刘汝强教授共 5 人，助教王琪、项润章 2 人[1]；西北联大在城固时期，由雍克昌、刘汝强教授先后兼任生物学系主任，在此任教的生物学教授、副教授先后有余凤早、吴仲贤、郑勉、汪堃仁、董爽秋、许庆祥、李中宪、王振中、嵇联晋、陈惠芳、王伟烈等。他们在生物学各个领域很有造诣。如汪堃仁教授，他是我国近代著名的生理学家、细胞生物学家，是中国组织化学的开拓者。生于1912 年，1934 年毕业于北平师范大学生物系，并留校任教。1937 年夏，在北平协和医学院生理系进行研究，深入学习了生理学、生物化学、人体解剖学和神经解剖学课程。1939 年 9 月起任国立西北师范学院、兼西北大学生物系副教授、教授。后留学美国伊利诺伊大学，1949 年获得该校医学院硕士学位。在国立西北大学任教期间，先后担任生物学系的生理学、解剖学和组织学课程，体育系的解剖学和生理学课程，以及家政系的生理学课程等，也给文科学生讲授过普通生物学。起初生物学系没有助教，无论是课堂讲授、演示，实验教学准备，还是上实验课或批改作业，均由他一人承担。他在前往陕西路过重庆途中自己垫款购置了生理实验仪器，这些实验仪器对西北联大生物学教学与实验发挥了很大的作用，他还在陕西城固如此艰苦的条件下开设了协和医学院开设过的全部现代生理学及实验课程，这在当时实属不易。解剖学实验虽然没有尸体，但他用猫狗替代照常进行解剖学实验；没有骨骼标本，就与师生拾取无主尸体，加工成骨架。总之，在城固条件非常艰苦、经费极其短缺、设备严重不足的条件下，

---

① 《本校教职员录》，《西安临大校刊》1938 年第 4 期。

为了提高生物学的教学质量，他与教师们想方设法自制标本和教具，以满足教学需要，培养了一批优秀人才，多成为当今西北各省区生物学界、体育界的许多教学科研骨干。可以说，抗战时期西北联大尽管仪器设备相对缺乏，但开设的课程内容与北平、天津几乎相同，其教学质量、学术水平亦不相上下，很多教授的科学研究仍然处于世界前沿。在学术研究上，他主要从事生理学、组织化学和细胞生物学研究，在迷走神经与大脑垂体后叶反射、胃、胰细胞的机能定位、环核苷酸对癌细胞分裂分化调节作用，细胞骨架和癌化等方面取得突出的成就，并著有《三磷酸腺苷酸酶（ATPase）之组织化学定位，特别关于胃粘膜内壁细胞》《在迷走神经或注射组织胺后，免胃粘膜壁细胞和主细胞中 ATP 酶活动的组织化学变化》（与他人合著），《胰脏抗脂肪肝作用的研究》Ⅰ、Ⅱ、Ⅲ及《氯化钴对蟾蜍的作用》等[①]。再如，真菌学家、植物分类学家林镕教授，学术造诣很高。1920 年留学法国南锡大学农学院，1923 年入法国克莱蒙大学理学院攻读真菌学，1930 年获巴黎大学理学博士学位。随后回国，被北平大学农学院聘任为农业生物系教授，并在北平研究院植物学研究所兼任研究员。在学术研究上，他应当时国内实际需要，从原从事的真菌学研究转为种子植物分类研究，亦由此奠定了他毕生的研究生涯。1938 年随校西迁到陕西任西北联大教授，西北农学院分立后，又转任该校教授，并与辛树帜、刘慎锷教授共同创办了西北植物调查所。在学术上取得了重要的成就，如 "Surquelques Gentianadela Section Aptera" "The Chinese Species of Pertya"、《真菌之雌雄异体》等学术研究成果在 *Contr. Lab. Bot. Nat. Acad. Peiping*、《生物学杂志》等权威学术期刊上发表，在《中国北部植物图志》中著有《旋花科》和《龙胆科》，《中国植物志》中著有的《菊科》以及《黄河中游水土保持综合考察·十年来的中国科学》等研究成果，对中国的生物学研究具有重要的影响。

国立西北五校独立、合作时期，著名的昆虫分类学家，国立西北农学院的周尧教授，1936 年赴意大利皇家拿波里大学（University of

---

① 姚远：《西北大学学人谱》，西北大学出版社 1997 年版，第 311—312 页。

Naples Federico II）农学院留学，师从当时世界昆虫分类学权威西尔维斯特利（Filippo Silvestri）教授，进行昆虫分类学的研究。1938 年 4 月回国，次年 5 月他参加了川康科学考察团，11 月被聘为国立西北农学院教授，从此扎根祖国西北，毕生致力于昆虫学的教学和科学研究。在教学中，他不仅重视课堂理论讲授，而且注重教学实践环节。因昆虫分类实践性很强，因此他尽可能将理论与实验相结合，采用听、看、做、议相结合的教学方法，并常带领学生到野外观察和采集昆虫标本，结合实际，传授昆虫分类技术，指导学生辨别昆虫，传播科学知识，特别为中国昆虫学教育做出了重要贡献。他还创立了许多学术团体、研究所，如"昆虫趣味会"学术团体、天则昆虫研究所与中国昆虫学会蝴蝶分会等。另外，他还创办了《趣味的昆虫》《昆虫分类学报》等刊物，并担任《昆虫与艺术》《中国昆虫学杂志》等杂志主编；此外还创建了国际上最大、知名度很高的中国第一家综合性昆虫博物馆①。

西安临大成立之初，生物学系正式招考新生 3 人②，即邱娇、李西云、刘治国；录取借读生 10 人，其中一年级 2 人，即李毓进、高鸿如；二年级 5 人，即张宝缵、姚玉清、王章、刘宗国、李寿仙，三年级张光第 1 人；四年级张时、王琚 2 人。据 1937 年 12 月西安临大学生人数统计③，文理学院生物学系在校学生总数 36 人（借读生 7 人），其中一年级 7 人；二年级 11 人；三年级 6 人；四年级 12 人。同时期在农学院农业生物系有 9 名学生。至 1938 年度西北联大生物系在校学生 30 人，其中正式录取学生 18 人，转试学生 3 人，借读生 5 人，旁听生 4 人；1944 年全系学生约 32 人。1937 年时，西安临大就有毕业生，生物系毕业学生 4 人④，即王绍尊、王振中、袁建中、陈宝珍，在陕西、河南等地方工作。从 1940 年至 1946 年国立西北大学生物学系培养毕业生 35 人（见表 3 - 17），加上 1937—1939 年之

---

① 《周尧》，百度百科（http: //baike. baidu. com/view/307902. htm）。

② 《本校录取新生名单》，《西安临大校刊》1938 年第 3 期。

③ 《本校学生人数统计》，《西安临大校刊》1937 年第 2 期。

④ 《本校二十六年度毕业同学就业调查》，《西北联大校刊》1938 年第 6 期。

前毕业的学生将近 50 人，这在抗战如此艰苦的环境中实属不易，为祖国西北乃至中国生物学的发展培养了专业人才。生物学系在培养学生时亦施行导师制，并为各年级学生聘定导师①，如四年级导师金树章先生，三年级导师雍克昌先生，二年级导师林镕、刘汝强两先生，一年级导师郭毓彬先生，以培养学生优良的文化与科学素养。

表 3 – 17 1940—1946 年国立西北大学生物学系历届毕业生人数统计②

毕业年份	1940	1941	1942	1943	1944	1945	1946	总计
学生人数	4	10	3	6	4	2	6	35

3. 科学研究与学术演讲

在抗战极端艰苦的环境中，西北联大生物学教授克服种种困难，积极开展科学研究。西安临大迁陕南城固后，他们利用本地自然条件，对大巴山一带植物进行考查，采集标本近千种，保存的植物标本近 8 万种，为植物学的教学和科学研究积累了基础资料。并指导学生开展生物研究，撰写论文，如学生毕业论文"城固淡水藻类之初步调查"。1946—1947 年，农学院周尧教授在武功创办了天则昆虫研究所，取得了重要的研究成果，编著并出版了《中国昆虫学杂志》和《陕西之昆虫》等专著。生物系植物分类学教授于凤早，在陕南城固时常将他的研究论文寄到英国、荷兰、西班牙等地期刊发表，并在英国一个关于植物分类学的学术期刊上发表。生物系也非常重视教师的学术演讲，在陕南六县小学教师暑期讲习会上③，王琪、白国栋、包桂濬等讲师作了生物教材及教法的学术演讲，以增进小学教师之知识及技能、组织及训练民众之能力以及增强抗战意识。西北联大特别推行社会教育，专门成立了自然科学讲习班④，以提高民众教育水平。

---

① 《聘定文理师范两院系各年级导师》，《西北联大校刊》1938 年第 7 期。

② 李永森、姚远：《西北大学史稿上卷》（1902—1949），西北大学出版社 2002 年版，附录四。

③ 《陕南六县小学教师暑期讲习会讲师一览》，《西北联大校刊》1938 年第 2 期。

④ 《本校社教推委会成立自然科学讲习班概况》，《西北联大校刊》1939 年第 11 期。

其中生物学方面的知识主要演讲了健康与疾病、微生物、人体寄生动物、传染病之范围及感染、传染病之预防、结核病、花柳病、疟疾、沙眼、皮肤病、狂犬病、麻风病等。文学院的黎锦熙教授还撰写了城固新修县志①，其中自然之部生物志中，以生物专家的实际调查及研究结果为基础，将自然生物分为植物、动物两大类，并各进一步细化分类，如植物分为林木、草木、葛藤类，动物分为野兽、飞禽、鱼类等，详细阐述了植物之分别、动物之分布及其原因，并辅以植物标本、动物图片及分布图，研究陕南区域对于自然生物之研究利用。

（五）地质地理教育

1. 课程设置与教学设备

西安临大时期地理系是基于北平师范大学理学院和北平大学女子文理学院的地理系组建而成，只设有专科。地理系成立之初开设的课程主要分为两类：一是为他系以本系作副系同学设立必修课程数种，即地理学原理及外国地理两科目；二是为本系专科学生设置的专业课程，一年级设有自然地理、自然地质、气象学等科目；二年级设有经济地理学、亚洲地志、欧洲地志、中国地理总论、地理测绘、地图绘读等科目；三年级设有北美地志、中国区域地理等科；四年级设有地理研究法、地理教学法，政治地理等科目②。至西北联大时期，即1938年时，地理系的专业课程设置有所变动，一年级增设人生地理，每周学时6小时，由时任主任黄海平讲授，并将普通地质学原为每周学时4小时改为2小时，由学校原第二院授课移至第三院上课，由郁士元教授讲授；二年级的经济地理由英庚款第一届考取地理门类留英归国教授袁寿椿先生讲授；三年级增开拉丁美洲科目，每周学时3小时，由时任主任黄海平教授讲授；四年级增加地理教育实习及实习讨论，每周8小时，由黄海平、王钧衡及王化三先生讲授。并增开非澳

---

① 黎锦熙：《方志拟目（自然之部）》（城固新修县志方案之二），《西北联大校刊》1939年第9期。

② 《地理系工作报告》，《西安临大校刊》1937年第1期。

两极，每周 3 小时，由原为东北大学教授的郑励俭先生讲授①。由地理系的课程设置来看，（1）西安临大—西北联大时期虽没有地质系，但已设有地质学的课程，如自然地质、普通地质学，其他一些课程与地质学亦紧密相关，为之后地质学科的构建奠定了基础；（2）课程所研究的地域范围非常广，不仅详细教授中国区域地理学，而且对亚洲、欧洲、非澳两极的地理情形及地志进行讲授，极大地扩展了课程研究的领域，也开阔了学生的学科视野，也由此可见，此时期区域地理学发展鼎盛，为区域研究服务，是地理系的主要专业课程，这与当时中国区域地理学在地理学中所占据的核心位置是分不开的；（3）开设的课程不仅注重地理学的科学研究方法，而且特别注重地理学教育人才的培养，如地理教学法、地理研究法课程的开设以及教育实习的增加。

国立西北五校时期，地理系改称地质地理系，课程设置分为专业必修与专业选修，专业必修课设有：地理学、地理通论、地质学实习、矿物学、测量学、测量实习、地形学、气象学、北美地理、非澳地志、中国区域地理、澳洲地理、政治地理学原理、地理教授法与教材研究、毕业论文等；专业选修课有西北地理等②。与西安临大—西北联大时期相比，这一时期的课程有所变化，主要表现在两方面：其一，地质学与地理学分组开课，地质学的课程明显增多，逐渐形成地质学课程体系的建制化；其二，区域地理学专业与选修课程均有增加，如澳洲地理以及专门为西北地理研究服务的西北地理选修课程的开设。20 世纪 20—40 年代正是区域地理学在中国地理学中占据核心位置、历史上的鼎盛时期，而西北联大紧跟而上，特别发展西北区域地理学。由以上地质地理学系的课程设置可见，从专业来看，已形成了地质、地理两门专业学科；为之后地理学的分支领域，如地形学、气象学、经济地理学等学科体系的分化、独立与发展奠定了坚实的基础。抗战前，全国仅有地质学系 7 个，而抗战期间增加了 3 个，西北

① 《地理系第三次工作报告》，《西安临大校刊》1938 年第 11 期。

② 李永森、姚远：《西北大学史稿上卷》（1902—1949），西北大学出版社 2002 年版，第 302 页。

联大地质学就是其中之一。表 3 – 18 是 1940 年国立西北大学地质地理系科目及教材，由此可见，这一时期地质地理课程的教材非常缺乏，师生所用课本依然以教授编印的讲义、大纲以及学生笔记为主，所使用的教学参考书主要是国外英文原著或日本著作。

表 3 – 18　　　1940 年国立西北大学地质地理系科目及教材①

科目	课本	参考书
中国区域地理	笔记	Little，A：TheFar East. Buxton：China. G. Cressey：China's Geographic Foundations. Richard：Comparehensive of Chense Empire.
地形学	笔记	De Martomme：A shorter physical Geography. W. M. Davis：Elementary physical Geography. Pirsson & Schuchert：Text – book of Geology，Part II. Maull：Geomorphologre.
政治地理	编印讲义	苏磐氏：政治地理学纲要 饭本信之：政治地理学
气象学	编印讲义	Geddes：Meteorolosy. Kendrew：Clinmate.
西北地理	编印讲义	多方面的蒐集资料
地质学	编印讲义	Text – book of geology – A. W. Grabau. Text – book of geology – Pirssonand Schuchert. Text – book of geology – Longwell. Plane surveying – Tracy. Surveying – Breed & Hosmer. Surveying – Davis Foote & Ruyner. Mineralogy – Lana. Study of Minerals & rochs – Rogers.
北美地志	编印讲义大纲	U. Rodwell Jones and P. W. Bryard NorthAmerica.
专题研究	笔记	

地理系成立之初教学设备非常缺乏，通过学校购置仪器设备逐渐扩充、实验环境日渐完善。至 1945 年统计，地质地理系已建成绘图室、地质实验室等，测绘仪器有倾斜仪、照准仪器共 17 种，各地图标本共 5 集，地质实验室有矿物标本 60 余种，另外建成的绘图室专

---

① 《国立西北大学三十年度各院系所用课本》，西北大学学报资料室所藏。

以备绘制图表，地质地理系还存有轴图 150 余种，均系本系师生自制①。本系也常因为缺乏图表加之购买不易，因此还专门招考绘图员，自行绘制图表、世界气候区域以及世界土壤分布等挂图，以资应用。本系还购买了大量地方志书，堪作历史、地理、地质研究者之参考。

2. 教师资源与教学

西北联大地质地理系的师资力量也非常雄厚，荟萃了来自全国各地的英才，扎根西北地区，传播地质地理科学，促进了战时西北区域地质地理科学研究的发展。西安临大时期教授有黄国璋、谌亚达、殷祖英、王钟麒 4 人，副教授郁士元 1 人，助教姜玉鼎、王心正 2 人②。西北联大在城固时，地质地理系主任先后由黄国璋、殷祖英教授兼任。谌亚达、杨曾威、郁士元、董绍良、王华隆、张伯声、李善棠、何作霖、王庆昌、李式金、王均衡等先后任副教授、教授。全系教师一般有 11—14 人③。这些教授均毕业于中国知名学府，大都留学于美国、德国、英国、日本、奥地利等国著名学府专攻地理学、地质学，在地形学、经济地理学、世界地理、中国区域地理以及地理、地质学领域很有研究。如地理系主任黄国璋教授在地理学许多研究领域取得了非常重要的成果，是中国现代地理科学开创者之一，是最早将西方先进的地理科学理论传入中国、引导地理学发展方向的重要学者之一。1926 年赴美国留学，先入耶鲁大学理科研究院，后入芝加哥大学专攻地理学，师从著名经济地理学家 E. Huntington。在美国留学期间，他研究了大量欧美近代地理科学书籍资料，实地野外考察美国港口、草原与大峡谷等，习得先进的野外考察研究方法与绘图技术，并获理学硕士学位。1928 年归国之后，相继任中央大学地理系、北平师范大学地理系、西安临大地理系、西北联大地理系、西北大学地质地理系、西北师范学院史地系教授，自西安临大起，他一直兼任各学校地

---

①　《各学院之现在与将来》，《国立西北大学校刊复刊》1945 年第 17 期。

②　《本校教职员录》，《西安临大校刊》1938 年第 4 期。

③　李永森、姚远：《西北大学史稿上卷》（1902—1949），西北大学出版社 2002 年版，第 302 页。

理系系主任。从 1940 年起任中国地理研究所所长①。他注重于实地考察和社会考察，这对中国古代记叙性地志学的改造发挥过重要作用。其代表性著作有《社会的地理基础》《中国地形区域》《我国国防地理》《爪哇低纬农业的研究》等。在《第四次太平洋科学会议会刊》等刊发表有《从地理方面检讨中欧政局的演变》《上海港地理位置的择抉因素》等论文②。他还非常重视地理学在基础教育中的作用以及地理科学普及，还创立了多个地理学学术团体，如中小学地理教学研究会、地理丛刊委员会与课外读物编纂委员会等，出版了《河北地形图》《亚洲地形图》和其他教学用图。由北平师范大学 1937 年 1 月创刊的双月刊《地理教学》，在因"七七事变"仅出版 4 期后而停刊，在城固时由黄国璋教授主持复刊，该刊是我国最早的地理教学类刊物，对抗战时期的地理学教育发挥了很大的指导作用，极大地推动了西北地区地理学的研究。他在西北联大任教期间，为西北地区地理学科的创建与发展做出了重要贡献。

再如地理系郁士元教授，生于 1900 年，字维民，江苏盐城人。1923 年北京大学地质系毕业，师从地质大家李四光、朱家骅、谢家荣、翁文灏、格路高（德国人）等，历任北京大学地质系助教、讲师、副教授。曾公派赴日本考察学习。1937 年抗战爆发迁到陕西，先后任西安临大、西北联大、国立西北大学副教授、教授。西安临大成立初期，还没有地质专业，到陕南城固时，西北联大增设地质学，设有地质地理系。在此期间，郁士元教授认为将地理学与地质学合在一起不利于两个专业的发展，遂建议学校向教育部申请将其分别设系，他还向原北京大学地质系的老师和同仁、时任国民政府高官和国家地质研究机构主要负责人翁文灏、朱家骅、李四光、许杰等反映情况和进行呼吁③，不久地质学专业分化独立成系，郁士元兼任代理主任。抗战期间，国立西北大学地质系曾几度濒临停办，郁士元教授积极奔走呼吁，才使其得以生存。由于战乱，当时地质系很难招到学生，每

---

① 姚远：《西北大学学人谱》，西北大学出版社 1997 年版，第 265—266 页。

② 同上。

③ 《郁士元传奇》（http：//forum. book. sina. cn/thread－5080829－1－1. html）。

年录取新生不过 10 人，少时仅有 3 人，但他坚信抗战胜利后的中国建设必定需要地质人才，因此他坚持教学。可以说，国立西北大学地质系的创建与其之后的发展，与他的开创奠基之功、坚持不懈的教学是分不开的。国立西北五校时期，他任西北大学教授、代理系主任时，还兼职任教于国立西北工学院、西北师范学院、西北农学院。在教学中，他一人先后主讲过多门课程，如普通地质、工程地质、水文地质、地质测绘以及中国地质与有用矿产等课程。他还非常重视野外地质调查实践，常去陕南秦岭、汉中梁山、关中骊山等地进行实地勘测考察、深入研究，发表了学术成果《西安附近的地质简述》《汉中梁山地质》《城固地形图》《勉县煤矿区之地质》等多篇论文，为西北地区地质学科的发展、中国地质事业做出了重要贡献。

地理学教授殷祖英，生于 1895 年，号伯西，河北房山人。曾入天津第一师范、北京高等师范学校史地科、北京师范大学教育研究科学习。从 1921 年起，历任北京高等师范学校助教、北京及天津女子师范学院讲师、河北省教育厅秘书科科长。1934 年赴英国伦敦大学攻研地理学①。留学期间共考察欧美亚非 20 多个国家。抗战爆发，随校迁陕，历任西安临大、西北联大、国立西北大学、西北师范学院教授，在西北大学担任地质地理系主任为时最久。国立西北五校分立、合作时期，他在西北大学期间参加了西北科学考察团，深入甘、宁、青、新，进行实地考察，测绘地图。返校后作数次学术讲演，详细介绍两疆物产、油矿资源及其民族特性等，并呼吁同学远征天山，建设西北。在科学研究方面取得了许多成果，中学教科书著有《世界地理》《欧洲地理》《初级中学教本世界史》《世界历史》等。地理学著作有《新疆及额济纳地理考察报告》《台湾的自然条件与资源》《我国的资源地理》等。学术论文有发表在《西北学报》《科学大众》等刊的《战后国都》《西北学会成立的意义》《回疆典型之吐鲁番盆地》以及《我国自然条件在经济建设中的作用》等。

地质学教授张伯声，1926 年毕业于清华学校（今清华大学），旋即

---

① 姚远：《西北大学学人谱》，西北大学出版社 1997 年版，第 264—265 页。

赴美留学，在威斯康星大学化学系、芝加哥大学研究院专攻化学，获硕士学位。1928 年考入芝加哥大学地质系研究部，师从岩石学家约翰逊教授、构造地质学家坎伯伦教授攻读地质学，后又转入斯坦福大学地质系，深受地质学家维里斯、布莱克卫尔德教授的教诲。1930 年回国后，先后任焦作工学院、交通大学唐山工学院（今西南交通大学）、河南大学、北洋工学院教授。抗战爆发后，他随校内迁西安，历任西安临大、西北联大、国立西北工学院、国立西北大学教授，1939 年任国立西北大学地质系主任兼任岩矿教研室主任。在西北联大执教期间，他不仅为西北、为国家培育了大批的地质英才，而且专心于地质科学与实践研究，重新厘定了"汉南花岗岩"年代为前震旦纪，为"汉南地块"概念的树立奠定了基础。新中国成立后在豫西地质矿产考察时，发现了平顶山煤矿和巩县铝矿，发现"嵩阳运动"界面以及之后发现的"黄土线"，使其重建黄河河道发育史。更重要的是他后来创建的"地壳波浪状镶嵌构造学说"，成为中国地质学界五大构造学派之一，为国家地质学理论、矿产及工程教育事业做出了巨大贡献。

3. 学生培养与管理

抗战期间，西北联大培养了一大批地质、地理学人才。西安临大成立之初，学校还没有地质学，仅有设在文理学院的地理学系。西安临大曾两次招考新生录取 311 人，其中地理学系正式录取新生 12 名，即韩芳、赵凤藻、陈元德、王建华、史立常、王秉成、李存禄、白健、李永声、唐思锐、苗树屏、庞不统，备取新生 1 名方澄敏①。截至 1937 年 11 月 25 日，当时地理系各班均已超过 5 人，共到学生 30名，计一年级 8 人，二年级 6 人，三年级 6 人，四年级 10 人，其中男生 27 人，女生 3 人②。据西安临大 1937 年度在校学生人数统计，地理系已有学生（包括借读生 1 人）41 人，其中一年级 16 人；二年级6 人；三年级 8 人；四年级 11 人。本年度毕业的地理学学生有牛傅钦、郑象铣、赵廷鑑、荣若绅、黄绍鸣、梁广模、韩宪纲、王毓梅、

---

① 《本校录取新生名单》，《西安临大校刊》1938 年第 3 期。

② 《地理系工作报告》，《西安临大校刊》1937 年第 1 期。

梁祥厚、卢惠如等 10 人，分别赴陕西延安、陕南城固、广西、湖南、贵州等地就职。地理系 1938 年 1 月统计本系学生籍贯分布情况，全系 43 名学生分别来自全国 15 个省，即河南、山东、江苏各 6 人，河北、山西各 4 人，安徽 3 人，陕西、湖北、湖南、广西、辽宁各 2 人，福建、绥远、吉林、黑龙江各 1 人①。据西北联大 1938 年上学期在校学生人数统计，地理系一年级录取的正式学生 4 人（男生），旁听生 1 人；二年级正式学生 9 人（男生 6 人，女生 3 人），转试生 1 人；三年级正式学生 8 人（男生 6 人，女生 2 人）；四年级正式学生 6 人（男生 5 人，女生 1 人），借读生 1 人。总计正式学生 27 人（男生 21 人，女生 6 人），转试 1 人，借读 1 人，旁听 1 人，全系共计学生 30 人。并为各年级皆聘定了导师，四年级与三年级导师谌亚达，二年级导师殷祖英，一年级导师黄国璋②。至 1939 年 1 月，据西北联大统计，地理系学生籍贯主要分布在 13 个省，即江苏 5 人，陕西、河北各 4 人，河南 3 人，安徽、湖北、山东、辽宁、绥远各 2 人，山西、福建、广西、黑龙江各 1 人③。由两次学生籍贯统计来看，当时招生范围较广，基本面向全国各省市，地理系生源河南、江苏居于首位，在城固时及西北联大后期陕西本省学生比例上升，生源比例变化较大，学生流动性强，此无疑受到战争的影响。

在城固时，西北联大增设地质学，与地理学归为地质地理系，属理学院。学生一般有 60—70 人，在专业设置上分为地质和地理两组，学生人数基本各占半数，地理组学生相对地质组稍少。由于学生对于学习地质的兴趣很浓，所以地质地理系一成立，便有从原地理系以及焦作工学院中的一年级同学转入，因此地质组当年便有二年级学生④。1944 年地质地理系地质组学生 35 人，地理组 33 人。1945 年地质组

---

① 《地理系各年级籍贯人数比较表》，《西安临大校刊》1938 年第 5 期。

② 《聘定文理师范两院系各年级导师》，《西北联大校刊》1938 年第 7 期。

③ 《国立西北联合大学二十七年度第一学期在校学生籍贯统计表》，《西北联大校刊》1939 年第 9 期。

④ 赵重远、黄发潮、朱恪孝：《西北大学地质系的回顾与展望》，《西北大学学报》1987 年第 4 期。

学生 34 人，地理组 24 人。国立西北五校分立、合作时期，国立西北
大学地质地理学系培养的历届毕业生人数如表 3 – 19 所示，由此可
见，从 1940 年至 1946 年国立西北大学培养地理学毕业生 45 人，而
地质学仅从 1943 年有毕业生，至 1946 年已培养毕业生 35 人，在 7
年之间，地质地理学系已培养毕业生 80 人，加上 1937—1939 年毕业
的地理学毕业生 40 多人，西北联大在 9 年期间共培养地理、地质学
毕业生 120 多人。1937—1945 年的西南联大地质地理气象系，虽招生
人数有 615 人，但毕业人数仅 160 人①，与其相比，西北联大在抗战
最艰难时期能培养如此一大批地质地理学人才，实属不易。

表 3 – 19　1940—1946 年国立西北大学地质地理学系历届毕业生人数统计②

毕业年份	1940	1941	1942	1943	1944	1945	1946	总计
地理组（系）	8	11	9	4	5	4	4	45
地质组（系）				9	10	14	2	35

4. 科学研究与演讲

在科学研究方面，地质地理系因地制宜，注重实地考察、设立专
题讨论，取得了一些非常重要的研究成果。西北联大南靠秦岭，北依
黄土高原，对于地理学、地质学的研究来说是难得的天然实验场所。
西安临大—西北联大时期，地理系非常注重野外实践，师生常前往陕
南、关中地区开展调查研究，以训练学生实地调查技能及明了当地农
村地理详情，1938 年 7 月地理系郁士元教授率领一年级普通地质班学
生对定军山、高家泉一带进行地质考察，鉴别地层，采集岩石标本作
以研究。国立五校分立合作时期，1944 年地质组师生利用汉中盆地对
其作自然地质情况调查，调查范围从盆地东口黄金峡起，到西缘定军
山，再从秦岭南麓到巴山北坡一带。师生们的考察非常精细，同时收

---

① 于洸：《西南联合大学地质地理气象系概况》，中国地质大学出版社 1995 年版，第
99—100 页。

② 李永森、姚远：《西北大学史稿上卷》（1902—1949），西北大学出版社 2002 年版，
附录四。

获颇丰。著成《汉中盆地地质》科学论文，其成果非常充实，对地质学界贡献亦多，不失为研究盆地地质之珍贵资料①。地理组教师为启发学生研究学术兴趣起见，特别设立专题研究班，每两周举行1次，教师先作学术讲演1小时，后师生共同讨论1小时，除一年级学生之外，其余师生全部参加。所讲主题为：新疆人文地理的分析、国防经济地理与地理经济学、东北边疆问题、金沙江河流争夺问题、生物地理在自然地理中之地位问题、中国雨量之研究、气候分类问题、影响大气变化之因素问题。而此种讨论研究方法，在当时全国各大学的地质地理系中尚属首创，也因此地质地理系的学术气氛日渐浓厚。在《西北联大校刊》第9期上发表的地质学科学论文有郁士元教授的《勉县煤矿区之地质》。郁士元教授率领师生对汉水之南（巴山山脉）及汉水之北（秦岭山脉）进行地质矿产调查，以作学术之探讨。《勉县煤矿区之地质》正是对勉县调查基础上形成的研究成果，该文首先对勉县煤矿所在区域进行了分析与确定，进而对煤矿区之地质进行了论证分析，指出该区地层除煤外，大部分为砾层、砂层及少许之页层，产侏罗纪化石，其生成时代当为中生代之侏罗纪地壳运动之影响，且有剧烈之变质，多成绿色片岩及石英片岩等变质岩，煤矿区内之水成岩（即砾岩、砂岩、页岩等），受其影响，地层扭曲最烈，成斜度甚大致向斜层及背斜层，故煤层亦随之而倾斜②，该区之地质构造如剖面图3-2所示。并对煤质煤量进行了考量分析，确定煤质尚好，色黑有光，矿量尚不算少，煤有数层，厚度不一，可为工艺及燃料之用。这一煤矿地质的深入分析不仅对煤矿实施开采具有重要的现实意义，而且对地质构造对煤矿产生之影响以及山带地质研究有着非常重要的作用。

1939年7月，创刊于1937年1月的《地理教学》在城固复刊，由西北联大地理系编辑出版，主任黄国璋教授主持并撰写复刊词，期次接续原刊，序为第1卷第5、6期合刊，复刊号刊载了地理系教授

---

① 《地质地理学系学术空气日趋浓厚》，《国立西北大学校刊复刊》1944年第5期。

② 郁士元：《勉县煤矿区之地质》，《西北联大校刊》1939年第9期。

图 3 - 2　勉县地质构造剖面

的 10 篇学术论文①，即黄国璋教授的《为什么地理是革命建国教育的中心科目》《地中海问题之地理背景》，谌亚达教授的《对日抗战与中国地理》，殷祖英教授的《城固县气候志初稿》，郁士元教授的《地理测绘与地理教学》，卢惠如、黄绍鸣的《南郑商业地理》，姜玉鼎的《地理教学经验谈》，郑象铣的《汉中盆地的自然与人生》，刘慎锷、薛贻源的《中国西北之植物地理》等文。1941 年 9 月 21 日，国立西北大学地质地理系师生在城固汉江滨观测研究千载难逢的日食，其观测研究内容主要有：日食时气温变化、日食时光度变化（天空亮度测定）、日食时摄影、日食时天电干扰以及日食过程各项时间测定等，师生们并将其观测结果作以分析撰写成研究报告，在《国立西北大学校刊》第 1 期上发表。在创刊于 1941 年 5 月的《西北学报》第 1 期上发表有殷祖英教授的《由地理上认识西北》，在 1943 年《西北学术》复刊上发表有殷祖英《论战后国都问题》《回疆典型之吐鲁番盆地》，王钧衡《甘肃境内黄河航运的地理根据》，李式金译《中亚草原沙漠》（G. B. Cressey 著），张伯声教授的《陕南砂金》。除此之外，还有殷祖英教授的《西北地理及政治地理》，郁士元教授的《城固地形图》，张伯声教授的《陕西城固地质略志》《陕西城固古路坝之砂砾层》等②其他科学研究成果。地质地理系亦非常重视培养学生的学术研究能力，常开展专题探讨，学生毕业选题主要围绕教授的研究方向与当时野外调查结果，如 1944 年地质地理系学生所作毕业

① 《目录》，《地理教学》1939 年第 5、6 期。

② 李永森、姚远：《西北大学史稿上卷》(1902—1949)，西北大学出版社 2002 年版，第 300 页。

论文有①宝石的研究、中国震旦纪地层的分析、中国之钨矿、青藏矿之研究、中国石油地质、棉花地理的研究、锑、中国煤矿的分析、陕西洭惠渠沿渠地质、陕西经济地理等方面的论文。

　　地质地理系为弥补教学之不足及增进本系学生西北知识起见，常举行公开学术演讲。从西安临大成立至 1938 年 3 月，已举行七次公开演讲（表 3 - 20），黄国璋主任敦请中央农矿部地质调查所专门从事区域地质矿产调查的孙健初先生、西北地质矿产试探队队长史悠明、陕西省水利局局长李仪祉与刘钟瑞工程师等专家作了西北地区地理、地质、水利等演讲，并以各种图表照片详为说明。1938 年暑期，在陕南六县小学教师暑期讲习会上黄国璋主任、殷祖英教授作了地理学、史地教育与战争等方面的演讲。1939 年 1 月西北联大导师会在文理学院举行国语演说竞赛会②，讲演成绩经评定优胜者有 4 人，其中有地理系三年级学生薛贻源。1945 年 5 月，国立西北大学地质地理系主任殷祖英教授在本校国父纪念周大会上作题为"从地理上解除日本之武装"的讲演。地质地理系学生对于时事研究亦甚为浓厚，于1943 年 12 月请系主任殷祖英及其他教授出席举行时事讲演会，作"关于太平洋战局之地理背景问题"的讲演③。这些演讲不仅开阔了地理系学生的视野，增进了他们对西北科学知识的了解，而且大大地弥补了抗战时期在教学上的诸多不足。

表 3 - 20　　　　　　　　西安临大地理系公开演讲④

次数	时间	演讲者	题目	地点
第一次	1937 年 12 月 29 日	李仪祉、刘钟瑞先生	泾惠渠之水利问题	第三院
第二次	1938 年 1 月 11 日	刘慎锷先生	中国西北之植物地理	第三院
第三次	1938 年 1 月 21 日	理查逊博士（Dr. Richardson）	甘肃之地理与农业	第三院

①　《毕业论文题目》，《国立西北大学校刊》1944 年第 14 期。

②　《国语演说竞赛会纪录》，《西北联大校刊》1939 年第 10 期。

③　《学生举行时事讲演会》，《国立西北大学校刊》1943 年第 3 期。

④　《地理系第三次工作报告》，《西安临大校刊》1938 年第 11 期。

次数	时间	演讲者	题目	地点
第四次	1938 年 1 月 29 日	刘钟瑞先生	渭惠渠工程概况	第三院
第五次	1938 年 2 月 9 日	史悠明先生	甘肃青海两省之见闻	第三院
第六次	1938 年 2 月 11 日	孙健初先生	甘肃青海两省之地质	第三院
第七次	1938 年 2 月 15 日	卫楼博士（Dr. Willer）	中国西北部之地形	第三院

三　西北联大代表性人物

（一）西北高等师范教育开创者李蒸

李蒸是我国现代著名的教育家、爱国人士。从 1930 年 2 月起李蒸任北平师范大学校长，1937 年抗战爆发后，他率领师生迁往大西北，与西迁入陕的平津地区其他几所高校组建成国立西安临时大学，1938 年改称为国立西北联合大学，至 1945 年年初，先后任西北联大常务委员和西北师范学院院长，在西北地区任校长达 8 年之久。对民众教育、西北高等教育以及师范教育的发展做出了历史性的贡献。但对于李蒸的研究，当前仅有少数学者略有涉及，以下将对西北高等师范教育的开创者李蒸的教育贡献展开全面研究。

1. 生平简介

（1）教育经历

李蒸，字云亭，1895 年生于河北省滦县王辇庄（现唐山市古冶区），其父是秀才，祖辈为读书世家，可以说李蒸出身于书香门第，这为年少的他及其一生都创造了良好的学习氛围。他自小聪慧，5 岁起在本村读私塾，1910 年考入天津河北省高等工业学校附属中学，1914 年升入天津省立高等工业学校化学系学习，因家中无力供给学费而辍学，1915 年考入北京高等师范学校英语部，当时校长为陈保泉先生。课余时间李蒸常在图书馆读书学习，非常用功。他也热衷于聆听北京举办的各种学术讲座、参加新文化运动，接受新思想、开阔新视野。1919 年夏李蒸以名列第一的优异成绩毕业，并留本校英语部任助教、讲师，同时兼任体育科美国教师费特的翻译，还兼任校长办公室英文文牍。四年之后，李蒸考上了河北省公费保送留学生，与同学同乘"尼罗号"渡轮赴美，就读于哥伦比亚大学师范学院，攻读乡村教育专业①，1924 年获教育硕士学位。之后他继续在美深造，攻读博士学位。为了能从美国实施的单师制学校体制中有所收获与启发，以改革和优化中国乡村学校，他将《美国单师制学校组织之研究》作为自己的博士论文选题，为此还专门考察了美国中南部 11 个州的乡村学校。李蒸在论文序言中曾写道："中国大多数乡村初级学校为单师制类型。虽美国单师制乡村学校之情况不能与中国单师制乡村学校之情况等同，然两者之间实具有实质性的类似之处。"他还进一步指出"两者之间的主要差别，更多在于学校之社会环境。美国学校建立在开阔之田野。而中国学校则设于村镇市井之中。据此二者情况，对儿童的环境经验在教育中之利用则应分别加以考虑"。虽二者有差别，然美国单师制学校组织的研究成果依然可适用于大多数中国乡村学校之情况。特别是"美国单师制学校组织所给予的最大启迪乃授课之方式"，李蒸明确指出"中国乡村学校教师较美国教师更需要一教学法来规范其教学工作；此乃由于中国教师很少得到督学方面的指导或在职培训"②。他以大量实例与资料为佐证，论据充分、立论独到，成功获得哥伦比亚大学哲学博士学位，于 1927 年秋自美国学成返国。

（2）教书育人

至 1929 年，他先后任北京大学、北平大学、北平师范大学讲师、副教授，北平大学区普通教育处处长、河北省教育厅科长、南京中央大学教授、江苏无锡民众教育院教授与实验部主任等职。1929 年 6 月国民政府宣布大学区停止试行，教育部通令恢复原来的北京大学，北

---

① 李溪桥：《李蒸纪念文集》，中国社会科学出版社 1996 年版，第 12 页。

② 同上书，第 13 页。

平大学的第一师范学院恢复为北平师范大学。1930 年 2 月至 1937 年 7 月，李蒸先后任北平师范大学代理校长、校长。任北平师大校长期间，他着手的第一项工作就是校务整理，提出一系列改进措施并付诸实施，其中新措施之一是创办《师大月刊》，传播先进的教育思想理念、专业学术研究、科学实验成果等为该刊内容。《师大月刊》按计划如期出版，不仅有利于师生发表研究心得，促进学术思想、信息交流，而且发挥了北平师大特有之精神。短短几年，李蒸带领全校师生加倍奋勉、共同努力，建设最高学府，树立百年大业，把北平师范大学办成了一所著名的高等学府，有力地驳斥了取消师范大学制度的谬论，其功不可没。

（3）艰难办学

抗日战争全面爆发，西安临大组建，原三大院校校长均为西安临大的筹委与常委，李蒸校长是其中之一，开始了他在西北地区的艰难办学。1938 年 3 月，山西太原失守，日本飞机不断轰炸西安古城，于是李蒸和西安临大其他常委率领全校师生再迁陕南城固。西安临大更名为西北联大后，李蒸任本校师范学院院长。次年 8 月，西北联大师范学院独立办校，国立西北师范学院自此成立，李蒸续任院长。改组伊始，学校师资、图书仪器缺乏，尤以理科为甚，但他与同仁并力以赴努力补充，招揽人才，竭力培育中等学校师资，发扬北平师大精神。1940 年 4 月，教育部再令西北师范学院迁往甘肃兰州。李蒸院长远道跋涉、亲赴兰州、勘察校址、购置土地，在兰州西郊十里外的黄河北岸规划筹建起西北师范学院兰州分院，第一届招收新生 150 人，这据说是抗战时期全国高等院校当年招生入学人数最多的一次。到 1944 年李蒸将西北师范学院全部迁到兰州。当时甘肃只有一所高等院校，即甘肃学院（今兰州大学），青海、宁夏、新疆尚无高校，而西北师范学院开创了甘肃省乃至西北地区第一所国立高等师范学府，这对整个西北地区高等教育的发展起到了巨大的推动作用。

1949 年 4 月，李蒸任国民政府和平商谈代表团成员之一，在团长张治中先生率领下抵北平参加和谈。新中国成立后，任中国人民政协委员第一届代表、中央常委、团结委员等①。1950—1964 年，李蒸历任中央人民政府政务院参事室参事、全国政协委员第二届、第三届、第四届委员等职，先后赴江苏、上海、浙江、陕西、河北、四川等地考察。1975 年因病去世，享年 80 岁。

2. 卓越的教育贡献

（1）积极倡导与践行民众教育

李蒸是中国现代民众教育思想的奠基者，他一生积极倡导、践行民众教育活动，为中国民众教育事业的发展做出了重要贡献。早年在美国留学期间，李蒸就非常关注民众教育，并将乡村教育作为自己的研究视点。其博士学位论文就是围绕"美国单师制学校组织"展开研究，以从中对中国民众教育有所启迪与发现。回国后，他将自己的工作与在美主修的专业紧密联系，积极开展民众教育工作。在南京、无锡等地任民众教育院主任、教授兼任实验部主任期间，李蒸首先制定民众教育计划大纲草案，开创系统实施方案，明确研究目标，设置三年制的课程科目与实习。他亲自讲课，并为师生编写系统教材，详述民众教育理论与实践构想，对全国推行民众教育起到了很好的借鉴作用。其次他成立了无锡黄巷民众教育实验区，明确其实验主旨为"普及民众教育，促进地方自治，以期发展乡村经济，改善民众生活"②，并定期向民众发放问卷，调查民众教育工作开展情况。同时还主持成立了乡村民众教育馆与地方民众教育馆。李蒸计划无锡民众教育院完成实施后，再将实验区扩大，逐渐扩展成立全国范围的实验区。李蒸认为："一种实验事业经过几次试验，即使是失败，亦算成功，因为失败的经验可以供给他人参考，不致再蹈覆辙。③"中国当时小学教育还不普及，且一时无法普及，因此这种实施方法在当时很大程度上提高了民众的教育水平，取得了良好的效果。

李蒸于 1931 年任教育部社会教育司司长后，更是提倡推行民众

---

① 张俊宗：《李蒸及其民众教育思想》，《西北师大学报》（社会科学版）2002 年第 5 期。

② 李溪桥：《李蒸纪念文集》，中国社会科学出版社 1996 年版，第 14 页。

③ 同上书，第 44 页。

教育。在担任北平师范大学校长期间，他在本地及郊区创立城内平民学校，并成立了乡村教育实验区，实验区以成立农民补习学校、农民俱乐部、书报室等多种形式开展民众教育活动。他还开办了三年制的师范班，专门培植从事民众教育人才，当时许多毕业生都成为各地推进民众教育的基本动力。西北联大时期，李蒸亦大力践行民众教育，并在城固的邯留乡创办乡村社会教育施教区。他在开学典礼上讲道："教育本身而言，师范学校应兼办社会教育，使学校和社会打成一片，以改造社会"。学校兼办社会教育的实验，这无形中体现了他的教育社会化、社会教育化的科学教育思想①。他组织学生进入邯留乡开展社会教育、科学教育，讲授医疗、卫生等知识，提倡改良农业生产方法，增加生产。李蒸在西北师范学院任校长时，依然积极开展民众教育，在学校附近乡村成立社会教育实验区，明确指出实验区之任务为："弥补过去教育领域方面的欠缺，即偏重学校教育，忽视社会教育，偏重城市教育，忽略乡村教育。②"调动师生下乡研究乡村问题，成立暑期社教服务队，利用学校的人力、设备，实施民众教育，"普及教育，服务人群"③，极大地推进了本地的平民教育与乡村建设。

20 世纪二三十年代正是杜威的实用主义教育思想盛行之时，李蒸留美就读的哥伦比亚大学是其发源之地，由此深受影响，他联系中国实际，撰写了多篇有关民众教育的理论文章，如《民众教育的途程》《民众教育的认识》《积极的社会教育》等，他对民众教育有着独特的见解，认为民众教育是"培养全国民众成为健全公民的秩序"，换言之他认为"民众教育是教育"，并且"广义的民众教育是全民教育，是永久的事业，是无止境的"④，这正是李蒸民众教育的终身教育思想的体现。在教育研究中，研究者大都集中在学龄教育上，如学前、小

---

① 李元魁（记录）：《乡村社会教育施教区开幕典礼纪实李蒸院长致词》，《西北师院校务汇报》1944 年第 23 期。

② 编者：《西北师范学院社会教育实验区迁兰成立典礼》，《甘肃民国日报》1943 年11 月 16 日。

③ 李溪桥：《李蒸纪念文集》，中国社会科学出版社 1996 年版，第 98 页。

④ 李蒸：《民众教育的途程》，《教育与民众》1929 年第 4 期。

学、中等、高等教育，但在中国恰恰有许多人是"年长失学"的青年、成人。因此李蒸认为在当时"年长失学"的教育问题则异常迫切，教育工作者应当特别注重于此，应当施以相当的教育于"年长失学"者，投靠于制度化的学校教育则不可能，因此"民众教育"责无旁贷，成为"青年成人的基本补充教育"。他在《民众教育的认识》一文中特别指出欲使民族独立、民众皆有权能、民众生产方法改善、社会组织变更、民生之发展，只有全力推行民众教育，普及民众教育。他还进一步详细分析了民众必须具备的知识、技能、个人修养以及道德品格。他以孙中山先生的三民主义思想为指导，不仅将西方社会教育之先进理念引入中国，而且提出一个完整的符合中国实际的民众教育体系指标，明确了中国民众教育实施与发展的方向与目标。

（2）为师范教育制度的生存与发展做出了重大贡献

李蒸在中国教育史上所做另一项重大贡献则是争取到师范教育制度的生存。清末民初年间，中国教育界当权人士为留学日本者居多，因此我国当时教育体制大多仿效日本，如高等师范教育制度即由日本引入。随后留美学生回国当权者日渐增多，他们受美国"自由主义和个性发展"的思想影响，主张效仿美国教育制度，提倡学校应向自由与个性发展。加之当时的师范教育在社会上地位较低，而普通大学则地位较高，因此许多师范学校当局及师生宁愿改称普通大学，而不愿升格为师范大学。因此，除北京高等师范学校升格为北京师范大学外，当时的许多高等师范学校纷纷升格为普通大学。这一"升格运动"几乎消灭了全部高级师范教育制度。① 与此同时，当时有人认为"北平师范大学，约有学生 1000 人，本为造就中学师资之目的，然按诸现在内容，竟与普通大学无异，颇患名实不副之病"，且"国立大学之院系重叠"，在人才数量方面，"原有学生，已属不少，且在社会上，此项人才，一时亦形供过于求"②。因此在教育"理论"方面，主张"中学师资可由普通大学供给之，不必有独立设置之师范大

① 李溪桥：《李蒸纪念文集》，中国社会科学出版社 1996 年版，第 59 页。

② 同上书，第 63 页。

学"①。在胡适等创办的《独立评论》杂志上亦常有许多言论主张取消师范大学制度，特别是第 28 期刊出的"教育改革声中的师范问题"一文为代表，对师范大学制度的存在提出质疑。正是因以上诸多原因，教育部当局于 1932 年 7 月向行政院提出"整理大学办法"的提案中令北平师大等校"停止招生"。此时恰逢李蒸到任北平师大校长，他当即致电教育部，表示坚决不同意，疾呼"当此国难期间，教育救国，为刻不容缓之图，培养师资，尤为教育根本，不可一日中断"，指出北平师大与普通大学不同，不仅是中国师范教育的最高学府，而且教育研究、师资培养皆责任于师范大学。他据事实指出全国各省基础教育师资供不应求，而"未受专业训练之教员，滥竽充数，教授训练，均感困难。贻误青年，影响社会国家，殊非浅鲜"②。为此他另具呈文，详述师范大学之特别任务，并提出五点理由，请求撤销将师范大学取消之提案。第一，中学师资"非受师大之专业训练"；第二，为大学师资"尤非受师大之专业训练"，否则皆不能胜任；第三，师范大学与普通大学设置的课程虽程度相当，但性质完全不同；第四，二者环境不同，"不能以大学之教育学系替代之"；第五，更是主张师范大学学制"只应延长，不能缩短"③。李蒸后来竭尽全力，奔走呼吁，据理力争，维护合理的师范教育制度，终使停办师大之提案未能通过，为中国高等师范教育的生存与发展保存了火种。

（3）开创西北地区高等师范教育

"七七"事变后，京、津三校一院西迁合组为西北联大，李蒸也随之将高等师范教育引入西北。西北联大教育学院就是在北平师范大学教育学院的基础上成立的，设有教育系、体育系、家政系三系，1938 年 7 月改称师范学院，并增设了国文、英语、史地、公民训育、数学、理化、博物及劳作专修科等文理各科系，由李蒸担任院长。这一时期，师范学院的课程主要分为基础科目、专业科目、教育基础科目与专业训练科目四类，计学分，实行学分制，并对学生实行导师

---

① 李溪桥：《李蒸纪念文集》，中国社会科学出版社 1996 年版，第 65 页。

② 同上书，第 66 页。

③ 同上书，第 72 页。

制。在李蒸院长的带领下，师范学院于 1938 年 12 月正式成立了师范研究所，预备招收 10—15 名研究生，"以研究高深教育学术，训练教育学术专才，及协助师范学院所划区内教育行政机关研究教育问题，并辅助改进其教育设施为目的"①。1939 年 8 月西北联大师范学院分立，改称为国立西北师范学院，自此，高等师范教育在西北大地扎根发芽。

　　无论是在陕南城固，还是在兰州黄河岸边，当时的物质条件都非常艰苦，但李蒸院长不畏艰难。他多次前往兰州为西北师范学院勘定校址，多处实地勘察，详细研究比较，最终选定背山面水、交通方便、环境优雅的十里店作为永久校址。1940 年他率领师生将西北师范学院迁往兰州，白手起家，带领全校师生修建教室、宿舍、食堂、水房、劳作科的实习工厂、家政系的实习场地等，终于在这块贫瘠的黄土地上建立起第一所西北地区师范教育的最高学府。至 1944 年国立西北师范学院已全部迁至兰州，自此西北师范学院永留兰州，扎根西北，肩负起西北地区各省中等学校师资训练之重责。至此已设置自然科学系科有：数学、理化、博物、体育等；社会科学系科有：国文、英语、史地、公民训育、教育、家政等，共计 10 系科，以及劳作、国文、史地、理化、国语、体育 6 个专修科，还有劳作师资、优良小学教师训练班 2 个，先修班 1 个，另设小学教育通信研究处、师范研究所，学校还附设了社会教育实验区、国民教育实验区、家庭教育实验区、附中、附小、函授学校与生产农场，附中除中学部外，还增设了师范部。从规模来看，从初等、中等教育，到高等教育以及研究机构，完全具备了现代大学应有的体制与机构。从师资来看，李蒸不仅把北平师大和其他高校的一流专家、教授迁至西北，而且广揽人才，使西北地区的高等教育与师范教育人才荟萃。西北联大时期，平津三校和其他高校的文理、工程、农学、医学等各专业一大批知名教授云集陕西，如经济学教授沈志远、罗章龙、曹国卿、季陶达等；教育学

_____

　　① 李永森、姚远：《西北大学史稿》（1902—1949），西北大学出版社 2002 年版，第 228 页。

教授李建勋、马师儒、姜琦、鲁士英等；家政学教授齐国梁、王非曼、程孙之淑等；体育学教授袁敦礼、董守义、徐英超、王耀东等；中国语言文学教授黎锦熙、许寿裳、罗根泽、曹靖华等；外国语言文学教授佘坤珊、徐褐夫、谢文通等教授；历史学教授陆懋德、黄文弼、许兴凯、李季谷、萧一山等；数学教授曾炯、傅种孙、赵进义、刘亦珩、张德馨、杨永芳、张贻惠等教授；物理学教授岳劼恒、张贻惠、蔡钟瀛、杨立奎等；化学教授虞宏正、刘拓、赵学海、张贻侗等；生物学教授郭毓彬、容启东、雍克昌、林镕等；地质地理学教授张伯声、殷祖英、黄国璋等；工程学教授周宗莲、魏寿昆、萧连波、潘承孝、余谦六等；农学教授周建候、汪厥明、姚鎏、贾成章、殷良弼等；医学教授吴祥凤、謇先器、徐佐夏、林几、毛鸿志等，共约110 人。西北师范学院迁至兰州后，西北联大教育学院的所有教授全部跟随李蒸院长迁至兰州，除此之外还有文理学院部分教授也积极响应投身西北师范学院，李蒸又极力聘请著名学者焦菊隐、常道直、李庭芗、顾学颉、沈亦珍等数十位饱学之士来校执教。从此，在西北兰州这块贫瘠的土地上迅速聚集了一大批知名教授，培养专业人才，钻研高深学术，探讨宇宙真理①，形成了西北地区第一个完整的师范教育最高学府，极大地推动了西北高等师范教育的空前发展，也为今日的多科性大学——西北师范大学的发展奠定了扎实的基础。

　　3. 结语

　　李蒸是一位著名的现代教育家，一生矢志教育事业，做出了举世瞩目的贡献。他率先倡导与亲自践行民众教育、社会教育，建立民众教育、乡村教育实验区，从而提高社会大众的科学文化水平，把教育建设作为国家的出路。在中国高等师范教育生死存亡之际，他据理力争，奔走呼吁，维护合理的师范教育制度，终使高等师范教育得以生存与延续。抗战爆发时，他不畏艰难、励精图治，将北平师大西迁陕西与平津其他高校组建西北联大，不仅使中国高等教育薪火相传，而

---

　　① 李蒸：《本院的使命与校风——代发刊词》，《国立西北师院学术季刊创刊号》1942年第 1 期。

且将师范教育引入西北，广揽人才，珍惜人才，使平津地区的一流教授会集于西北大地，把先进的高等教育办学经验融入西北，把培养人才作为开发西北根本之图，为西北乃至全国培养了一大批有用之才，极大地推动了西北地区文化教育事业的发展，为今日西北高等教育的发展做出了历史性的贡献。李蒸先生逝世近40周年，在"第三届西北联大与中国高等教育发展论坛"即将在西北师范大学举办之际，作为西北师范大学、西北大学的学子，我们深深地怀念这位西北高等教育的先驱，他的杰出贡献将永刻史书，铭记在人们的心中。

（二）现代数学家、数学教育家刘亦珩

刘亦珩（1904—1967），是中国著名的现代数学家、数学教育家。1937年抗战爆发后，他随北平师范大学西迁至陕西，历经西安临大、西北联大到国立西北大学变迁的全过程，在陕西教书育人整整30年，不仅为贫瘠的西北地区引入先进的数学理论和科学教育理念，而且开拓了陕西省的现代数学事业，为中国培养了一大批数学专业与其教育人才。

1. 生平与教育经历

（1）启蒙教育

刘亦珩，又名一塞、守愚，乳名常胜，字君度。清光绪三十年（1904）11月出生在直隶安州的一个小村（现河北安新县北冯村）的书香门第家庭。其外祖父是私塾先生，其母亲陈秀珍年轻时在浓厚的文化氛围中受益许多，成家后自学《诗经》《论语》、唐诗宋词，读过高尔基的《母亲》等，视野开阔、思想先进，是一名共产党员。在孩子的教育问题上，其母亲非常支持刘亦珩兄弟姐妹5人上学，还常常教育他们："咱们可不能跟别的孩子一样争吃讲穿，钱会花完，新衣服会穿破，读书识字才能有真本领，谁也抢不走。"[1] 其父亲刘绂曾是清末秀才，后来考入保定师范学堂，又升入北京优级师范，毕业后

---

[1] 田素宁：《安新县文史资料》（第5辑），政协安新县文史资料委员会保存，1993年，第20页。

长年在外教书，曾任元氏县县长，后在陈调元手下做过文职人员。伯父刘续为清末举人，曾创办保定第二师范学校，并掌校多年。刘亦珩天资聪敏，自幼受家庭父辈熏陶，勤奋努力，立志学习科学知识，成为一名像父辈一样的教书先生。他的启蒙教育就是在这样的家庭教育氛围中开始的，当他还是一个生活不能完全自理的孩童时就离开母亲，跟随父亲前往保定第二师范学校附小读书，1918 年考入保定育德中学。在校读书时，他学习不仅理解掌握得快，而且非常勤奋，各科成绩名列前茅，品学兼优，是老师同学们皆喜欢的学生。

图 3 - 3　刘亦珩（1904—1967）

（2）大学经历

1922 年，刘亦珩以优异的成绩考入唐山交通大学（今西南交通大学）预科。进入大学，他开始积极接触一些进步书刊，特别是陈独秀创办的《新青年》杂志，该刊率先提倡"德""赛"两先生（民主与科学），传播西方先进的科学技术，刘亦珩深受"青年要崇尚自由、进步、科学，要有世界眼光，要讲求实行和进取"等进步思想的影响，在学长、中国首批共产党员之一武怀让的介绍下加入了中国社会主义青年团。同年 10 月 23 日，爆发了著名的开滦煤矿大罢工，刘亦珩积极地与其他成员一起参加了声势浩大的 5 万多人参与的开滦煤矿工人反帝总同盟大罢工。

1924 年，唐山市组织筹备党部，其中刘亦珩还担任支部文书兼联络员一职。同年 6 月，上海团中央发给刘亦珩的一封信件被国民党政府当局发现，遂拟拘捕他。校长刘式训获悉此消息，立即告知刘亦珩，并资助路费让其迅速离开学校。是日晚，国民党政府当局派直隶省警务处处长、天津警察厅厅长杨以德一帮人从天津赶到唐山拘捕刘亦珩未果，随即开除其学籍。之后，由于他自己的身份行动极为不便，于是与他的一位姐夫同往日本学习。①

（3）日本留学

1924年9月来到日本广岛后，刘亦珩用了半年的时间先学习了日语。1925年4月，他考入广岛高等师范理科第一部专攻数学学习。经过四年的学习后，于1929年4月又考入广岛文理科大学数学部继续学习，1932年3月毕业获学士学位。在此期间，刘亦珩认识了日本女青年松冈寿江，毕业前夕，两人确定婚约，开始了他的第一段婚姻。

在广岛文理科大学读书期间，刘亦珩结识了日本著名的数学史专家、数学教育家小仓金之助（1885—1962）②。小仓金之助是一位理学博士，师从著名的数学史家林鹤一研究数学史与数学教育，曾任大阪医科大学教授、日本盐见理化研究所所长，研究著作颇丰，如《数学教育史》《数学教育的根本问题》《近代日本之数学》《科学论·数学者之回想》等，对日本的数学教育发展做出了重要的贡献，曾与我国著名数学史家李俨彼此书信往来30余年，相互探讨研究中国数学史。留学时，刘亦珩常听小仓金之助先生讲授数学史、数学教育史、现代数学等课程，深受启发、获益良多。小仓金之助先生也非常欣赏他的学识与才华，在他大学毕业之际，特别推荐他去日本盐见理化研究所任职。虽因故未能如愿，但他心中非常感激，尤其是先生的科学精神、数学教育思想以及实用数学影响了他一生的科学研究与数学教育。1932年3月，他与夫人一同回到了日夜思念的祖国，开始了自幼热爱的教育事业。

（4）参与社会工作

在社会工作方面，他除在20世纪30年代参与领导中学数学改

---

① 程民德：《中国现代数学家传》（第4卷），江苏教育出版社2000年版，第88页。

② 李春兰：《刘亦珩的数学教育思想》，《数学通报》2012年第9期。

革、创立中等数学教育研究会、担任中国数学会第二届评议会评议以外，1949 年后，他还曾任西北大学校务委员会委员、陕西省科协委员、西安市政协委员、陕西省数学会副理事长等，积极参加社会活动。新中国成立后，他曾参与国家高教部综合性大学数学教学大纲的制定。

1950 年，他和杨永芳、魏庚人、李俨等发起成立中国数学会西安分会，6 月 11 日，西安分会（即后陕西省数学会）正式成立，这是我国成立较早的地方分会之一，他一直担任西安分会的常务理事，兼任分会主办的刊物《数学学习》第一任主编，并代表西安分会出任《数学通报》的各分会专推编辑。

20 世纪 50 年代初，他应邀赴北京参加教育部制定综合大学数学系教学大纲和教学计划的工作。他积极协助系主任杨永芳，开齐教育部教学计划中规定的全部课程。凡缺开的课，他们都亲自上阵，并根据教学大纲的要求，重新审定和编写教材。

2. 一生执着于数学教育

（1）任教安徽大学（1933—1935）

刘亦珩回国后，经北平师范大学数学系主任赵进义教授引荐，任该校数学系讲师。1933 年初，安徽大学在北京急聘教授，经北京大学数学系主任冯祖荀教授推荐，刘亦珩被安徽大学聘任为数学系教授。由于当时安徽省高等教育相对落后，人才紧缺，因此他在安徽大学任教两年期间承担了大量的教学工作，他讲授过的课程有初等近世几何学、近世几何学、向量分析、张量分析、微分几何学、射影几何学[①]等。在教学中，他备课认真、教学满腔热情，方法引人入胜，因此他的数学课堂深受学生们的喜爱。1934 年，北平师范大学受教育部委托，举办"中等学校理科教员暑期讲习班"[②]，其中数学组由赵进义、王仁辅、傅种孙以及安徽大学的刘亦珩 4 人作为指导教师。为此，他专程赶回北京积极参加中学数学教师的培训工作。在安徽大学期间，他还编写

---

① 程民德：《中国现代数学家传》（第 4 卷），江苏教育出版社 2000 年版，第 88 页。

② 余郁：《一位赤诚的爱国数学家——刘亦珩》，《中学数学教学参考》1994 年第 12 期。

了适合我国学生学习特征的数学教材《初等近世几何学》，由北平师大附中算学丛刻社出版，该社是我国当时唯一的专门出版数学著作与教材的机构，此教材一经面世就在全国数学界引起了很大的反响。

（2）任教北平师范大学（1935—1937）

1935年暑期，刘亦珩在赵进义特邀下再次返回北平，被聘任为北平师范大学数学系教授，兼任辅仁大学讲师，一直到1937年7月抗日战争爆发。期间，刘亦珩在数学系开设多门专业课程，如高等微积分、复变函数论、实变函数论、非欧几何学、数学史、数学教材教法等①。同时，他继续参与了"中等学校理科教员暑期讲习班"第二期（1935）和第三期（1937）的数学教师培训指导工作，还参加了1936年中国数学会举办的第二次年会和年底寒假例会。在此次例会上，他特别强调要重视中等学校数学教学的研究与改革。次年5月中国数学会召开理事会时，专门组建了由9名成员构成的"中等学校数学教学问题讨论委员会"，刘亦珩即为其中一员。由此，他与傅种孙、程廷熙等人着手全面研究数学教育与教学。

（3）执教于西北联大—西北大学（1937—1967）

1937年7月7日，抗日战争全面爆发，北平大学、北洋工学院、北平师范大学、北平研究院、河北女子师范学院等平津四校一院被迫迁移至陕西西安组建成国立西安临时大学。刘亦珩随校西迁至西安，任西安临大数学系教授。至1938年3月，陕西门户潼关告急，古城西安屡遭日机轰炸，刘亦珩被迫随校再迁陕南汉中，4月，西安临大奉教育部令更名为西北联合大学，次年8月又令其改称为国立西北大学，而西北联大的师范学院、医学院分别独立设校为西北师范学院、西北医学院，与此前已独立的西北农学院、西北工学院成为西北国立五校。因此，刘亦珩先后任西安临大、西北联大、西北大学教授。1942年，他开始担任西北大学数学系主任，1945年教育部授予刘亦珩任教10年以上教授"勇字服务奖状"②，1948年因身体不佳辞去系

---

① 程民德：《中国现代数学家传》（第4卷），江苏教育出版社2000年版，第88页。

② 姚远：《西北联大史料汇编》，西北大学出版社2012年版，第731页。

主任，在此期间还兼任西北大学校委会委员①。1949 年，西北大学成立师范学院，他又任师范学院数学系第一任主任四年。虽然是在极其艰苦、贫瘠的大西北，但刘亦珩与数学系同仁赵进义、杨永芳、傅种孙、曾炯等教授坚持数学教育工作，传播数学科学知识，不仅按教学大纲开齐全部课程，而且亲自承担了数论、群论、一次代数学、近世代数学等 20 多门基础课与专业课的教学工作。

在数学教育中，他非常重视学生与青年教师科学研究能力的培养。自 1952 年他参加全国综合大学数学系制定教学大纲的会议后，急切呼吁西北大学扩招新生，培养国家建设急需人才。此后，西北大学数学系的招生从原来的 5—6 人扩招到约 40 人。刘亦珩为了更快更好地将青年教师与学生送到科学的前沿阵地，去占领科学的制高点，竭尽全力通过多方渠道广置书刊、外文著作资料，开办科学专门讨论班，以创造良好的学术研究氛围。1956 年，他积极响应国家"向科学进军"的号召，与刘书琴教授率先在 1952 级学生中开设"黎曼几何""单叶函数"两个研讨班，杨永芳、纪�副教授亦陆续开设"函数论""微分方程"研讨班②。是年 8 月，他指导的"黎曼几何"讨论班的学生马家禄、陈文福、李泰基（1952 级），在北京举行的中国数学会第一次全国数学大会上宣读了"关于李奇空间"等 3 篇学术论文，引起了众多参会者的特别反响，认为这些研究不仅得出了新的结果，而且可以与复旦大学青年科学研究者的研究结果相媲美③。这 3 位学生的研究成果曾被选定于次年召开的"全国微分几何学术讨论会"上进行交流（因故未能举行）。刘亦珩指导的 1953 级孔庆新也是讨论班的学生，其毕业论文《常曲率空间中的爱因斯坦空间（一级）》发表于《西北大学学报》（自然科学版）④，且被著名数学家苏步青在其所著的《现代微分几何学》一书中给予充分的肯定："孔庆

① 张素敏：《数学家刘亦珩》，《西北大学学报》（自然科学版）1990 年第 3 期。

② 张友余：《纪念刘亦珩诞生 100 周年》，《高等数学研究》2004 年第 5 期。

③ 任南衡、张友余：《中国数学会史料》，江苏教育出版社 1995 年版，第 214 页。

④ 孔庆新、弥静：《中国现代数学家传》（第四卷），江苏教育出版社 2000 年版，第 86—103 页。

新按照阿联朵弗的类似方法求出了一个爱因斯坦空间 R_m 能够安装在常曲率空间 S_{m+1} 中的充要条件。"是年 12 月，在本校举行的第二届科学讨论会上，仅数学系即提交 26 篇论文，其中他指导的青年教师论文最多。他在这次讨论会上作了《芬斯拉空间共形变换》的学术报告，给予青年教师与学生在学术研究上极大的启迪。在他 60 岁时还指导了 2 名硕士研究生专门研究"微分几何"。刘亦珩在教学中特别赏识人才，注重学生发展。他发现 1953 级数学系学生李培业（1934—2011）擅长古文，对数学史很感兴趣，为此，他精选了一些与数学史相关的专著推荐给李培业，还专门写信向数学史家李俨、钱宝琮教授推荐该学生，希望能给予他专业上的指导。李培业后成为著名的数学史和珠算史家，积极推动了珠算史国际合作与交流，让中国珠算走向世界。刘亦珩曾教授过的马家禄（1952 级）、郝克刚（1954 级）、穆玉杰（1955 级）均为西北大学教授，王朝杰（1952 级）、孔庆新（1953 级）等是西北工业大学、青海师范大学教授，不仅均在高校的各级岗位承担重要的领导职务，而且均取得了骄人的成绩。

3. 成就卓著的科学研究

刘亦珩一生不仅倾注于教育事业，而且在科学研究的道路上不断前进，取得了丰硕的研究成果。

（1）发表的数学论文

早在 1932 年从日本归国入北平师大任讲师短短一年的时间里，他就连续撰写了 3 篇论文《三角形外接二次曲线之性质》《数学教育改造与师资养成》《欧克里德空间》[①]，分别发表在北平师大数学学会创刊的《数学季刊》1932 年第 1 卷第 4 期、北平师大创办的《师大月刊》1933 年第 3 期，引起了数学同仁很好的反响。后又在《数学季刊》上发表《关于二次无理平方根的问题》《数学记号的来源》2 篇论文。随后在安徽大学任教的两年期间，又完成 3 篇学术成果，翻译了小仓金之助论文 1 篇，即 1933 年发表在《安徽大学月刊》第 1

---

① 张奠宙：《中国数学史大系：中国近现代数学的发展》，河北科学技术出版社 2000 年版，第 450 页。

卷第 4 期的《平行与空间》、第 8 期的《几何学之对象的空间》，1934 年第 2 卷第 1 期的《中学数学教育改造问题》以及在第 7 期上他翻译的《远东数学之国际化与产业革命》等。在西北大学执教的 30 年间，他专门研究几何学，在数学系建立微分几何科研中心，还以此为契机开展了几何学专题研讨，在青年教师与高年级学生中开办讨论班，共同探讨艾森哈尔特的《黎曼几何学》、苏联邦德里亚金的《连续群》、科恩的《李群》等。① 1944 年，在《西北学术》第 2 期发表《几个定理的新证明》，1957 年在《西北大学学报》（自然科学版）第 1 期发表《芬氏空间的共形变换》，1962 年发表《时间与空间》。

20 世纪 30 年代，许多人质疑学校中的数学消耗太多时间，除少数升学者习自然科学者外，其余将数学完全忘却，他们认为数学毫无价值可言。但是，刘亦珩却明确指出"近世科学文明，皆以数学为基础，苟无数学素养，一切学问皆谈不到"②，特别强调了数学科学的重要性，而且他认为日常生活亦时刻离不开数学，他还进一步阐述"若无数学思想，即人生极简单事项，亦不能彻底解决"③，认为"欲为健全公民时，数学为不可缺之要素"④，以此有力抨击了对数学科学的质疑。他一生致力于数学科学的研究与教学，特别在几何学领域，尤其对"几何空间"分支的研究。他最早考察了四次元欧克里德空间之性质，接着又在《平行与空间》中研究了定曲率与变曲率的平行性以及平行移动与种种空间，在此基础进一步探讨了爱因斯坦之远平行性其新空间。后在其所撰写的《几何学之对象的空间》一文中再次研究几何学的空间，他将空间可分为物理的空间、直观的空间和形式的空间三种，并进而阐述了三种空间的关系，但他认为几何学之对象的空间既非物理的空间，亦非简单的直观空间，而"自其对象观之，则为点直线及平面等直观的要素所存在之直观的空间，自其方法观之，则

---

① 梁星亮、李敬谦：《陕西近现代名人录》（第五集），西北大学出版社 2006 年版，第 94 页。

② 刘亦珩：《数学教育改造与师资养成》，《师大月刊》1933 年第 3 期。

③ 同上。

④ 同上。

为超越经验直观之形式的空间"①，故其提出普通几何学之对象的空间可谓"直观空间之形式的空间"。后来，他进一步对芬氏空间的共形几何学作了专门研究，先从三个基本张量变换着手，求出联络的变换式，然后探讨适应于芬氏空间的一种共形联络系数，在此基础上推导共形导数与共形微分，再进一步探究芬氏空间的三个曲率张量的变换及共形曲率张量，最后得出共形于欧氏的芬氏空间的充分必要条件以及芬氏空间为共形明氏时必须满足的条件。这些研究成果也正是 20 世纪 50 年代微分几何学研究领域中最活跃的分支，而他不仅掌握了其精华，而且在几何学之空间研究领域有了新的见解。

（2）数学著述

其数学教育生涯，不仅将西方先进的科学知识、科学思想引入中国，而且自编了大量适应中国学生的讲义与教材，及时更新教学内容，紧跟数学科学发展前沿。著有《初等近世几何学》（算学丛刻社 1935 年版）、《教学教材教法的研究》。编著有《高等解析几何学》（西北大学，1954）、《微分几何学》（西北大学，1954）、《数论》（西北大学）、《群论代数方程式论》（西北大学）、《李群论》（西北大学）、《四次元空间理论》（西北大学）等。

在译著方面，不仅限于数学，而且对物理学、力学等科学门类有一定的涉猎，还能熟练运用英、日、俄、德、法等多门语言，特别精通日语、英语，因此他在国外数学著作翻译方面做出了重要的贡献。其翻译的著作有：《一次代数学》（И. М. ГЕЛЬФАНД，［苏］盖尔冯德著，刘亦珩译，上海商务印书馆 1953 年版）；《线性代数学》（［苏］盖尔冯德著，刘亦珩译，高等教育出版社 1960 年版）；Feau Ipaua H. M. 著《线性代数》；60 年代，现代应用数学丛书共出版了 42 部著作，其中 6 部是由刘亦珩翻译的，有塑性力学《塑性论》（［日］鹫津久一郎著，刘亦珩译，上海科学技术出版社 1961 年版）；流体力学《黏性流体理论》（［日］谷一郎著，刘亦珩译，上海科学技术出版社 1962 年版）；气体动力学《可压缩流体理论》（［日］河

① 刘亦珩：《几何学之对象的空间》，《安徽大学月刊》1933 年第 8 期。

村龙马著，刘亦珩译，上海科学技术出版社 1962 年版）；弹性力学有
《平面弹性论》（［日］森口繁一著，刘亦珩译，上海科学技术出版社
1962 版）和《有限变位弹性论变形几何学》（［日］山本善之、近藤一
夫著，刘亦珩译，上海科学技术出版社 1961 年版）；《工程力学系统》
（［日］近藤一夫著，刘亦珩译，上海科学技术出版社 1962 年版）。

　　其中，在刘亦珩翻译的《有限变位弹性论变形几何学》里，专门
用几何学的观点来阐述有限变位的弹性体力学，并且考察由变位的有
限性所引出的一些特性。[①] 由于弹性体是具有三稚延展的连续体，张
量这个名词起源于张力，弹性体或者一般连续体的力学都和几何有密
切关系，因此在研究这些力学时，作者从几何学作了本质上的考察。
于此该著作主要对"有限变位弹性论"和"变形几何学"两部分作
了研究。第一部分，先是对连续体的变形状态进行了几何学的探讨，
从而导出了平衡条件。然后导入应力应变关系，说明平衡及稳定的一
般性质，叙述协调条件。由于不稳定现象是有限变位的特性，所以当
作最切近的例子详细讨论了压屈，最后将以上结果应用到平板。第二
部分是变形几何学，探讨了不完全结晶的宏观几何学、不协调弹性论
和塑性力学。刘亦珩翻译的这部著作为当时乃至今日的高等学校数学
和力学专业师生及工程技术人员提供了宝贵的参考资料。

　　他翻译的《塑性论》是岩波应用数学丛书内有关力学方面的七种
著作之一。这七种著作都是在力求使用统一的几何学方法的基础上写
成的。[②] 其主要精神是以 Gabriel Kron 对于转动电机分析所提出的思想
为基础，进一步推广到对转动流体机、航空机以及其他近代工业机器
的分析。找出这些机器所形成的力学系统，做出它的表现空间，将其
状态的变化看作坐标变换，将机器类型的不同当作约束条件，而建立
该空间的几何学，这样就将机器分析变成了几何学的研究。又将这种
研究方法应用到连续介质力学的基本问题中，将完全无应力状态看作

　　① ［日］山本善之、近藤一夫：《有限变位弹性论变形几何学》，刘亦珩译，上海科学
技术出版社 1961 年版，第 2 页。

　　② ［日］鹫津久一郎：《塑性论》，刘亦珩译，上海科学技术出版社 1961 年版，第 2—
3 页。

Lagrange 状态，任意变形状态看作 Euler 状态，于是将连续介质力学看成在 Euler 坐标变换群下对于几何学的研究。由于 Lagrange 状态是 Riemann 空间的，Euler 状态是 Euclid 空间的，对于所有 Euler 状态都对应着同一个 Lagrange 状态（即无应力状态），所以这种几何学是保持 Riemann 度量的空间几何学，当然是一种 Riemann 几何学。这种几何学方法的特点是利用张量算法，通过近代微分几何空间形式的分析来处理力学及工学上的基本问题。而《塑性论》正是据同一观点撰写而成的。该著作先是将弹性理论作了概括的叙述，特别是对弹性和塑性的关系以及二者的异同点作了比较详细的阐明，在此基础上介绍塑性论的基础，推导出基本方程。然后进一步研究变分法原理，对利用变分法解决塑性论问题作了全面的探讨。最后对处理塑性平面应变问题、极限分析以及全应变塑性理论等作了研究。

其数学研究成果，除公开出版发行的论文、译著等之外，尚有论文、翻译底稿足有 200 万字未公开出版，皆为其毕生心血的结晶。

4. 小结

刘亦珩自幼受父辈熏陶，留学期间又在日本深受著名的数学史专家、数学教育家小仓金之助先生关于科学精神、数学教育理念的影响。他一生执着于教书育人，培养人才，特别是 1937 年随平津三校一院西迁入陕，扎根西北 30 年，先后任西安临大、西北联大、西北大学数学系教授、主任。在极为艰苦的生活和工作条件下，并未影响他的教育质量，而是率先创办微分几何、黎曼几何讨论班，培养了一批直达国际发展前沿的数学研究和数学教育人才。他熟练运用多种语言，翻译、编译和研究微分几何、几何空间等数学前沿问题，引入西方先进的科学技术与科学教育理念，翻译出版数学著述达数百万字，且有 200 余万字尚未出版的遗作，由此奠定了陕西乃至西北现代数学科学和现代数学教育的基础。

（三）水利学家周宗莲

周宗莲是中国近现代著名的水利学家、教育家。1928 年考入国立北洋大学，1934 年考取公费留学，入以水利工程而著称的英国曼彻斯特大学专攻水利工程，师从誉满全英之吉卜先生 Prof. A. H. Gibson，1936 年 7 月获哲学博士学位。随后，在欧洲开始游学考察水利、港务、河工、水电以及运河等，于 1937 年夏学成归国。至 1949 年，周宗莲先后任黄河水利委员会工程师、华北水利委员会工程师、北方大港筹备处工程师、航空委员会西安飞机场工程处总工程师、陪都（重庆）建设计划委员会副主任委员、湖南沅资流域规划发展委员会副主任委员、中央设计局设计委员兼工程立案人等行政职务以及历任北洋工学院土木工程系主任、西北联大工学院院长、国立西北工学院水利系主任、国立西康技艺专科学校校长等教育职务。他在水利工程研究以及西部地区的高等工程教育做出了重要贡献。

1. 生平与教育背景

（1）大学教育

周宗莲，字泽书，现湖南汉寿人。现代文献记载其出生于 1920 年，7 岁入小学，与《北洋周刊》1937 年第 146 期刊载的"周宗莲同学为土木十七年（1928）班第一名毕业生"年龄不符，因据此推测，周宗莲生于 1910 年。周宗莲年幼时，时常目睹家乡老堤溃决，讨米逃荒者不计其数，为此他从小立志长大定要修好堤坝，让乡亲们过好日子。为了实现幼时心愿和诺言，1928 年考入赫赫有名的国立北洋大学，选择专业时他毅然选择了土木工程专业，立志治水兴利，救民兴国。北洋大学创建于 1895 年，是中国近代第一批综合性大学，自创办之始，就引进西方大学办学模式，制定严格的学校教育管理机制，系统传播西学，保证人才培养质量。专业设置为采矿、冶金、土木工程和法律四个学科，侧重工科，实验仪器设备均从美国进口，仅"西方杂志一项，经常保持一百余种，且均为世界理工权威学术期刊"①。师资荟萃，多为中外硕学鸿儒，担任主课者皆为欧美等国的著名学者，教材多用英文原著，教师授课亦多用外语。北洋大学办学条件堪称优越，当时被誉为"东方康奈尔"。周宗莲就在这样一所校风朴实、

① 《清末民初的北洋大学》（http://news.sina.com.cn/c/2006-03-30/14248570370s.shtml，2014-9-06）。

治学严谨、学理与实践并重的一流学府学习，他在学校不仅学习刻苦，还特别钻研科学研究，至 1932 年还在校读书时就已完成《拱坝》《全国水利行政系统刍议》《调查报告——调查潮白河上游报告》《新俄建设事业之猛进》《水利救国》等多部论著与论文，并发表在《华北水利月刊》《新闻周报》等重要刊物，为我国水利事业的发展做出了开创性的贡献。

（2）英国留学

周宗莲在国立北洋大学获土木工程学士学位后，1934 年 7 月参加了第二届留英公费生考试。本届的考试结果共录取 26 名公费生留学，其中 23 名自然科学，而土木工程水利组录取了 2 名，即周宗莲和张有龄。北洋大学一同考取公费留英的学生还有董钟林，其专习大地测量，而周宗莲专习水利工程①。英国利物浦大学以土木工程著名，但水利工程则以曼彻斯特大学为最好，其主持水利者为誉满全英之吉卜先生 Prof. A. H. Gibson，他是模型试验始祖 Reyrold 之高弟，为工学院主任教授。他在水理学及河工之模型试验、SevernEstanry 海口坝模型试验以及在 Camletuge 模型试验上取得了很大的成就。为此，周宗莲10 月前往英国，选择了曼彻斯特大学（Macherster University）留学深造，专习水利工程。由于他在北洋大学取得的优异成绩以及发表的著作，曼彻斯特大学博士学位委员会原本至少需三年方可申请的博士学位，却准予他两年完成研究即可。在两年的学习中，除学习初级模型试验外，他特别重视对水理学及试验方法的学习，并选定结构学、高级应用数学、工程地质学及水理学等课程专门听讲。在校学习期间，他比别人更加勤奋用功，奠定了扎实的理论基础。其研究的论文题目是 "A study of Transportation of Bed Materials in Rivers and a study Flow anfod Reier Problems by means of Models"②。于两年后 1936 年 5 月已提交博士论文，7 月获哲学博士学位③。他在英国先进的科学技术和严谨治学精神的熏陶下，奠定了厚实的水利研究基础，掌握了水利工程

---

① 《周宗莲董钟林放洋留学》，《北洋周刊》1934 年第 33 期。

② 编者：《周宗莲由英来函》，《北洋周刊》1934 年第 47 期。

③ 编者：《周宗莲君将得博士学位》，《北洋周刊》1936 年第 104 期。

领域的系统理论与实践，时刻准备着学以致用、科学救国，为祖国的水利事业奉献自己的力量。

周宗莲在英国留学时，时刻牵挂着祖国母校的发展。他认为北洋大学在规模设备上，并不亚于欧洲各校，"惟所欠者即埋头苦干之精神，专心不杂之毅力"①。他亦分析其因，则在于"社会不宁，国政不纲"互为因果，并非某一方面之过。他特别在教学师资、教学方法、图书资料、学术研究等方面提出了自己独特的观点。首先，在师资上，他指出"师资尤为根本，最好能得立志专心于工程教育，无京兆五日之心，有百折不挠之志；对于其所任之课，能日夜寒暑努力不懈者，每科有一人，则根本固也"。他认为教书欲有效，须教者能熟习渊博，能揣度国情与时间，提纲勿玄，则一小时之材料丰富，学者亦事半功倍。但事实上新任教师要达到如此要求是难以实现的，因此他认为至少主任教授须久于其任。而在英国各学院，教授仅一人，其余皆为讲师，如曼城工科只有吉卜先生一人主持，他对土木与机械均有所长，各科讲授材料，均由他支配，若某科讲师不在，吉卜先生立即代替上课。在英国讲师替换时，授课讲稿皆互相传递，对新进教师或留校任教学生亦一贯而求，日积月累他们亦成为知识广博的优秀教师。其次，在教学方法上，他认为我国有改进之必要。周宗莲跟随吉卜先生学习时，常常思索我国学者智慧勤奋并不亚于他国，但教学效率却不佳。他认为各种学理与其口讲，不如图表照片之明晰而易记，而新引入教学中的幻灯机、投影器等媒体恰具有此功效，能将教学内容以清晰的图片、图表等投射在屏幕上，不仅教者传授的内容更多，学生更容易理解记忆，而且减少了教者在黑板上书图写字之烦。因此周宗莲认为，只要我国学校的经济能力允许，在主要教室中均添置幻灯投影，再请各科教师尽可能准备幻灯片、投影片，或在学校中附设一专门制片之所。再次，在图书方面，他认为我国高等学府一时备齐一切，势所难能，但学校已培养研究生，因此对图书的需要甚切。而平津地区距离甚近，各个大学以及北平皆有图书馆，因此周宗莲认为

---

① 编者：《周宗莲同学函告在英近况》，《北洋周刊》1936 年第 110 期。

弥补图书不足最好的办法则是彼此交换，如北洋大学可先与清华及北平图书馆交换。最后，在学术上，他认为我国尚需努力。其母校北洋大学办学之久，各国学校很少及，他们的学术研究却是世界领先，而我国的学术尚寂然无声。为此周宗莲常细心思索，"觉我之未跻者，只在少许苦干与一贯之精神耳"①。因此他认为我国学术研究者需多一份努力、多一份苦干精神，以追赶世界文明。

（3）欧游考察

因德国学理研究甚富，各大镇之研究所，有详细调查并实习之价值，莱茵、多瑙二河之航运工程，意大利之波河，荷兰之港务与筑堤，瑞士之完备水电厂，比利时之亚伯两运河，瑞典之水电成绩，皆可借鉴者当不少②。为此，在曼彻斯特留学的周宗莲计划英庚款官费留学停止后将半年的时间用于欧美各国之水工情形考察，特别是英国南部港务、欧洲大陆、德国之水工试验所等游学参观考察，再将半年时间赴美实地工作与各地考察。1936 年夏，周宗莲开始了他的欧洲游学考察，由东德过波兰、立陶宛、瑞典、挪威，返北德入荷德，在莱茵河南行两周。考察的内容主要为港务、河工、水电以及运河等。通过考察，他发现莱茵河在港工上与英国极相似，多用 Open wharf（透空式码头），而欧洲冠军运河则当属德国 Kiel 运河。荷兰国家较小，周宗莲仅用七日走遍了全国，他参观了该国正在施工的海堤，其功用是将碱水变为淡水，内部之坨所用之土，全从 1—2.5 公尺水下捞出，且常常必须去堤脚之下坑洼处取土，但有功能强大的挖泥机则显得轻而易举。他还考察了独特的德国北部淤海工程、富丰的瑞典水电、早已完工河内船多的科布伦茨等。德国西部 Bingen 急滩，仍采用治导方法分为上下两道③。而在 Bade 省内则用钉坝治导，河底为卵石，两岸用石块，全河成了石河床，其成功乃当然。周宗莲认为这些治导方法有着巨大的益处，是我国河流所不具备的优势，故应取其精华。

---

① 编者：《周宗莲同学函告在英近况》，《北洋周刊》1936 年第 110 期。

② 同上。

③ 编者：《周宗莲同学函告欧游考察印象》，《北洋周刊》1936 年第 108 期。

（4）从政生涯

周宗莲在曼彻斯特大学博士毕业后被德国普鲁士水工研究所聘为研究员。虽然国外的待遇丰厚、条件优越，非常有利于他学术科研的发展，但周宗莲时刻惦记着命运多舛的祖国，一心想着中国水利事业的发展，不久便请辞回国。当时的国民政府也非常重视科学技术，特别是实用科学，因此网罗名才，大量聘请国内知名学者和归国留学生。周宗莲在出国留学之前，已历任华北水利委员会、北方大港筹备处、永定河堵口工程处、湖南水利测量队、黄河水利委员会等处工程职务①，回国后便被国民政府请去从政，先入中央训练团第25期党政训练班学习，毕业后，被推荐出任国民党天津市党部执行委员兼常务委员②。此后，他又先后被聘任为航空委员会西安飞机场工程处总工程师、"陪都"（重庆）建设计划委员会副主任委员、湖南沅资流域规划发展委员会副主任委员、中央设计局设计委员兼工程立案人等职。周宗莲后担任国立北洋工学院土木工程系主任、国立西北联合大学土木工程系主任、国立西北工学院水利系主任、国立西康技艺专科学校校长等职。在担任这些职务期间，他主张水利救国，治水兴利、学以致用，利用所学专业技术为我国的水利建设事业做出了许多重要贡献。

2. 倾注教育，严谨治学

1937年，时任北洋工学院校长李书田增设了水利、航空和电机等专业，并意欲延聘周宗莲、魏寿昆等学成校友回校任教。于是，同年9月周宗莲被其母校校长李书田聘任为水利工程教授。1937年7月抗战爆发后，北洋工学院与北平大学、北平师范大学（及北平研究院）被迫西迁，10月在西安组建了国立西安临时大学，全校设立文理、法商、教育、工、农、医六大学院，共24个系。其中工学院下设土木、矿冶、机械、电机、化学、纺织工程等六大学系，院长由李书田兼任，周宗莲教授任土木工程学系主任。1938年4月西安临大更名为国

---

① 编者：《下学期已聘定周宗莲博士》，《北洋周刊》1937年第146期。

② 汉寿县史志办：《周宗莲》（http://www.hanshou.gov.cn/dsb/index_fyrw8.asp，2014－6－12）。

立西北联合大学后，院系依旧，周宗莲教授仍担任工学院土木工程学系主任。7 月，国民政府教育部令西北联大农学院与西北农林专科学校合并为国立西北农学院，西北联大工学院与焦作工学院合组为国立西北工学院，其校址就设在陕西汉中城固县的古路坝。西北工学院的创建成为当时抗战后方西北地区规模最大的一所工科高等学府。周宗莲在此执教时，虽然当时的条件极其艰苦，但是他秉承北洋大学的作风，一腔热血，倾注教育，坚持严谨治学。生活中对待学生，他俨如父子，至亲至爱，有学者风度，无权威架子。在教学中，他立编精辟或旁征博引、多方比较，以求概念清晰、新鲜明白，也常设疑置论，引发思考，精备资料，免生歧义，树立优良教风学风，深为学生敬仰称颂，师从如云，为国家培养了一大批工程教育和工程科技人才。在课余，周宗莲还参加学校组织的学术研究，如在陕南六县小学教师暑期讲习会上，他作了"防空"的学术讲演①。抗战时期，陕西省属邻接前方之重要地区，国防建设、资源开发、汽车养护技术等均关重要，西北联大工学院教授纷纷出其工程专门技术，尽力协助各方。而土木工程学系主任周宗莲教授也不例外，尽力于邻近飞行港之扩充②。被称为水利及军事工程教授的他还参加了工程学术推广部组织规程的推广、湑惠渠的调查、南郑市政的设计等项目，如西京飞机场扩充计划及施工、陕西省咸榆公路之监修、陕西省汉白公路图案之整理等项目皆是周宗莲教授的设计与监修的，也正是他的参加才使全部工程顺利圆满完成③，为抗战急需的工程建设做出了重要贡献。

1939 年 8 月开始筹建国立西康技艺专科学校，国民政府部任命工程教育家李书田教授担任首任校长，首任教务主任兼任土木工科首任科主任由著名的水利专家周宗莲教授担任。于是，周宗莲教授与李书田校长率领原西北工学院的部分师生在泸山大寺建立国立西康技艺专科学校。不久，周宗莲教授又被任命为西康技艺专科学校第二任校

---

① 《陕南六县小学教师暑期讲习会学术讲演人员一览》，《西北联大校刊》1938 年第 2 期。

② 《工学院教授各方纷纷顾问》，《西安临大校刊》1938 年第 6 期。

③ 《工程学术推广部推广组织规程》，《西安临大校刊》1938 年第 10 期。

长。其间，他与李书田聘请了国内外资深望重、名流学者 40 多人来校担任教授，如魏寿昆、柯召、曾炯等，其中 33 人为留洋博士，并实行教授治校①。周宗莲担任校长时特别赏识人才，他对 1942 年 7 月该校毕业的优秀毕业生徐廷文留校任助教，并由其兼任农牧实验场技术员。由于该生专习遗传学和生物统计学，周宗莲校长还特意送给他一本达尔文《物种起源》英文版。

3. 水利工程研究贡献

周宗莲在水利工程方面的灵感有如泉涌，从 1930 年至新中国成立仅 20 年，其科研成果不断问世，特别是在我国一些大江大湖的理论与实践上，提出了很多很好的主张和论断，对我国的水利建设做出了重要贡献。

1930 年周宗莲在《华北水利月刊》第 3 卷第 1、2 期上连续发表了《拱坝》《调查报告——调查潮白河上游报告》《全国水利行政系统刍议》3 篇研究成果；1931 年在《新闻周报》第 8 卷第 8 期发表学术成果《新俄建设事业之猛进》；1932 年在《华北水利月刊》第 5 卷第 7—8 期发表《水利救国》论著；1933 年在《水利》第 4 卷第 1—6 期发表《整理湖南水利大纲》论著；1936 年在《北洋理工季刊》第 4 卷第 3 期发表《英国之土木工程教育》，还在《北洋周刊》发表《英国工程教育上的几个优点》；1941 年《新宁远》第 1 卷第 4—5 期发表《建设华西文化中心的检讨》；1945 年《经济统计季刊》第 3 卷第 3—4 期发表《地域经济建设分析法》和《市区计划与国土计划》，同年在《水利》第 14 卷第 1 期发表《泥沙动态与河流特性》，还在《国是月刊》第 12—13 期发表《洞庭湖水系水利整理管见》；1949 年在《市政建设》第 1 卷第 3 期发表《战后伦敦市改造计划述略》。在周宗莲早期的论著《拱坝》中，他不仅强调坝在水利工程上之用途甚大，如防洪、水利发动、灌溉、饮水供给、内河航运等，而且首次讨论重力坝之弱点，特别研究了拱坝计划理论及其利益与特点，提出了

---

① 胡清林：《抗日战争中的国立西康技艺专科学校》，《中国科技史料》1994 年第 3 期。

拱坝的改进方案，指出"用良善材料以建拱坝，不独无危险而能应付高坝之趋势，且可减坝之失败也"①。这项研究成果有力驳斥了当时工程专家对拱坝所持的怀疑态度，为水利建拱坝提供了可靠的理论基础与实践方案。在《水利救国》论著中，他明确指出"水利关系，上则全国命脉，下则全民生机，不能疏忽与漠视""我国今日的大病根是穷与弱，若水利有了头绪，这病根是去了大半。为目前挽救危亡计，为将来我国强盛计，对于水利建设我们应当有长足的进步"②。他在《整理湖南水利大纲》中，不仅分析了湖南水患酿成危局之主因，而且明确指出湖南水利"若长此不治，则数十百年之后，天晴水涸，固可南阡北陌。然一至春夏水涨，则西至常桃，南至长潭，或将形成一片大湖。使财富之区，陆沉殆尽，官民之众，鱼腹葬身"。因此周宗莲指出"水利计划，必用最新科学方法，统筹兼顾，以施治本大计，方可以奠安于磐石"③。因此，他认为湖南水利先应通过详细的地形测量、水文气象观测、水道地质调查等，再进行防洪、航运、排水及灌溉等整治，为此还提出具体实施的方法，逐渐实现"以防洪为主"到治本大计。他还在长江和洞庭湖的关系和理论对策上，主张江湖两利，湘鄂双保，建议在长江上游建坝，蓄水制洪发电，在中湘扩宽荆河段，加速洪水宣泄，减少入湖流量④。至今，这些研究成果对现代的水利建设仍然具有很好的借鉴指导作用。1945 年，他在《市区计划与国土计划》中提出了世界有名的"城市土地公有制度"，有力地推进了中国城市的现代化与工业化进程。周宗莲还主持了抗战结束后中国第一部城市计划案《陪都十年建设计划草案》，他关于城市土地公有的理念直接影响与决定着该草案中"市地市有"政策的制定，这将成为中国创造发展奇迹的最大奥秘之一。

---

① 周宗莲：《拱坝》，《华北水利月刊》1930 年第 3 期。

② 周宗莲：《水利救国》，《华北水利月刊》1932 年第 7—8 期。

③ 周宗莲：《整理湖南水利大纲》，《水利》1933 年第 5—6 期。

④ 汉寿县史志办：《周宗莲》（http://www.hanshou.gov.cn/dsb/index_fyrw8.asp，2014 年 6 月 12 日）。

4. 周宗莲关于英国高等工程教育的研究

英国的高等教育起源于中世纪，牛津和剑桥是最古老的两所大学，授课以古典学科为主。19 世纪后期至 20 世纪初，随着资本主义经济的发展，英国的高等教育开始崇尚民主与自由，逐步摆脱教会的控制和性别的限制，重视自然科学的引入。因此一些新型大学在各地应运而生，如曼彻斯特大学、利物浦大学、帝国科学技术学院等，他们注重实业、职业性科学教育，传播科学技术知识，成为英国新兴工业的科技人才培养中心，高等教育机构逐渐形成了五大类：大学、多科技术学院、新大学、师范学院及开放大学，其体系结构独具特色，大学完全自治，有学位授予权，不受科学与教育部的直接领导。各校亦不一律，但大概相同于下：原定十四岁以下为义务教育并为强迫性质。此小学程度之最后三年，近于我国之初中，即于普通写读数学史地生物外，再加德法近代外国语言。① 毕业后家庭贫寒者即可工作，愿上进者即入中学（High School），此期三年。这一时期已开始文理分途，学理工者专重自然科学如数理化，学文哲者则须学拉丁希腊希伯来等文字。而当时英国的高等工程教育上也完全与我国不同，有其独特的办学特色。

（1）工程教育制度完善灵活，考试严格，重人才质量

20 世纪 30 年代，英国的高等工程教育制度已渐完善，相对灵活。周宗莲在英国留学期间，专门考察了该国的高等工程教育，他认为英国的工程教育与我国大学不同。（1）高等工业学校与大学二者共存，办学目标不同。在英国，每一城市除有一大学外，尚有一所高等工业学校（简称"高工"）。在英国教育历史长河中，大学与高等工业学校的起源与发展各有背景。在古代，大学是造就博雅之士，课程内容与时俱进，包含当代有价值有意义的文化材料，同时每学期选课程有一定标准，上课多在白天，学业亦有一定年限，且有各级学位之荣耀，并专为有资产、有时间的青年而设。至于贫穷人家之子弟，中学毕业后就要自谋生路。而高等工业学校的创办，专为独自谋生且有志

---

① 周宗莲：《英国之土木工程教育》，《北洋理工季刊》1936 年第 3 期。

向、有可造性的青年提供补授工程教育的机会，其课程内容重理论，更重实用，旨在提供实用技术，至今英国还是如此。但是，当时的高等工业学校与大学不同，无学位，修业无固定时限，随所有课程之进度而定毕业，上课时间多半在夜间，每学期选课可绝对自由，弥补了大学的不足。（2）制度灵活。英国的高等工程大学，学制三年，分为 Fresher、SecondJery、Thildyear，而无 Freshman，Sephomore，funior and Senior 等名词。① 每学年分三期，即由秋到冬，由冬到春，由春到夏。如，10 月 10 日至 12 月 10 日为第一学期，次年 1 月 15 日至 3 月 25 日为第二学期，4 月 25 日至 5 月 25 日为第三学期②。每期开学时，学校即将期末考试日程公布，而每周星期三下午与星期六全日停课。其课程科目也无具体细分，如普通工程学的课程内容包含应用力学、材料力学、结构学、基础学以及设计、绘图等，而未划分为独立的课程内容。再如数学科目仅分为纯粹与应用数学两种。相比较，我国高等工程教育课程科目划分得非常细致，学生成绩单亦非常烦琐。（3）考试严格。英国的考试也只分为入学、中间、毕业考试三种。其研究生阶段的学习，只有论文与口试，其成绩评价完全在于导师。虽是如此，但考试非常严格。英国的大学工程专业考试，月考、期中考由各院自己负责在原教室举行。大考时的命题与阅卷，均由学校所特聘之内外考试委员会负责，外面考试员，常为他校教授或此科之专家、顾问工程师等；考试范围有一定中心标准，委员不能随意变更。此种题目，每年由学校出版，学生可随便购阅；③ 各大学均专门设有一考试场，监考者为学校特别指定，并非原来任课教师，可见大考的慎重与严格。

（2）学理短，重专业基础课程；实习长，重实践经验

英国的高等工程教育，学生全年上课时间最多为六个月，在校学理的时间很短。但是非常注重专业基本课程的学习。英国的工程大学，前两学年各系的课程均相同，从第三学年起才分专业学系，其目

---

① 编者：《周宗莲由英来函》，《北洋周刊》1934 年第 47 期。

② 周宗莲：《英国之土木工程教育》，《北洋理工季刊》1936 年第 3 期。

③ 周宗莲：《英国土木工程教育杂谈》，《北洋周刊》1936 年第 110 期。

的为培养人才施以基本训练，打好基础。如《纯粹数学》仅一门课程，就要开设两学年（第一、第二学年），其内容包括代数几何、三角、解析几何、微积分、微分方程等。相比较，当时的美国只有第一年开设解析几何与微积分。再如土木工程系的《测量》课程，包括平面、大地、天文三种；建筑理论课程的学习中有钢、木、洋灰混凝土等建筑材料与土力、基础及坝的设计。可见，英国的工程教育学理虽短，但很注重学生基本课程、专业基础训练。周宗莲联系英国实际，分析其原因在于学生进入社会后，个人发展不同，所遇问题各异，这种做法可以培养学生举一反三、触类旁通的技能，以便解决一切问题。因此他认为，倘若课程按照社会所需来分门别类，恐怕分不胜分，结果五花八门，学生反倒目眩心乱，莫知所从了。他还进一步指出，至于对学科高深与否，这要看课程内容，是否将某一点能否寻源溯尾，贯通一切，因此他认为将科目加以区别，决不可与高深混为一谈。①

英国的高等工程教育，学生在校学理时间很短，如此带来的问题是：三年短期在校学习如何使学生掌握如此之多知识？他们的解决方法有二：学校讲授全为基本，工厂实习获取直接技术方法，因此他们实习时间很长。每个假期，学生都要进入工厂实习。为了有效地培养学生的技术技能，每期实习结束，学校各学院必与各厂家接洽联系，共商讨学生工程技术养成，使学生获得实际工程经验。

（3）教师自编讲义，注重理论联系实际

英国的高等工程教育中所采用的教材多为教师自编的讲义。教师在编写讲义时，首要了解当地的建筑物、机件、材料或自然环境等，收集分析当地工程材料特点，并将其引用到自己的讲义中。若是机件、设备、建筑材料等有新的发明与改进，要及时更新教材。因此，周宗莲认为，如此编写成的讲义，教师讲授时不仅使学生感到亲切明了、印象深刻，而且理解透彻、兴趣浓厚，"学生所认识的知识是活的，是应用的，不是死文字"。如土木工程学科中，特别注重地质学

---

① 周宗莲：《英国之土木工程教育》，《北洋理工季刊》1936 年第 3 期。

的学习，第二、三学年中每周均有 2 小时讲授和 3 小时实习，教师在讲授过程中采用自编讲义，多方参考，充分准备，并处处以三岛作蓝本，来阐明地层构造，不得已而偶涉及欧洲。在普通地质中，他们把英国三岛的构造解剖无遗。再到工程地质中，他们所讲的材料也全是三岛，如"太晤士红土层对伦敦给水影响""潘乃仁（Panine）山脉对某地地下水之影响""西头蓄水池为何发漏""麦遂隧道（Mersey Tunnel 为利物浦于前四年完成之大工程）建筑时之困难""拟通过英伦海峡直连法国隧道之地层""西海岸被风浪剥蚀之现状"① 等，均是关于公共给水，桥梁坝闸基础，海堤等工程的要素，因时因地施教，不为书本所限。而我国的教材很少谈到太行五岭山脉。

（4）学校、工厂、学会三方共同培养工程人才

英国的工程教育，原为"师徒技术传授"的预备，但周宗莲通过研究发现其教育理论如此：学校专讲各种基本理论，各工厂负责学生实习实践经验的获得，而专门学徒的养成，则待学生毕业后两三年之学徒期中获得，且此时由工程师学会（Institute of Civil，"Mechanical" Engineers）通过举办各种会议、考试来弥补学校与工厂的不足。因为教育部门深知工程全部训练，绝不是三四年学校所能完成。即使学校设备如何充足与先进，也不能代替数年、数十年的实地经验。所以学校当局自知其短，所有实习，仅以可能说明学理为限。关于经验获取，则交由社会负责。无形中，各工程师学会担当着人才培养的重要责任，是训练青年工程人员的永久性机关。当时英国的工程师学会除著名的 Institute 以外，就是各地分会，各种小会。许多学会每两周就要举行一次会议，时间常定在晚上七时，演讲者演说完后，老头子捻须而谈，年轻人抱头而论。他们的讨论精神，是我们所不及的。② 学会每年还在各地举行初级会员及仲会员各种考试。此种考试的特点完全与学校不同，考试内容不能与学校重复，全是设计，估价等实地经验的实际问题，或其他混合问题。如估计材料数量、价值，草拟工程

---

① 周宗莲：《英国土木工程教育杂谈》，《北洋周刊》1936 年第 110 期。

② 周宗莲：《英国工程教育上的几个优点》，《北洋理工季刊》1936 年第 3 期。

合同或说明书等。学生在高年级首先申请加入学校内之学生会员。入会时非常严格，必须由该会员数人介绍，其中至少两人，介绍人必须对申请人的实地工作或研究有过负责的观察。在每次升级时，也要有两人，是申请人工作或研究的指导人。大学毕业后，他们可申请参加初级会员考试，同时进入实地工作机关工作，名义上有薪俸，实际只领得膳宿津贴。且许多著名的私人技术机关，实习生还要交纳"艺徒"费，但不管何种情形，皆为养成学徒，培养其专业实践技能。如此工作三五年后，可再申请参加仲会员考试。由此可见，英国的工程教育是由学校、工厂与学会三方面负责，而受教育期间，是三年书本，两年学徒。而在资格上，须有学会之某几种考试为证明，否则为学徒。

周宗莲发现当时的英国高等工程教育还有特异之处，学校虽放寒暑假学生出外，但图书馆依旧开门，教职员依然在校，且在假期中更忙，因这一段时间他们无上课之劳却可专心做科学研究。虽然他们的薪金也不多，但他们的研究一做就是十年二十年。

5. 对我国高等工程教育的启示

周宗莲对英国高等工程教育的研究，不仅将其先进的工程教育思想引入中国，而且对我国高等工程教育的建设与发展具有重要的启示。首先，工程学理方面，周宗莲认为应借鉴英国的做法，紧密联系中国工程自身的材料。当时中国的工程教育没有自己的教材，多采用美国教本，忽略了本国的工程实际，结果学生们在考试中可以大谈洛基山的地层，却不知中国泰山的岩石是花岗岩还是石灰岩。因此，他深刻地认识到工程教师应随时根据实地经验，或最新专业期刊，多方参考，充分准备，及时更新教材，传授最新知识，而不为书本所限，使学生掌握鲜活的、有用的知识。其次，他认为应积极发挥学会的作用。英国的各级各层次工程师学会在培养工程人才方面起着重要的作用，特别是他们举办的紧密联系实际的、不与学校重复的考试以及他们在学会上的讨论精神更值得国人学习。虽然国人已经学习了此种做法，但远不可及。在中国的学会年会上，常常是演讲者宣读论文，而参会者静观之此去彼来，而缺乏讨论之精神。因此，他认为中国"在智慧与勤毅上我国人并不后人，在书本知识上，我们也平均不在他们大学之下，而结果他们可以出 Newton、Rankine，我们的母校远比他们大半学校老，可是没有在国际享盛名之专家"[6]。原因其一在此。所以，他倡导学校应与工程师学会合作，积极发挥其作用。再次，在工程教育方面，他认为当时中国虽大但贫乏，若不顾国情完全模仿优裕而特立的欧美，是行不通的。因此他提出我国教育可与其他国家互相借鉴观摩砥砺，但各自由发展，决不能抄袭。并且他明确指出"教育若要改革，必先研究病源与需要所在，然后对症下药，不然，要凭自己理想，与表面的观察，翻一个新花样，'闭户造车'的害处，与原来'东施效颦'相等"①。在他看来，原因在于教育本来目的是使学校学生能适应并支配实际环境去求生存创造。最后，避免工程大学与高等工业学校重复。过去我国的高等工业专科学校，凡是时机一到全升格为大学。在他看来，我们学习英国的做法，但应当师其用意，而不是一律照搬改革。他指出中国工程教育不应在学制与课程上加以限制，而要在内容上求分工。专科学校要收半工半读学生，夜间上课，多做实地作业，加强校企合作，或自设各种企业，以此不仅局面两样、实质两样，而且方免大学与高等工业学校重复。

6. 小结

周宗莲儿时梦想兴修水利、矢志报国，大学专习土木工程，学业甚优；后赴英留学深造专攻水利工程，并游学考察欧美各国港务、水工试验等，不仅奠定了系统深厚的水利工程理论与实践研究基础，掌握了西方先进的水利工程科学与技术，而且对于英国的高等工程教育作了深入的研究，特别是他认为英国灵活完善的教育制度、教师自编的讲义教材、理论联系实践的教学过程，严格把关的考试制度以及学校、工厂与学会共同培养人才、注重学生专业基础、养成实践经验的长远培养模式值得我国学习。1937 年学成归国后为祖国效力。虽然他新中国成立前夕去了台湾，至今杳无音讯，但曾经对伟大祖国的水利建设事业与水利工程教育做出了重要贡献。他率先主张水利救国，特

---

① 周宗莲：《英国工程教育上的几个优点》，《北洋理工季刊》1936 年第 3 期。

别提出了拱坝的计划理论及其改进方案，在整理湖南水利，他提出"以防洪为主"到治本大计的具体实施方法，还在长江和洞庭湖的关系和论理对策以及城市土地公有制度等方面均做出了重要研究。并且他结合中国实际，提出中国高等工程教育改革的有效良方，将西方先进的工程教育理念引入我国，为中国的工程教育、水利研究和工程建设做出了重要的贡献。抗战时期，他随北洋工学院迁至西安，扎根西部，在条件极其艰苦的陕南城固，他坚持水利工程研究和工程教育，传播西方前沿的水利工程技术理论与实践，引进欧洲先进的工程教育理念，特别是将英国的工程教育体制引入偏僻贫瘠的大西部，极大地推动了我国西部地区高等工程教育的发展，开创了西部高等工程教育的新纪元，在中国近现代高等教育发展中具有重要的历史意义。

四　小结

（一）　与抗战前西北科学教育的比较

西北联大尽管处在国困民敝时期，却在最艰苦的环境中诞生与发展，不仅成就了西北地区高等科学教育的开端，而且为西北地区高等科学教育体系的构建做出了历史性的贡献。与西北地区当时仅有的高等院校甘肃学院（今兰州大学）、新疆学院（今新疆大学）以及西北大学之陕源的科学教育状况比较来看：（1）西北地区兰州仅有的兰州中山大学（1927 年成立）及一年后改称为甘肃学院，此时自然科学只设置了数学力学系，没有专门的自然科学学科的成立，至 1933 年才设医学与农学两个专修科，直至 1946 年 8 月在甘肃学院的基础上成立国立兰州大学时，在其理学院才正式成立数学、物理学、化学、动物学、植物学、地理学六学科以及医学与兽医学。（2）1935 年正式成立的新疆学院，到 1939 年才添设了理工农各院，创设土木工程学，但还没有成立数学、物理、化学等基础自然科学学科，1941 年创设农业系。至 1947 年夏，新疆学院共设有两科学学科，即工科与农科，工程学设有土木工程学、机械工程学两系，农科设农田水利专修科、畜牧兽医专修科两科，新中国成立前又增设医药专修科，而基础自然科学学科的设立则在 1952 年之后。（3）与 1902—1911 年西北大学之陕源陕西大学堂、陕西高等学校相比，这一时期的陕西大学堂在科目和课程设置中多以中学为体、伦理为先，次及经猷材艺。在陕西大学堂总教习屠仁守拟定的课目中，将中学科目分为 4 门 16 目，西学科目分为 4 门，其中自然科学有天文（测候、推步）、算术（元化、积微）以及算艺、质测、电化等西学课程，虽涉及一些自然科学，但授课时数很少，每周 36 节课时，其中算学 3 节，地理 2 节，理化 1 节，其余均为人文社会科学课程。师资主要来源于省内选拔、外省聘用以及选聘日籍教习或留日学生，其间陆续有数学教习李异材、杜斗垣、毛昌杰、刘葆锋、周铭、汪如波，算术教习狄楼海、陆元平，数理教习高普，地理教习张子安等在陕西大学堂任教，科学教习严重缺乏。生源主要来自陕西中学堂的学生，考送学生多不合格，学制也无明确规定，培养目的仅为陕西地方培养人才。可见，此时期学科不完备、学制不确定、师资不足、生源水平低下、制度不完善，从根本上看不存在高等教育意义上的科学教育。与 1912—1937 年陕源国立西北大学的科学教育相比，国立西北大学直到 1923 年时才拟建大学预科和本科，而本科只待有预科毕业生时方能筹办，预科学制2 年，本科 4 年，其中本科拟设 13 个科别，在自然科学院设有数理化系、生物系，在应用科学院设有农学、林学及工学。但在实际办学过程中，常因缺乏合格的招生对象，加之所聘师资与学校原定课程设置所需不符，只好因人设科。这一时期已设立数学、物理学、化学、地质等自然科学，但教育规模很小，师资缺乏，几何学、代数、三角等课程由熊庆来、陈定谟等教师担任；物理学及物理实验由吴筱朋主讲；化学及化学实验由 1924 年 9 月到校的安徽人唐仰虞主讲；植物学由陆燮钧主讲；地质学、图画等课程由李仪祉主讲；水理、河工、水力、工程经济、工程计划等由须恺主讲。许多课程亦常因缺乏教师和教材，尚不能开出。学生大多是旧制四年制中学的毕业生（不分高、初中）。可见，此时期西北地区的科学教育虽有一定的发展，但学科发展、学制较紊乱、课程设置、实验仪器设备、学生招生体制等还很不完备，科学教育没有成系统化、体制化，还处在初步发展阶段。

而西北联大及其国立西北五校短短几年时间，不仅开创了西北地区的高等科学教育，而且构建了西北地区比较完善的科学教育体系。数学方面，形成了代数、分析、几何等多学科领域与应用交叉学科体系；物理学形成了力学、光学、电磁学以及量子力学等物理学研究领域的学科体系；化学形成了普通化学、有机化学、无机化学、分析化学、物理化学以及工业化学等多学科体系。地理地质学逐渐形成了地形学、气象学、经济地理学、地质学等多学科体系。并以留学于美国、德国、英国、法国、日本、奥地利等国的科学专家、知名教授为其强大后盾，引入西方先进的科学知识、科学思想与科学方法。如在物理学各个分支很有造诣的岳劼恒、张贻惠、杨立奎、蔡钟瀛、吴锐等教授，专长于胶体化学、物理化学、应用化学等学术领域的虞宏正、刘拓、张贻侗、陈之霖等教授，以及最早将西方先进的地理科学理论传入中国的黄国璋教授，为西北联大地质系的开创做出奠基之功的郁士元教授，大地构造学家、地质教育家张伯声等教授，他们扎根西北，将近代西方最先进的物理、化学、地理地质等科学引入西北，传播科学知识，开展学术研究，培养了大批的科学专门人才，服务西北，为西北地区自然科学学科的发展以及完整的科学教育体系的构建奠定了坚实的基础。国立西北五校分立、合作时期，国立西北师范学院、西北工学院、西北农学院等校的基础自然科学教育均是由西北联大孕育而来，师资常常相互共用。如国立西北工学院所有工程学系开设的数学课程均由西北联大数学系教师担任，西北联大生物系的教师亦常常前往西北农学院授课，国立西北师院与国立西北大学从西北联大分出后，一直合班上课，教授互聘。如赵进义、傅种孙、杨新芳、张德馨、刘亦珩等教授在两校数学系互相兼课。由此可见，西北联大的科学教育奠定了整个西北地区高等科学教育的基本格局，使西北科学教育更加体系化、制度化。

（二）西北联大的历史贡献

抗战时期，平、津等高校的西迁入陕，三校合一组建了西北联大，不仅保存了中国高等教育的火种，而且在西北地区生根发芽、茁壮成长，由"点""线"的大学转变为"面"的大学，最终成为西北自身所有、永久存在的高等教育学府。西北联大不仅在西北地区生根、发芽，孕育繁衍了国立西北工学院、国立西北农学院、国立西北大学、国立西北医学院及国立西北师范学院等多所院校，西北联大还如同一块基石，由"点""线"延伸与扩大，在西北地区形成"面"的大学，又像一颗钢钻，最终成为西北区域永久存在的高等教育机关。更为重要的是西北联大将理、工、农、医以及师范等整个教育体系留在了西北，将其全面继承，并不断发展壮大，为西北地区的教育、文化、建设做出了开拓性的贡献，成就了西北地区高等教育的基本格局和重要地位，为西北地区科学教育事业的开拓与发展做出了历史性的贡献，奠定了 21 世纪中国西北大开发的文明根基。

第四章

西北地区工程教育的肇始与发展

　　17 世纪牛顿经典力学科学体系的形成，18 世纪蒸汽机的发明以及英国的纺织工业大革命，强烈推动着世界第一次产业革命。随着科学技术的迅速发展以及经济发展急需工程技术人才，专门实施高等工程技术教育的第一所大学应运而生——18 世纪中期英国沃灵顿学院创立。此后，德国、俄国、美国等欧洲国家以及日本陆续发展了工程教育，但严格意义上的高等工程教育建立都是在 19 世纪以后。

　　而近代中国工程教育的产生则在清末。洋务时期，洋务派试图西学"技艺"以求富自强兴办学堂。戊戌时期，以康有为和梁启超为首的改良主义者提倡物质救国、学习西方和引进西方技术，倡导"通国小学增设机器、制木二科"，并大力购买西方的工程材料、格致器械，如建筑、铁路、桥梁、电力等方面的机械、设备、材料等，并令学堂每天开设一两节格致课程。可以说，此时正是中国工程教育的发轫时期。为了强国、发展工业，清光绪采纳了康有为、梁启超等提出的"修铁路、造轮船、开矿业、练陆军、整海军、立学堂"的主张，于 1895 年 10 月照准天津海关道盛宣怀的上书，开办"天津北洋西学学堂"（1912 年改名为北洋大学，现天津大学），设有土木、采矿、冶金、机械等学科，成为我国第一所高等工程教育大学①。随后，于光绪二十二年（1896）南洋公学（现上海交通大学）、山海关北洋铁路官学堂（现西南交通大学），光绪二十三年（1897）求是书院（现浙江大学）等一批高等工程教育学府相继创立，为中国工业之建设做出了巨大的贡献。

----

　　①　张光斗、王冀生：《中国高等工程教育》，清华大学出版社 1995 年版，第 4 页。

国民政府教育部于 1938 年 4 月令原组建的国立西安临时大学改名为国立西北联合大学。同年 7 月，教育部令西北联大工学院独立设校①，将国立西北联合大学原有之北洋工学院、北平大学工学院，与东北大学工学院，及私立焦作工学院，合并改组为国立西北工学院②。自此，西北地区的第一所高等工程学府正式成立。国立西北工学院集四大工程学府之精粹，以其优势互补，优良的办学经验、校风校训，严格的教学管理制度融合而成崭新的办学实体，开创了西北地区唯一之高等工程学府，不仅在抗战时期，而且在其后一直是西北乃至整个国家高等工程人才培植的重要基地，为西北工程教育基础之树立、中国工业建设之推进做出了卓越的贡献，在中国近代工程教育史上占有重要地位。

然而，有关国立西北工学院的工程教育历史长期湮没不彰，几乎没有专门论及其工程教育传播的文献，仅有《西北工业大学校史》和《北洋大学——天津大学校史》以及极少数学者的研究成果略有涉及③。因此笔者在本章专门针对国立西北工学院来全面研究西北地区的工程教育④。

一　学科全面、立足本土，以适国家之需要

国立西北工学院（以下简称"西工"）在 1938 年筹建之初，设立了土木工程、电机工程、化学工程、纺织工程、机械工程、矿冶工程

---

① 《北洋大学——天津大学校史资料选编》（第一卷），天津大学出版社 1991 年版，第 240 页。

② 《国立西北工学院概要》，《西工友声》1940 年第 1 期。

③ 杨玉东：《对抗战时期的西北工学院组成分析——兼论私立焦作工学院扮演的角色和作用》，《焦作师范高等专科学校学报》2010 年第 1 期。

④ 李晓霞、姚远：《我国西北地区工程教育肇始与演化——以西北工学院工程教育发展为例》，《内蒙古师范大学学报》（教育科学版）2012 年第 7 期；张建新、李晓霞：《国立西北工学院工程教育课程体系的演化》，《西北大学学报》（自然科学版）2012 年第 4 期。

6个系，后又增设水利工程和航空工程2个系，共8大系①。其中，西工的矿冶工程学在抗战时期是全国独有的学科，而航空工程系是以北洋工学院机械工程系中的航空组为基础设立的学科，后经学科结构调整优势整合，逐渐发展壮大，成为航空学科优势发展的高等工程学府。在1933年之前，全国高等教育中还完全没有航空课程，之后，北平清华大学、上海交通大学、杭州浙江大学几所学校才在机械工程学系里设置了一两门航空课程。至1935年才有正式的航空班、航空组、航空门。1937年，中央大学最早建立了航空系，全国时有航空工程系的高等学府是中央大学、交通大学、清华大学、北洋大学。由此可见，西工在当时全国高等教育中开设航空工程学亦是名列前茅，而在西北地区建制化最早的航空高等教育则属西工。

西工的有识之士认为有责任更深层次地研究探讨工程学科以辅助西北生产事业之推进，因此于1939年5月，西工又"充实工科研究所，暨工程学术推广部"②。同年秋，工科研究所又呈奉教育部令先成立了矿冶研究部，后拟增设其他研究部。1941年，在赖琏抵渝谈西工近况时，决定下年"增设工业管理系及建筑工程系，又因铁道人才之需要，复拟于机械系中设机车组，土木系中设路工组"③。次年，赖琏再次抵渝谈西北工院现况时，说到各系毕业生供不应求，因此为适应国家需要之计，拟加办机电专修科。国立西北工学院的工程学科发展至抗战结束，已有9大学科体系，与同一时期其他工程院校相比，西工是全国工学院设立工程学科最多最完整的学校。这些学科不仅立足于西北乃至中国工业建设发展的迫切需求，而且是世界著名大学开设的新兴前沿学科，西工以世界高等工程教育与科学技术发展前沿为着眼点，以"研究高深学术，培养专门人才及发展西北工业"为宗旨，开设工程学科，"树立西北工程教育之基础，与推进西北工业之建设"④。

---

① 刁永健：《抗战中成长的国立西北工学院》，《读书通讯》1943年第67期。

② 《国立西北工学院概要》，《西工友声》1940年第1期。

③ 《赖琏抵渝谈西北工院近况》，《申报》1941年第2期。

④ 赖琏：《发刊词》，《西北工学院季刊》1939年第1期。

二　通专并重、讲求实际、学以致用，
　　科学教育观一脉相承

抗日战争时期，我国的工程教育尚初步发展，还没有完备的科学教育体系，课程的设置、教材的选用、实验的开设等都是吸收与模仿西方高等工程教育体系。而西工土木工程系主任赵文钦就此指出工程教育多为应用技术，避免闭门造车，"就工程原则言之，可不论东西，均有相同之理。惟应用方面，中西不尽相同"①。他就土木工程学科更进一步指出"（1）西洋之土木建筑材料，多为钢铁水泥，而我国仍多采用木材砖石。（2）西洋施工多用机械，而我国多用人工。（3）西洋注重坚固美观，而我国常因陋就简。（4）西洋试验齐全，设计之根据正确，吾国因缺乏实验，设计资料不足，必须估计各种数目字。（5）西洋多采用包工制度，我国则包工、征工并用"②。足见中西工程情况有诸多不同，因此，如何在吸收西洋先进的科学技术、学以致用的同时，又能将其因地制宜、融会变通，则是工程教育之重要责任。赖琏在西工第二届毕业生训词中亦谈到工程人员的责任、信仰与修养，特别强调："吾辈学工程者对于素习科目，固宜继续探讨，精益求精；即其他普通知识，亦应随时充实，日新又新。"③并进一步指出"工程人员负有解决实际问题的责任，更应有充分的普通知识；否则，一旦观感幼稚，判断谬误，小之被人讥为坐井观天，大之就可影响毕业的事业。如果你们除了某种工程外，对于历史地理文学哲学，丝毫不感兴趣，甚至对于政治军事经济社会的趋势，完全隔膜，你们就不能把握全盘的时机，纵有专门技能，也难成为健全的工程人员。

---

① 赵文钦：《本院土木系训练方针之商榷》，《国立西北工学院月刊》1948 年第 4 期。

② 同上。

③ 赖琏：《对本院第二届毕业生训词——工程人员的责任、信仰与修养》，《西工友声》1940 年第 1 期。

所以，你们对一门自应精通一切，对其他部门，也应略知梗概"①。在此，西工明确倡导工程教育应注重通专并重、讲求实际、随时充实、学以致用的科学教育观，这与北洋工学院的教育思想是一脉相承的。

为真正做到"通"与"专"的统一，西工从以下几方面做起：首先加强工程教育基本课程之训练，以培养通才为基础。国文和英文作为重要的研究工具，是全校各系一年级必须开设的公共课，除此之外一年级还开设物理、微积分、化学、立体解析几何、投影几何、工程图画等完全相同的基础课程，并有相关的化学实验、物理实验等实验课程和工厂实习（详见表4-1、表4-2、表4-3）。如此等基本课程，学校实施透彻，学生将来面对各种职业工程，绝无削趾适履之病。其次注重专业、选修课程之训练，以培养专门工程人才。全校二年级同一学系设置的基础课程亦完全相同，只有在三、四年级才有专业选修课之分，在四年级有毕业论文设计与国父实业计划，而专业课设置与时代要求紧密相关，广而多，并且开设了许多全新课程。比如，20世纪30年代国家航空事业非常落后，又时值抗日战争时期，国难当头，国家急需航空工程人才，而原北洋工学院机械工程系四年课程中仅开设了一门航空工程课程，即飞机工程学，占4学分，远远不能培植航空人才。但西工在原北洋工学院机械工程系航空组的基础上不仅组建了航空工程系，而且增设了十八门全新的航空工程学课程以供选修，如应用空气动力学、飞机学、飞机发动机等课程以培养航空专门人才。此外，矿冶研究部还开设了较高层次的课程，如工程材料X射线研究、光性矿物学等课程，这在当时都是比较新的内容②，而且这些专业选修课与毕业设计、国父实业计划的设置显然在吸收了西方大学高等工程教育做法之同时，也融会贯通，与中国实际环境相结合，实现科学教育救国。西工不仅在课程设置上体现出通专并重的科学教育理念，而且在研究方向体现出其特色及应用性特点，正如土

---

① 赖琎：《对本院第二届毕业生训词——工程人员的责任、信仰与修养》，《西工友声》1940年第1期。

② 《北洋大学——天津大学校史资料选编》（第一卷），天津大学出版社1991年版，第245页。

木工程系主任赵文钦在谈到该系训练方针时指出土木工程门类繁多，"使每一学生，将各门研究尽善尽美，乃不可能之事"，进而提出若"将土木事业分为若干组，每组为一门或两门，使学生分别研究之，固最为理想"①。在此，他一语中的指出了工程教育不仅要注重通才教育观，而且要分学科更加细化研究方向以专门学习之，才能适应国家之需要，真正做到学以致用。为了进一步达到专门人才培养的目标，使学生毕业后能学以致用，尽快胜任工作任务，他也明确指出当前土木工程教育的主要目标，即：一为研究铁路道路工程；二为城市改善工程。再次西工学习西方、讲求实际还体现在教材与图书方面。当时正处战乱时期，西工"各课本均由美国定购，延以交通不便，无法购买，而国内各书店束手无策，致同学无书可看"，因此"西工教授有见于目前国内大学书籍之困难，特自编印讲义，售予同学，课本问题迎刃而解焉，闻他校同学向西工定购者，颇不乏人"②。1947年，"在天津购得之旧原版书145册"，向"上海中美书局购到原版书63册"，又向"上海东亚书社现购及订购之原版书及翻版书105册"，次年元月该院"研究所及各系分到五百元美金，选购英美工程书籍"③。在西工开设的470门课程中，其中165门课程采用英文教材，占所有课程的35.1%；其中164门课程用教授自编讲义或笔记，占所有课程的34.9%。另有一些课程没有教材，完全靠教师和学生借阅图书馆藏书。甚至一些系几乎没有教材，全部课程采用教授讲义或笔记，如机械工程系二年级至四年级开课41门，其中采用讲义或笔记讲授的占32门，采用外文课本的仅9门④。可见，在抗战期间西工教材图书紧缺，主要来源渠道有三个：一为定购英美教材；二为教授自编讲义；三为图书馆藏书。也因此说明，其一在战乱时期，教材图书紧缺之情况下，国立西北工学院的工程教育传播不仅没有停止，而且顽强地在

①　赵文钦：《本院土木系训练方针之商榷》，《国立西北工学院月刊》1948年第4期。

②　编者：《西北最高学府简影》，《西北文化日报》1947年3月24日。

③　《美金五千，收购图书》，《西工友声》1948年第3期。

④　《北洋大学——天津大学校史资料选编》（第一卷），天津大学出版社1991年版，第281—282页。

西域这片土地上生根发芽，为西北地区、为中国培植工程人才；其二也说明了从近代西方科学技术向中国的移植与传播逐渐转向在本土的生长与发展，同时也体现了从洋务、戊戌时期的实业救国逐渐转向科学教育救国的思想理念，同时也有力地见证了西工因地制宜，将西洋教材融会变通，教授自编讲义讲课，以适应中国实际环境，推进西北工业建设。

表 4 – 1   国立西北工学院土木工程学系课程设置

	一年级	二年级	三年级	四年级
国立西北工学院土木工程学系课程	国文	平面测量	结构学	高等结构学
	英文	应用力学	结构计划	钢桥计划
	微积分	材料力学	钢筋混凝土	钢筋混凝土计划
	物理	高等工程数学	钢筋混凝土计划	铁道定线
	化学	工程材料	铁道工程	养路工程计划
	工程图画	微分方程	大地测量	河工学
	投影几何	工程地质	应用天文	水工计划
	立体解析几何	经济学	土石结构及基础	房屋建筑
	物理实验	水利学	水文学	土壤力学
	化学实验	热机学	电工学	污水工程
	工厂实习	机动学	给水工程	工程契约及规范
		最小二乘方	电工实验	
		平面测量实习	水利实验	
		地质实习		
		材料实验		

表 4 – 2   国立西北工学院机械工程学系课程设置

	一年级	二年级	三年级	四年级
国立西北工学院机械工程学系课程	国文	微分方程	机械设计原理	原动力厂设计
	英文	工程数学	机械设计制图	原动力厂设计实习
	微积分	材料力学	工程材料	热工试验
	物理	应用力学	材料试验	高等机械设计
	化学	机动学	机械力学	高等机械设计制图
	工程图画	热工学	水力学	电工试验
	投影几何	经济学	汽机及开关	工业管理
	立体解析几何	测量学	汽动学	毕业论文
	物理实验	测量实习	原动力厂	国父实业计划
	化学实验	机件图画	内燃机	
	工厂实习	工作法	热工试验	
		金工	电工学	
			机车连用	

表 4 - 3　　　　　　国立西北工学院航空工程学系课程设置

	一年级	二年级	三年级	四年级
国立西北工学院航空工程学系课程	国文	应用力学	航空材料	应用空气动力学
	英文	材料力学	机械设计原理	飞机发动机
	微积分	经济学	机械设计原理实验	高等飞机结构学
	物理	机动学	电工学	飞机设计
	化学	飞机学	材料试验	发动机设计
	工程图画	高等微积分	内燃机	风洞及引擎试验
	投影几何	水力学	飞机结构学	航空问题
	立体解析几何	金工	理论飞行力学	航行学
	物理实验	测量	航空仪器	毕业论文
	化学实验	热机学	电工实验	国父实业计划
	工厂实习	热工实验	数学分析	
			发动机动力学	
			飞机螺旋原理	
			飞机螺旋设计	

三　雄厚师资、从严治教，培养工程人才

国立西北工学院成立之初，由于四院合一，师资力量非常雄厚，各校知名教授、专家云集一堂，分管各系教学工作。如土木与机械工程系各有 5 名教授，水利、矿冶、电机、化工以及纺织工程系各有 6 名教授，航空工程系有 3 名教授，基础课与公共课有 7 名教授与 3 名副教授。这些教授皆是国内著名工程学府毕业，并皆有在国外一流大学留学经历，接受过高等工程技术教育，是抗日战争时期以及后来国家各类工程技术的专家和工程教育家。比如，土木系当时主任金宝桢教授，毕业于交通大学土木工程系，留学美国密歇根大学获理学博士学位，专于结构力学研究，尤其是他在 20 世纪 60 年代初出版的《结构力学》教材，为现今我国结构力学课程奠定了其教学体系；还有获美国康奈尔大学研究院土木工程博士学位的高步昆教授，毕业于香港大学工科土木工程专业的港口和海岸工程专家、教育家赵玉振教授以及庚款留美博士董钟林教授等，都为西工的土木工程教育及发展做出

了巨大的贡献。再比如水利系，有毕业于北洋大学、清华大学等国内知名学府，并留学美国康奈尔大学、英国孟都斯特大学、美国伊利诺伊大学等一流大学的李书田、周宗莲、谢光华、田鸿宾以及学贯中西的著名水利专家刘德润教授等引进西方先进的水利技术，因地制宜，理论联系实际，为西北培养了许多水利人才。矿冶系教授有留学德国德累斯顿工业大学化学系获工学博士学位的冶金学、冶金物理化学家和冶金教育家魏寿昆教授；留学美国芝加哥大学、斯坦福大学，大地构造学家、地质教育家张伯声教授；留学美国密苏里矿业学院并将西方采矿科学引进中国，引入西北，培养了大量采矿人才的马载之教授。机械系有汽车和内燃机专家、留学美国威斯康星大学的潘承孝教授，留学美国俄亥俄州大学的李廷魁教授以及船舶设计制造工程学家张文治等教授。航空系教授有师从当时土木建筑界泰斗茅以升，在建筑、造船、飞机设计、结构与力学等领域均有建树的罗明燏教授。航空系的张国藩教授，不仅获美国康奈尔大学理学硕士学位并获美国衣阿华大学工程博士学位，在西工任教期间，他讲授理论力学等主要课程，并亲自设计典型教学计划，为西工航空教育事业做出了贡献。电机系有毕业于北洋大学并留学美国哈佛大学电机工程学的刘锡瑛教授以及毕业于东北大学并留学美国普渡大学电机工程学的王际强等教授。化工系有美国伊利诺伊大学毕业的萧连波教授，还有在英国剑桥大学胶体科学部、美国布鲁克林高分子研究所、加州理工大学进修考察归来的虞宏正教授，以科学教育救国为指引，在西工任教期间，为西北地区培养了大批的物理化学教师。化工系的陆宗贤、周庆祥、朱宝镛教授等均有留学德国、美国、英国以及法国的经历，在行业内皆是专家。纺织系有留学于法国鲁贝工学院纺织与染化系的张汉文教授以及留学美国马萨诸塞州罗威尔纺织学院与北卡罗来纳大学的纺织专家和纺织教育家任尚武等教授，在西工纺织系执教期间，为西北乃至中国培养了一大批纺织高等专业人才，为新中国成立后，我国纺织科研基地的建设做出了巨大贡献。

时至民国三十年（1941），国立西北工学院又增设管理系，随之教授又增两名。至三十二年（1943）下半年，已有教授、副教授和讲师 73 人，助教 48 人，在抗战期间，西工教师"共同维持工科教育，培植工程人材，团结精神，始终不懈"①。可以说，这是抗战期间西工最兴盛时期。

抗战结束后，至 1948 学年度，西工仅教授与副教授就达 72 名之多。土木工程系教授有赵文钦、赵玉振、戚向民、沈进之等 7 人，副教授 1 人。其中周星槎和胡席让是新聘教授。周星槎教授，毕业于北洋大学土木系，曾担任青新公路正工程司、西北公路工程司等要职，并赴美考察过公路工程，而胡席让教授，毕业于北洋工学院，从事铁路工作，先后担任淮南铁路助理工程师、湘桂铁路工程司、西北公路局正工程司等段长职位②。矿冶工程系有张伯声、李善棠等 5 名教授与 2 名副教授。机械工程系有程干云、朱荫桐、杜晓晨等 5 名教授和 4 名副教授，其中景赔瑞是新聘副教授，他毕业于北洋工学院，曾任铁道部委会工务员、空军十一厂设计课员、山西运城中学教员、空军机校教官、四川大学先修班数学教师③；电机系有王际强、樊泽民、周一清等 6 名教授，其中周一清教授是美国哈佛大学研究院科学硕士，在美国 Stronger Wireless 公司服务多年，返国后曾在中央无线电器材厂服务④。化工系有李仙舟、虞叔毅、郭一清等 5 名教授和 1 名副教授。纺织系有张汉文、郭雁、傅道坤、吴会明 4 名教授。水利系有彭延贤、田鹿鸣、石元正等 3 名教授和 1 名副教授。航空系有王俊奎、田培业、张钧之等 3 名教授和 1 名副教授。工管系有苏在山等 3 名教授。公共学科有 11 名教授和 10 名副教授⑤。从土木系、机械系以及电机系新聘教授的教育与工作经历，可见师资来源有新的变化，从原有的留学归国专家逐渐转向国内工程部门活跃在第一线的工程师，他们不仅考察过国外工程实施与发展情况，而且熟悉本土工程的实际状况，在课堂上更能将理论与实际相结合，使学生有效学习，并

① 《教师介绍》，《国立西北工学院月刊》1948 年第 1 期。
② 《教师介绍——本年度教授阵容》，《国立西北工学院月刊》1948 年第 4 期。
③ 同上。
④ 同上。
⑤ 同上。

学以致用。

由上分析可知，从建校之初到抗战结束期间，国立西北工学院教授来源主要有两类：一是国内知名工程学府毕业，并留学国外一流大学，曾在国内其他大学执教的工程教育家，和在科学研究中做出过突出贡献的专家学者；二是曾是国内企业、工程司等部门的工程师，他们熟悉本国工程发展状况，实践性强。这样整齐而雄厚的师资群体，不仅为西工的工程教育传播与发展做出了巨大的贡献，而且立足于西北工程实际需要前沿推进西北工业发展。

从严治教、严格要求是国立西北工学院素有的办学传统。虽在抗战期间，但西工的三任长院人李书田、赖琏、潘承孝，严格管理师资筛选、学生招考、教师职责、学生纪律、课堂教学、实验实习等各方面，使学院科学教育有序发展、工程训练持续进行。在西工筹建之初，李书田就制定了教学管理制度。例如考试制度，1938年8月16日在他主持召开的国立西北工学院筹备委员会第三次会议上废除了原有三校工学院的成绩考核办法，公布了新的考试制度，规定学年末两门功课不及格补考，补考不及格留级，三门不及格退学①。可见，国立西北工学院虽处建校之初与动荡时期，考试制度并不宽松，而是相当严格。在教师聘任与延聘方面，西工的考核标准也极为严格。在教师任聘前，西工要对选聘教师进行严格的资格考查，考查合格者，方可与学院签订聘约。先试聘两次，首次与第二次试聘期皆为一年，两次试聘均合格方可延聘，延聘为每期两年。任聘期内教员若违反聘约，可以解聘。李书田也进一步规定了聘任期间助教到教授的考核办法。例如，助教的考核标准："毕业成绩占10%，助教成绩占20%，国文成绩占15%，英文成绩占15%，专门课目成绩占20%，口试成绩占20%，共100分。助教考核不及60分者，不继续任为助教；60—70分者降二级工资，70—80分者降一级工资；80—85分者按工资表给薪；85—90分者晋升一级工资；90分者以上晋升

---

① 《北洋大学——天津大学校史资料选编》（第一卷），天津大学出版社1991年版，第270—271页。

二级工资"①。由于西工严格执行教员考核制度，赏罚分明，逐渐形成了西工以严谨治学而著称的优良传统。1939 年 7 月赖琏被教育部任命为西工院长后，他不仅更加严格要求，加强学院管理，而且进一步制定并完善教师、教学、学生管理等各项规章制度，考试制度也更为严格。例如在 1941 年，"国立西北工学院自本年统考暂停，前经呈准教部，拟在重庆成都西安洛阳兰州天水等处分别招考新生，现因交通梗阻，学生应试实有种种困难，特将招生办法略加改变，除该院所在地之城固一区（包括南郑边城洋县西乡）仍定七月二十八报名，八月八日试验外，其余各地一律改用报送及甄别考试办法，凡国立省定高职经报部备案之高中校长，均可正式具函保送，该院审查合格，到校须经甄别考试，成绩优良者入一年级，余入先修补，凡未接到此项办法之高中，可电该院索取简章，到该院下年度招考"②。可见，虽时处动荡战乱，但西工的新生招考不仅没有终止，而且更为严格，并由最初的全国统考改为自行招生，生源层层筛选、优胜劣汰，考试制度极为严格，为西工选取优秀的生源。1943 年 12 月潘承孝继任院长，正是抗战胜利前夕最为艰难时期，学院经费紧张，师生生活困苦，但他带领全体师生克服一切困难，继承和发扬学院的优良作风，严格执行各项教学制度，促进西工的工程教育全面而有序地发展。西工土木系主任赵文钦在谈到本系训练方针时，更为明确地指出工程教育的严格训练方法："工学院之训练与文法学院不同；文法科之训练可以提纲挈领，注重学生之自修，其管理可以稍松；工学院则不然，学生必须按部就班，将课本熟读，将习题实习切实练习，始能造成一良好之工程师"③。正因为西工以雄厚的师资、严谨的治学态度、通专并重的教学观念来严格要求与管理师生，为西北培养了无数工程技术人才。

从时间角度来看（如图 4 - 1），1939—1945 年，国立西北工学院

---

① 《北洋大学——天津大学校史资料选编》（第一卷），天津大学出版社 1991 年版，第 251—252 页。

② 编者：《国立西北工学院拟在渝蓉等处招生》，《西北文化日报》1941 年 7 月 19 日。

③ 赵文钦：《本院土木系训练方针之商榷》，《国立西北工学院月刊》1948 年第 4 期。

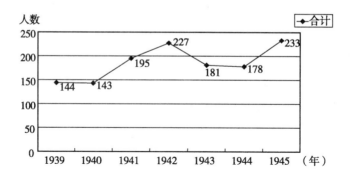

图 4 - 1　抗战期间国立西北工学院毕业生人数曲线

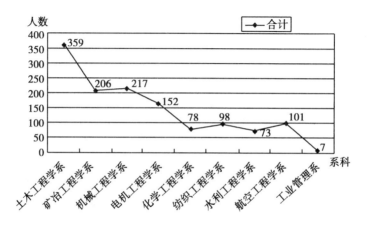

图 4 - 2　1939—1945 年国立西北工学院各系毕业生人数曲线

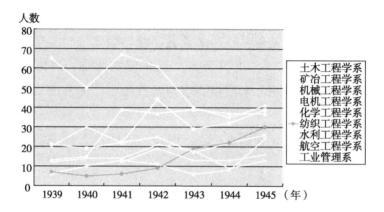

图 4 - 3　抗战时期国立西北工学院历年毕业生数

所有工程学科每年培养的工程技术毕业生人数呈迂回上升趋势，建校初期平稳发展，中期迅速增长，后期短暂回落后又迅速增长，整个抗战期间为国家培养1300多个工程技术人才，在1942年、1945年达到了高峰。从学科角度来看（图4-2、图4-3），土木工程学科培养的人才数量在此期间一直居高不下，学科发展趋于成熟；矿冶与机械工程学科培养的学生人数迅猛增长。而航空工程虽起步较晚，发展平缓，但国难当头，在中国航空事业极其落后情形下开展航空教育，培养了不少专业人才。从就业情况来看，各单位纷纷致函西工要求分配毕业生，每届毕业生就业形势良好。1940年，西工"两年来各系毕业生五百余人，均在全国工业建设各部门担任相当职务"①，仅1941学年度全院就有毕业生195人先后抵达四川、云南、贵州、广西、陕西、甘肃各省区工厂、铁路、油矿、煤矿等工矿交通各部门工作，建设与推进西部之工业。各毕业生"均被各地生产机关全部延聘，机械航空矿冶纺织等系，尤有供不应求之势，每生几有四五种工作，可资选择"②。"抗战期间西北工学院培养了大批工程技术人员，为抗战后方新兴的工矿企业和交通发展提供技术力量。很多毕业生被聘到甘肃玉门油矿和四川天府、嘉阳及威远等煤矿工作，其中不少人至今尚在国家重要企业中负责煤矿技术工作"③。由上分析可见，在抗战时期我国正处在工业建设发展初期阶段，急需各类工程技术人才。西工顺应国家的需要科学教育救国，在抗战前期培养了大量的土木、矿冶、机械等工程人才建设国家，尤其为西北地区的工业发展做出了巨大的贡献；后期稳步发展纺织、航空学科培养其专业人才。也由此说明西工的学科设置与布局正迎合了国家工业建设之迫切需要，以及促进了西工的工程教育在抗战期间的迅速发展，为后来西北工业大学工程教育的建设与发展奠定了良好的基础。再者说明了西工所肩负的科学教育救国之重任，正如其院长潘承孝寄期望于毕业生时，指出"工业建设，乃吾国复兴唯一之途径"，特别强调了工业建设对我国发展的重

---

① 《赖琏抵渝谈西北工院近况》，《申报》1941年第2期。

② 编者：《赖琏抵渝谈西北工学院现况》，《西京日报》1942年9月28日。

③ 孙越崎：《抗战时期焦作工学院西迁》，1983年6月未刊稿。

要意义以及我国正处百业待兴之时，"诸君适于此时，步入社会，负建设之重任"①。作为载驰盛誉的西工培养出来的工程技术人才，必须勇往直前，不畏艰难万苦，为西北、为国家的工业建设发展做出应尽的贡献。

四　充实设备，筹立工厂，经验与学理试验三者并重

国立西北工学院在建校之初，仪器设备、实验器材以及实习工厂主要是借用焦作工学院的一部分，加之东北大学工学院的部分实验设备构成了西工的工程教育实验基础。其中，土木工程系设备主要有测量仪器，比如经纬仪、水平仪、平板仪、流速仪、平手水平、罗盘仪、积面仪、气压表、测竿、钢尺等实验器材多件，以做铁道、大地测量及其普通测量等实习之用。在此基础上，西工又尽力充实设备，利用英庚款会补助的设备费款，为土木工程系"购置道路材料实验仪器，以应社会之需要及光弹性学实验仪器一套，以灌输学生结构分析之最新方法"②。与其他系相比，矿冶工程系的实验设备比较充实齐全，有岩石矿物陈列室、选矿实验室、模型陈列室等。其中矿冶陈列室陈列物品多为岩石化石、矿物及其结晶模型，"关于试金选矿采矿之用品甚多，具备有专室为同学实习之用"③。以此为基础，西工先后又设立了矿冶陈列室、测绘仪器室、水利实验室、机器工厂、电机实验室、物理实验室、化学实验室、冶金实验室等④。

抗战结束后西工复原迁校西安，借用焦作工学院的实验仪器设备陆续归还，当时"西工同学因工程仪器之无法购买，乃设法自制代用

---

① 潘承孝：《期望于毕业校友者》，现存陕西省档案馆西北工学院档案。

② 《国立西北工学院土木工程系概况》，1939 年 7 月，现存陕西省档案馆西北工学院档案。

③ 编者：《母校矿冶陈列室概况》，《西工友声》1941 年第 3—4 期。

④ 杨玉东：《对抗战时期的西北工学院组成分析——兼论私立焦作工学院扮演的角色和作用》，《焦作师范高等专科学校学报》2010 年第 1 期。

品，如三角板，丁字尺，圆规，各作图仪器形形色色各有奥妙"①，并筹款新建化学试验室，材料试验室，物理实验室，热工实验室，试金实验室各一所。后由院长潘承孝向教育部洽请补充，教育部配发了"工作机床，刨床，牛头刨，镟床，钻床，马达等，约四十余具"②，并准增外汇与扩充改良费，西工又向沪"购置现货如'BCKW'发电机一具，美国制经纬仪四架，水平仪两架，水流计一架，及显微镜等。在沪购不到者，即向英美订定"③。此时期，西工也重新筹建了水工实验室，1年后已初具规模，能完成堰口曳水、孔口及短管曳水、管路损头研究、四寸二寸美洲里表之检定、雷诺氏系数之检定等实验项目④。西工又设立了机械工厂，"机械厂暂设木、铸、机、锻及钳工等五部，各部设备均尚未十分充实，仅可供普通实验之用"⑤。虽其设备十分欠缺，但西工已为各工部定购镟床、刨床、锯床、刨刀、锤刀、镟刀、锯、虎钳、钢锯、测经规、制螺纹器具、电热焊具、热处理电炉及高温计全套等精良工具及设备。由此可见，西工在其经费极其困难之下竭尽全力充实仪器设备、建立各学科实验室与工厂，加强各学科的实验与试验、工厂实习等实践活动，高度重视工程训练，将理论与实践并重的科学教育思想与方法应用在工程教育之中，正如中国科学院院士、工程院院士张光斗教授所言，其在《中国高等工程教育》一书中明确指出了"培养现代工程师，必须坚持科学教育与工程训练并重的原则"⑥。如此培养出来的工程技术人才才能够振兴科学工程事业、推进国家工业建设。

土木工程系主任赵文钦亦指出："工程之基础为数理，研究数理，吾人皆应学理实验并重，则研究工程亦然，不言自明矣。"⑦ 在此明确

---

①　编者：《西北最高学府简影》，《西北文化日报》1947年3月24日。

②　潘承孝：《本院复原经过情形》，《国立西北工学院月刊》1948年第1期。

③　同上。

④　王维华：《水工实验室概况》，《国立西北工学院月刊》1948年第5期。

⑤　杜晓晨：《机械工程概况》，《国立西北工学院月刊》1948年第4期。

⑥　王杰、朱红春：《北洋大学的工程教育与科学研究》，《高等工程教育研究》2008年第3期。

⑦　赵文钦：《本院土木系训练方针之商榷》，《国立西北工学院月刊》1948年第4期。

强调了研究工程教育、培养工程技术人才必须理论实践并重。为了使理论与实验相互印证起见，西工"化学工程学系三四年级学生三十余人，特于十二月二日至四日，赴西安各大工厂参观。先后参观计有大千肥皂厂，拳牌肥皂厂，陕西省实验化工所，中南火柴公司，水安玻璃工厂，集成三酸厂等处"①，对其制造程序详细咨询并加以认真学习。赵文钦在其文中进一步强调经验在工程教育中的重要性，指出"土木工程多甚伟大之建筑，或长达若千里，或高达数百尺。若在试验室中，试验其成败，必须将原工程缩小万千倍始能从事，此小模型与原工程是否完全相似，乃一严重问题"②。他还举例说明了试验在工程教育中是必需的，但实际工程中不能完全依赖，并且特别指出"中外古今每一实际工程之成败，乃最完善最具体之试验，吾人必须研究其成败之理，以为将来之借鉴"，明确提出了工程经验在工程教育中占据的重要地位，故"言经验与学理试验三者并重也"。

五　小结

（一）开西北高等工程教育之先河，奠定工程教育体系

抗战之前，西北地区已存在高等工程教育，但此时的工程教育仅有6个工程学科、44名教师，规模较小，并隶属于国立西北联合大学，以其学院之一的形式而存在。而国立西北工学院虽迫于战争所建，但集四大工程学府之精粹，在抗战中逐渐成长，以其全面的学科建制，完整的课程体系，雄厚的师资力量，严格的管理体制，日渐充实的实验设备，通专并重的办学思想以及经验与学理、试验三者并重的科学教育观念博采众长而完全独立存在，形成完整建制的工程教育体系。抗战时期的西工工程教育传播不仅奠定了西北地区工程教育之基础，培养了高等工程技术之人才，推进了工程教育之传播，在中国近代工程教育传播史上也占据有重要的历史地位。

---

① 《化工系学生赴大工厂参观》，《国立西北工学院月刊》1949年第5期。

② 赵文钦：《本院土木系训练方针之商榷》，《国立西北工学院月刊》1948年第4期。

（二）以留学生为主的师资队伍，直接采用西方工程教育，提升整体教育水平

抗战时期，不仅是中国工业建设发展的实际需要促进了西工的工程教育不断发展壮大，更是大批工程学科留学生归国作为各学科专业的教育者急速推动其成长。例如结构力学专家金宝桢、水利专家李书田、冶金物理化学家魏寿昆、大地构造学家张伯声、师从当时土木建筑界泰斗茅以升的罗明燏、航空工程专家张国藩等教授皆是美国哈佛大学、康奈尔大学、斯坦福大学、英国剑桥大学、德国德累斯顿工业大学等国际一流大学留学归国的工程学科专家、博士，他们学识渊博、研究深厚，而且将西方先进的科学技术引入中国，传播工程技术，培养专业人才，促进工程教育发展，为西北、为中国的工业建设做出了巨大的贡献，加快了西北地区科学教育近代化的进程。

（三）工程教学理论联系西北地区工业实践，促进科学教育本土化进程

抗战之前，中国高等工程教育多以西方工程教育为模型，在学科开设、学制、课程设置、教材教法、实验设施等方面完全效仿西方做法，收效甚微，在实际工程中缺乏解决问题的能力，究其原因之一是与中国国情相脱节。抗战时期的西工工程教育传播，不完全是将西方的科学技术简单地植入，而是与西北地区工业实践相结合，重点发展矿冶、土木、水利、机械等工程教育，并将其融会贯通，学以致用，使西方科学技术在西北特殊的地域环境中生根发芽、成长发展，大大推动了中国西北地区工程教育本土化发展的进程。

第五章

近代西北地区农学教育
体系的形成与发展

一　西北高等农业教育的萌芽与初步发展

近代中国农业教育始于 19 世纪中叶。1851 年在上海虹口的文纪女塾教会学校开设了园艺农业科学课程，率先开启了近代中国的农业教育。洋务运动时期，洋务派试图以"师夷之长技以制夷"，在教育上主张"中学为体，西学为用"，以使国家独立富强，因此倡导将近代西方自然科学知识和技术成果引入中国，同时大力兴办新式学堂，派遣留学生学习西方科学。如 1895 年在天津中西学堂三、四年级的课程中开设了花草学、禽兽学等课程，从而使农业教育从劳动场所转入正规的学校教育形式。维新运动时期，以康有为、梁启超为代表的资产阶级维新派试图用其"新学"改良封建主义的"旧学"。1898 年光绪皇帝颁布诏书，设立京师大学堂，后又颁布《奏定学堂章程》，废除科举制度，主张中西课程并重，实业教育得到了很大的发展。在当时看来，"国民生计，莫过于农、工、商实业；兴办实业学堂，有百益而无一弊，最宜注重"①，因此在"壬寅学制"和"癸卯学制"中明确强调在整个学制系统中应注重实业教育，而中国以农立国，因此农业教育在实业教育中占主导地位。在"癸卯学制"中，将实业学堂分为初等、中等、高等实业学堂，农科大学分为农学、农艺化学、林学、兽医学等四门，高等农业学堂分农学、森林、兽医、土木工等

---

① 琦鑫圭、唐良炎：《中国近代教育史资料汇编·学制演变》，上海教育出版社 1991 年版，第 290 页。

科。据史料记载，我国最早兴办农业学堂的有南京储才学堂、江西高安农桑学堂、杭州蚕学馆、湖北农务学堂等①。新政期间，在全国各地设立的农业学堂已多达 58 所②。

西北地区在晚清时期，亦照章兴办了许多农业学堂。陕西是西北地区的农业大省，先后在全省各地创办了中等农业学堂和初等农业学堂共 26 所，其中初等农业学堂占 92%。最早的初等学堂是 1908 年创办的凤翔蚕桑学堂，当时杭州蚕学馆培养的第 7 届农学人才史兆龙、章塑农曾供职于该学堂。除此之外，较早的初等农业学堂有咸阳、周至、高陵、泾阳等县的初等农业学堂。在中等农业学堂中，1909 年成立的陕西省中等农林学堂和 1909 年成立的陕西省会农业学堂③，以及 1907 年兰州道彭英甲于省城西门外贡院地方创办的甘肃农林学堂，意味着近代西北地区高等农业教育的萌芽。其中，甘肃农林学堂以"造就人才，振兴农学"为其办学宗旨，设预科和本科两种。本科设农业、林业和蚕业 3 科。预科 2 年，升入本科，再学 2 年毕业。学堂附设农业试验场，分林业苗圃和蚕业桑园两部④。陕西省会农业学堂成立于 1908 年，1909 年正式批准立案，学堂监督由陕西高等学堂监督周石笙兼任，西安知府尹昌龄任提调。开办之初，拟设农业、蚕业、林业 3 科，但实际办学中，学堂教员缺乏，课目不全，只有预科 2 个班、农业本科 1 个班、蚕业 2 个班。学堂生源主要来自陕西各县的高小毕业生。同时，学堂还附设农业试验场，包括农田、房舍、农具、牲畜及肥料、种子等⑤。

清末，陕西、甘肃创办的这些高等农业学堂，拟设的学科在实际办学中，常常因教员缺乏、设备简单、管理不合理等诸多问题致使其

---

① 时赟：《中国高等农业教育近代化的历史进程》，博士学位论文，河北大学，2007年，第 64 页。

② 闵宗殿、王达：《晚清时期我国农业的新变化》，《中国社会经济史研究》1985 年第 4 期。

③ 宋联奎：《咸宁长安两县续志》，陕西省通志馆 1936 年。

④ 费旭：《中国农业教育纪事》，江苏教育出版社 1989 年版，第 58 页。

⑤ 李永森、姚远：《西北大学史稿上卷》（1902—1949），西北大学出版社 2002 年版，第 55 页。

学科几乎都很单一，教员多是聘用日本教习或留学归来的教师，教科书大多是国外教材或翻译或仿照日本农业学校教科书撰写而成，其中内容脱离中国农业实际，学生入学水平亦参差不齐，致使这一时期西北地区的高等农业教育学科体系极不完备，发展也较为缓慢。但是，正是因为这些农业学堂的兴办，近代西北高等农业教育从无到有，不仅培育了西北地区第一批专门农业技术人才，推进了高等农业教育的发展，而且有力地推动了传统农业向知识型农业的进化以及西北农业经济的发展。农业学堂的教育与农业试验场的科学实验、农业推广亦凸显了日后高等农业院校的办学方向：教育、科研、推广三大职能协调发展，为社会服务。

二　陕西高等农业教育的形成与发展

从 1904 年西北地区高等农业学堂的创建至 1949 年新中国的成立，在这 40 多年间，西北地区高等农业教育得到了很大的发展。高等农业专门学校陆续创建与发展，如 1934 年成立的国立西北农林专科学校，1939 年成立的国立西北农学院、西北技艺专科学校、国立兽医学院等，使西北地区的高等农业科学教育逐渐形成并发展。

（一）国立西北农林专科学校的科学教育

国立西北农林专科学校是近代西北地区第一所真正意义上的高等农业专门学府。该校筹建期间正是国困民敝之时，日本侵略东北，西北又逢连年灾荒，一些有识之士疾呼"兴学兴农"，"建设西北、开发西北"，以强国富民。于是，1932 年秋"筹备建设西北专门教育初期计划议案"通过之后，国立西北农林专科学校立即开始筹建，于右任、张继、戴季陶为筹备委员会常务委员，经多地勘察校址，最终确定在"后稷之遗址所在地"武功张家岗，以在此建校讲习农学，其意义深远。1934 年西北农林专科学校正式成立，1936 年 7 月，学校筹备委员会工作结束，教育部任命辛树帜为校长。

国立西北农林专科学校紧密联系西北地方农业之实际，以教授应用农林科学、养成农林技术专才、改进农林水利事业为办学宗旨，制定农业科学教育体制，设置学科、广揽人才、培养学生，开展科学研究，开启西北地区高等农业教育之门。

1. 设置较为完善的学科、课程体系，奠定西北高等农业教育之基

学校开办之初，没有成立系，而是设置了农艺、森林、园艺、畜牧、农业经济、水利六大学科组①，后又增设兽医、病虫害、农业化学等学科组，其学制为三年。各学科组开设的课程分别规定，但其共同必修的课程有自然科学和人文科学课程，其中自然科学必修课程有：数学、实用化学、定性分析、定量分析、有机化学、农业分析化学、肥料学、土壤学、地质学、物理学、气象学、植物学、植物生理学、植物病理学、植物分类学等。农艺组由留学美国明尼苏达大学、专攻植物病理及植物育种的涂治博士任主任。森林组由留学德国明星大学的林学家齐敬鑫博士任主任。园艺组由留学法国囊西大学农学院、里昂大学理科研究部的农学与农业生物学博士王学书任主任。水利组也是建立最早的学科之一，由李仪祉创建的陕西省水利专科班于1934年5月并入西北农业专科学校成立水利组，并于1935年8月由西安迁到张家岗校本部。其主任由留学德国柏林皇家工程大学土木工程科的水利学家李仪祉兼任，后由留学德国哈诺佛工科大学获工学博士的李赋都担任。水利学科组还建立了水工实验室，并以泾惠渠、洛惠渠、渭惠渠为教学基地，积极开展教学与实践。农业经济科由留学美国本悉文尼亚大学经济学博士南秉方任主任。畜牧兽医科由留学德国、专攻畜牧的李林海任主任。这些留学归国的人才均是各学科的带头人、学术骨干，他们将西方先进的科学思想引入西北，带领教师服务于西北，构建学科体系，教授农业科学，为西北地区高等农业教育发展奠定了扎实的学科基础。

2. 广揽专家人才，构建强大的高等农业教育师资队伍

西北农林专科学校在创建之初，就非常重视教师队伍建设。从各方广揽专家人才，担任学科骨干，发展教师队伍。1934年学校成立时

---

① 储常林：《西北农林高等教育史》，中国农业出版社1995年版，第6—7页。

就已有教职工 106 人，1936 年发展到 208 人，1937 年又增加至 231 人。教师队伍中拥有一大批学术造诣很高的专家、学者，如沙玉清（1907—1966）教授，他是中国现代农田水利学科的先驱，1935 年留学德国汉诺威工科大学，师从世界知名河工专家恩格斯教授专攻河工泥沙问题，精心研究河工试验模型问题，为其之后致力于泥沙研究奠定了基础。当时西北农林专科学校师资力量缺乏，校长辛树帜和水利组主任李仪祉直接聘请国外留学生，如当时还在德国留学的沙玉清被邀请回国后到该校任教，沙玉清欣然接受，于 1937 年夏回国后即到西北农林专科学校。自此之后，他长期从事西北地区农业水利教育事业和科学研究工作，为西北地区的农业水利做出了重大的贡献。早在 20 世纪 30 年代初他就编写了中国第一部农田水利专著——《农田水利学》，这本专著全面地反映出水利为农业服务的思想，在中国首次将农田水利当作一门科学来研究，奠定了中国农田水利学发展的基础。石声汉教授，是中国著名的农业教育家、植物生理学专家和农史学家，对我国哺乳类动物率先引进并采用科学方法来研究。1933 年赴英国伦敦大学留学，师从著名的植物生理学家布莱克曼（F. F. Blackman）学习与研究植物生理学。其间他曾在英国罗森士达农事试验场进行实验研究。他在英国植物年报发表的论文有《植物营养的生理研究——钾及其他营养元素与大麦叶片含水量的关系》（与 Richards. F. G. 合作）、《缺钾与其他金属离子对于大麦生长及含水量影响之间的关系》等。1936 年 4 月，他还荣获了伦敦大学植物生理哲学博士学位与理工学院颁发的学侣荣誉证书。在伦敦天产博物馆图书馆，他翻译了英文版《中国植物学文献评论》著作。1936 年 7 月回国后，国内许多著名大学都聘请他，但他毅然谢绝，风尘仆仆地来到成立不久的西北农林专科学校，长期致力于生物学与植物生理学的教学和研究，立志为西北农业服务。在此任教的还有涂治、刘慎锷、齐敬鑫、李赋都、郭厚菴、王学书、南秉方、王恭睦、杨亦周等著名的农业学科专家，他们都曾在欧美一流学府留学，均获得硕士、博士学位。他们扎根西北，引入西方先进的农业科学，培养农业专才，开展科学研究，服务西北，为西北地区的农业发展与科学教育做出了历史性的贡献。

3. 半耕半读，知行合一，培养专门人才，开发西北农业

西北农林专科学校为"亟谋开发西北农业，复兴西北农村起见"①，专门制定了学校养成人才之宗旨，指出"在地大物博、人烟不密、交通梗塞、农村衰落及文化落后之西北，今欲开发改良，非具有决心、有毅力、有创造精神、有学识技能及经验之刻苦耐劳人才不为功"，且已往之农业教育，多高谈理论，不注重实际，轻视农业生产技术，惰于田野实习，以致培养的人才皆不入农村实际工作，因此学校明确提出学生应养成以下能力与责任：（1）农业专门科学之知识；（2）农业生产之技能与经验；（3）刻苦耐劳之工作与生活；（4）开发西北农业之兴趣；（5）复兴西北农村改良农业之责任。学校以此涤除已往农业教育之陋习，力挽颓风，养成"半耕半读，知行合一，劳心与劳力并重，学理与实习平均发展，使具有开发改良农业之兴趣"② 之人才，同时学校结合西北农业实际，以教育生产化、学校农村化、学生农人化为教育方针，培养毕业生致力于农业生产之工作，及改良农业之事业。仅 1936 年 7 月该校筹建完毕之时，就已招收新生人数多达 101 名。为培养"农林事业上之初步工作人才"，其于 1934 年 2 月附设高级农业职业学校。第一届招收西安、南京两地新生 121 名，编入农科、林科和预备科，后陆续增设园艺科和畜牧科，学制有 2 年制与 3 年制之分。至 1949 年，已培养学生 623 人。

4. 趋重西北实际，积极开展科学研究

"民为国本，食为民天，树德务兹，树基务坚"，西北农林专科学校以此为学校的办学方向，率领教师在从事农业科学教育的同时，趋重结合西北实际，积极开展科学研究工作。学校筹建之时，以"先建场，后建组、系"，"择其要者先行试验，以期渐次推广"③ 为建校方向，以农业试验场为教学试验和科学研究的基地。因此从 1933 年 10

---

①　安汉：《对于西北农林专科学校设施之意见》，《西北开发》1934 年第 2 期。

②　同上。

③　关联芳：《西北农业大学校史（1934—1984）》，陕西人民出版社 1986 年版，第 13—14 页。

月开始创建林场和园艺场，1934 年创建农场。林场分眉县齐家寨、咸阳周陵和武功法禧寺三处。1937 年，将太白山野生植物苗木 5000 余株移植于二道原苗圃，创建了初具规模的植物园。林场的主要科学研究任务是开展对树木的育种、栽培等科学技术与方法的研究以及对西北黄土高原、渭河滩地大自然地质、地貌性状及其改良的研究。园艺场分设果树、蔬菜、花卉三个区作为学生试验、实习基地，以开展果树、蔬菜、花卉的品种资源调查及其新品种的选育栽培等科学研究。农场分麦作、牧作、旱农、杂粮、蚕桑等室，侧重于西北重要作物的选种、育种、作物栽培技术的试验和推广工作。从 1936 年开始育种欲栽培试验的作物有小麦、棉花、玉米、高粱、谷子、马铃薯等①。这些建成的农业试验场，不仅为农、林、园艺组的学生试验、实习创造了良好的条件，而且使师生的教与学理论联系实际，极大地提高了教学效果，促进了农业科学研究的进展。1936 年，该校还与国立北平研究院共同组建了中国西北植物调查所。以专门对西北地区植物的种类、生态、病理、分布以及种间之关系，植物与环境之关系及其影响等开展调查研究。学校非常支持教师的科学研究工作，为了提高教师的学术科研水平，支持在校连续服务 1—5 年的教授、副教授，出外科学考察研究 1 年，且仍支原薪。同时，学校亦非常重视培养学生自主进行科学研究的能力，总结整理科学技术研究成果，撰写科学研究论文等科研能力，教导学生实地试验、实践研究农业问题，培养学生具有阅读农学参考文献及探讨农学问题之能力。

（二）国立西北农学院与农学教育体系的形成与发展

西安临大—西北联大农学院是由北平大学农学院组建的，其前身为京师大学堂的"农科大学"，1912 年改称北京农业专门学校，简称农专。1922 年又改称国立北京农业大学，简称农大。1928 年并为国立北平大学农学院②。西安临大成立之初，农学院在西安通济坊上课，

---

① 储常林：《西北农林高等教育史》，中国农业出版社 1995 年版，第 90 页。
② 黎锦熙：《国立西北大学校史》，1944 年，现存西北大学档案室。

1938 年 3 月，西安临大迁陕南城固后，农学院设在沔县武侯祠，以利用汉水开掘沟渠从事灌溉开展学习。当时农学院设有农学系、林学系、农业化学系等三系，时有教职员 30 人（如表 5 - 1 所示），其中教授多达 14 人，副教授 1 人，专任讲师 3 人，讲师 6 人，助教 3 人，技士 2 人。周建侯教授为院长，汪厥明、贾成章、刘伯文教授分别为三系主任，其他教授亦均为学术造诣很深的农学专家。学生方面，据西安临大二十六年度全校学生人数统计，至 1937 年 12 月农学院共有学生 133 人（内有借读生 10 人），其中农学系分为一、二、三年级，学生共有 45 人（内有借读生 7 人）；林学系分为一、二、三、四年级，共有 33 人；农业化学系分一、二、三、四年级，共有学生 29 人（内有借读生 1 人）；当时还有农艺系、农业生物系、农业经济系四年级学生各 9 人[1]。1937 年度西安临大农学院毕业 28 人。这一时期，农学院的一部分实习材料、标本是西北农林专科学校所支援，其中给予农学院"所有之水稻三种，小麦八种，大麦、玉蜀黍、黍、粟、稷、荞麦、大豆各数种，蔬菜种子五十种，昆虫八种"[2]。西北联大的师资各院亦常常互用，农学院所需要生物学教员常请生物系教员前往农学院授课[3]。

表 5 - 1　　　　　西安临大—西北联大时期农学院教职员[4]

农学院教职员		总计（人）
院长兼教授	周建侯	1
农学系		16
主任兼教授	汪厥明	6
教授	易希陶、夏树人、姚鋆、陆建勋、李秉权	
专任讲师	苏麟江、季士俨、舒联莹	3
讲师	陈兰田、王金钹、沈文辅、刘钟瑞、咎维廉、王淑贞	6
技士	郑子久	1

---

①　《本校学生人数统计》，《西安临大校刊》1937 年第 2 期。

②　关联芳：《西北农业大学校史（1934—1984）》，陕西人民出版社 1986 年版，第 12 页。

③　《本校常务委员会议报告及决议案撷要》，《西北联大校刊》1938 年第 1 期。

④　《本校教职员录》，《西安临大校刊》1938 年第 4 期。

续表

农学院教职员		总计（人）
林学系		7
主任兼教授	贾成章	4
教授	殷良弼、周桢、王正	
助教	江福利、范济舟	2
技士	王战	1
农业化学系		6
主任兼教授	刘伯文	4
教授	陈朝玉、王志鹄、虞宏正	
副教授	罗登义	1
助教	王来珍	1
总计		30

1938 年 6 月，国民政府教育部令西北联大农学院（原北平大学农学院）为独立学院，并与西北农林专科学校、河南大学农学院畜牧系合并组建国立西北农学院。是年 7 月，国立西北农学院筹备委员会成立，原西北农林专科学校校长辛树帜任主任，原西北联大农学院院长周建侯与曾济宽、张丕介为筹备委员会委员，并将西北农学院的校址设在原西北农林专科学校的校址咸阳武功。其原因为周朝后稷诞生在武功，择定武功为西北农学院院址，以此纪念后稷。1939 年 4 月，筹备工作结束后，国立西北农学院正式成立。辛树帜被任命为院长，曾济宽、张丕介分别被任命为教务长和训导长。三院校的合并，不仅汇集了优良的师资、更多的学生、完善的设备仪器，更是知识财富的积累，正如周伯敏院长所言"这不是播种的新苗，而是接枝移植，撷取众长，形成新的品种人才的集中、学术的融合，以适应时代。这是具有极大意义、负有艰巨的使命的"①。国立西北农学院是西北最高的农业教育学术机构，肩负着培养复兴中华农业建设人才、发展西北农林科学事业的重大使命。

---

① 周伯敏：《纪念本院三周年》，1942 年创刊号。

1. 结合西北实际，科学设置学科与课程

国立西北农学院成立之初，承北平大学农学院之旧，设有农艺、森林、园艺、农田水利、畜牧兽医、农业化学等 6 学系和农业经济专修科。其中，农艺学系又分设为农艺、植物病虫害与农业经济 3 个组，次年发展成 3 学系。1941 年，畜牧兽医学系又划分为畜牧和兽医 2 个组，同年并增设牧草科、农业科学研究所农田水利部。农田水利部从成立后，即开始招收研究生。1946 年 7 月又增设 2 学系，即农产制造系、农业机械系。1947 年，农业经济专修科与农产制造系停止招生，次年停办。至此，西北农学院共设置 9 学系、2 组、1 科和 1 所。此外，学院还设有与农部兵工署合办的国防林场，与中央水工试验室合办的武功水工试验室，与陕西省农业改进所及陕西省卫生试验所合设的血清制厂等①。

学院组建之后，全院的教学计划、课程设置主要围绕两点原则进行，一是注重结合西北实际，发展西北地区的农学、林学、园艺学、畜牧兽医学等事业；二是注重学生实践能力及其科学研究能力的培养。因此学院各系在分析旧有学科课程的基础上，结合以上课程设置原则，删去或保留了一些原有课程，同时根据实际需要增设了一些课程，如专业基础课、选修课和一些高级课程。从全院的系别课程设置来看，主要分为五大类：共同课、共同必修课、专业必修课和选修课、高级课程。其中共同课分为基础自然科学课程（如数学、物理、化学）和人文科学课程，是全院各系科均开设的课程。共同必修课有植物形态学、植物分类学、植物生理学、植物病理学、地质学、土壤学、气象学等，此类课程专为农艺、森林、园艺三学系开设。同时，所有系科均开设各自的专业必修课与选修课。个别系科还开设了高级课程。这样的课程设置不仅增强了学生的专业基础知识，而且使学生具有更强的实际工作适应能力。表 5－2 为 1940 年农艺学系、农业经济学系、农田水利学系及农田水利部研究生开设的课程。其中农田水利部研究生的课程设置以造就高级农业水利人才为宗旨，以水利工程

---

① 《发刊词》，《国立西北农学院院刊》1942 年第 1 期。

与农业科学技术的配合及其应用为主要研究对象。因此，其课程除设置了 16 学分的农业水利必修基本课程外，学生还需选修 8 学分的农艺、农业化学等学系的高级课程。

表 5 – 2　　　　　　1940 年国立西北农学院三学系必修选修科目

系别		课程设置
农艺学系	专业必修课	定量分析化学、农艺分析化学、有机化学、农业微生物学、经济昆虫学、肥科学、遗传学、育种学、作物学、作物学各论、食用作物学、棉作学、稻作学、麦作学、制丝学、农业经济学、旱农学、农具学、灌溉管理学，以及生物统计、农村合作、农场管理、田间技术等
	选修课	林学大意、定性分析化学等
	高级课程	高级遗传学、高级英文、农艺设计等（1944 年增设）
农业经济学系	专业必修课	植物学、经济地理学、经济思想史、农村经济学、统计学、银行学、土地经济学、农产贸易学、农村社会学、会计学、农业金融学、果树园艺学、作物学通论、农田水利、农村合作、经济史、法学通论、农业推广、农村教育、农业仓库、农业政策、合作金融、农场管理、垦殖学、农业经营、设计实习
	选修课	经济学原理、应用化学、货币学、土壤学、气象学、农具学、肥科学
农田水利学系	专业必修课	地质学、投影几何、工程作图、作物学通论、平面测量学、工程材料学、材料力学、电工学、铁道工学、污水工程、灌溉工学、河工学、渠工学、水力学、给水工学、结构学、灌溉原理、农业经济、棉作学、契约及规范、河渠水力学、水土经济、圬工及基础、防洪及排水、钢筋混凝土、结构设计、水工设计、砖石拱桥设计、钢筋混凝土设计
	选修课	应用化学、土壤学、工程力学、国民经济学等
农田水利研究部（研究生课程）	专业必修课	高等数学分析、流体力学、土力学、高等水文学、高等水工设计、模型试验、水工流体学（应用流体力学）、专题讨论等
	选修课	水利机械、水质分析、黄河问题研究、田间技术、植物生理及病理、作物遗传、棉作学、食用作物学等

　　各学科的课程教学皆先教授基础理论，后教授专业课程，且课程设置随实际需要添加或修改，如 1944 年，农业经济学系增设了 32 门之多的选修课，农田水利学系将选修课工程力学改为必修课，并增设微分方程、工程数学、高等测量、气象学、水工经济试验等专业必修课和高等水力学、防洪和排水等选修课。同时，各学科非常重视学生的实践，要求学生到农场实验或分散到农村服务，积极开展实地调查

与专业实习，注重试验研究方法，使学理与实践密切联系。如农田水利学系，"以造就高级农业水利人才为宗旨"，课程教学"先授以基本科学及必要的农林知识，次及工程原理，渐注重水利专门问题"①，学生假期必须进行工程实习，或从事农村服务，以获得实地经验、开展科学研究，培植西北建设需要的高级农田水利人才。

2. 教师与学生

三院校的合并，使历史上这块后稷教民稼穑的地方人才济济、专家荟萃，西北农学院的师资阵容大大增强。除原三院校的合并会集的教师外，时任校长辛树帜积极多方聘请著名学者来校任教。表5-3为1942年国立西北农学院各学系教师统计表。由此统计表可见，当时全校8学系共有学科专业专任教师81人（技士除外），教授36人，副教授4人，讲师21人，助教20人，另有共同课基础自然科学教授2人和副教授1人，即物理学教授祁开智、数学教授程启宇、气象学副教授么枕生，以及动物学讲师刘金铠1人、物理助教赵鸣佑1人、数学助教朱秀玲1人。其中许多教授皆是农业科学专家，在学术上造诣很深，他们把毕生精力奉献于西北农学院的科学教育和西北地区农业科学事业。如西北农学院成立之初，时任校长辛树帜（1894—1977）教授，是我国著名的农业教育家、生物学家和农史学家。他曾多次出国留学考察。1919年春赴日本考察1个月，1924年自攒经费赴欧留学，入英国伦敦大学专习生物学，1925年又入德国柏林大学攻读生物学，1928年回国后，历任广州中山大学生物系教授兼主任、教育部编审处处长、西北农林专科学校校长。1938年西北农学院成立后任校长。辛树帜教授为西北地区农林高等科学教育做出了重要贡献。早在1932年在陕西考察时，就萌发了开发大西北的构想，他认为要开发西北，必须发展农、林、牧等科学事业，而科学的发展又在于教育，为此在西北地区创建了第一所真正意义的高等农业学府——国立西北农林专科学校。后在《西北农林》创刊号亦指出"'积于不涸之

---

① 关联芳：《西北农业大学校史（1934—1984）》，陕西人民出版社1986年版，第19页。

仓，藏于不竭之府，积于不涸之仓者，务五谷也；藏于不涸之府者，养桑麻育六畜也。务五谷则食足，养桑麻育六畜则民富'。开发西北，道在其中矣"①。在西北农学院期间，他广揽人才，重视提携后进，支持师生开展科学研究，帮助阅改论文。在办学中还非常重视科学图书资料、仪器设备的建设，甚至不惜代价个人买下一个书铺的全部书籍。他后半生一直致力于西北地区的农林教育和科学事业，为祖国西北奉献了大半心血。

再如农艺学系教授兼主任沈学年（1906—2002），中国耕作学创始人之一。1922年入南京江苏第一农业学校，毕业后升入东南大学农科，1928年转入金陵大学，在农学院农艺系学习，1930年毕业后先后在浙江稻麦改进所任技士及上虞五夫稻麦育种场任技士兼主任、南京中央大学农学院任助教、金陵大学任讲师等职。1934年赴美国康奈尔大学研究院留学，作"作物抗虫育种"研究并撰写毕业论文，此论文成为我国当时从事作物抗虫育种的一篇重要文献。1935年获硕士学位后回国，旋即被聘请为西北农学院前身西北农林专科学校副教授兼任农艺组技师，自国立西北农学院成立后至1945年一直任农艺学系教授兼主任，并兼任教学试验场主任。在西北农学院期间，为农艺学系的创建与作物育种做出了重要贡献，曾主讲遗传学、作物栽培学、水稻生理生态等多门课程，同时在陕西武功非常艰苦的环境中，他依然积极开展水稻抗虫、小麦抗病育种研究，理论联系实际，紧密结合地区生产，广泛搜集小麦种质资源，"碧玉麦"（"武功14"）和"蚂蚱麦"（"武功27"）就是从搜集到的潘氏世界小麦和当地小麦种质资源中选出，并在关中地区大面积推广种植②，后又在北方地区大面积推广的。1948年育种成功的高产量小麦良种"碧蚂1号"正是由这两个品种杂交选育出来的，为增加农业生产做出了重要贡献。

---

① 辛树帜：《创刊号题词》，《西北农林》1936年第1期。

② 《沈学年》，百度百科（http://baike.baidu.com/view/1670306.htm，2012－12－29）。

表 5 - 3　　　　　　1942 年国立西北农学院各学系教师统计①

国立西北农学院		总计（人数）
农艺学系		9
教授兼主任	沈学年	5
教授	王绶、姚鋈、陈骥、金肇源	
副教授	顾元亮	1
讲师	姚宗鼎	1
助教	李正德、赵洪章	2
植物病虫害学系		9
教授兼主任	金树章	5
教授	段兆麟、林镕、周尧、王云章	
副教授	王振华	1
讲师	闻洪汉	1
助教	刘杨昭、王薇	2
农业经济学系		12
教授兼主任	熊伯蘅	7
教授	龚道熙、刘潇然、王德荣、王金铭、叶守济、王志刚	
讲师	蓝贞亮、张贤君	2
助教	安希伋、王殿俊、万建中	3
森林学系		14
教授兼主任	贾成章	5
教授	周桢、齐敬鑫、王正、刘慎锷	
讲师	夏受虞、王战、范济舟、张书忱、闻全祥	5
助教	李兴邦、熊志奇、于晓心、毛发德	4
园艺学系		6
教授兼主任	陈锡鑫	3
教授	章君瑜、谌克终	
讲师	王凤亭、原燕洲	2
助教	吕忠念	1

---

① 《本院概况辑要》，《国立西北农学院院刊》1942 年第 1 期。

续表

国立西北农学院			总计（人数）
农田水利学系			10
教授兼主任		沙玉清	3
教授		余立基、孟昭礼	
讲师		陈明绍、俞世煜、方在培、陈椿庭、赵国琪	5
助教		刘祖兴、韩瀛观	2
畜牧兽医学系			13
畜牧组	教授兼主任	路葆清	3
	教授	李秉权、苏麟江	
	副教授	沙凤苞	1
	讲师	郑子久	1
	助教	刘荫武、崔育溪	2
兽医组	教授兼主任	吴信法	2
	教授	李佩琳	
	副教授	熊德邵	1
	讲师	秦和生	1
	助教	段德贤、郭和以	2
农业化学系			8
教授兼主任		王志鹄	3
教授		虞宏正、潘詠珂	
讲师		王来珍、李毅民、房广远	3
助教		姚振镐、程可达	2

　　表5-4为1937年西北农林专科学校、1938年西北联大农学院以及西北农学院成立后教授、副教授、讲师、助教等变化表。由表5-4可见：（1）西北农学院教师总人数急剧增长，比西北农林专科学校、西北联大农学院师资增加了两三倍甚至更多，尤其是教授人数的快速增长，为先前教授的4倍之多，也因此，给西北农学院的科学教育带来了更多的新生力量，更是给西北带来了先进的农业科学技术。（2）西北农学院成立后，1939—1945年，每年各个层次的教师人数亦逐年增加，且许多教授都有留学经历，并获得了硕士或博士学位。

从 1937 年至 1949 年，在西北农学院工作过的教授、副教授有 247
人，其中有留学经历的有 92 人，获得博士学位的有 21 人，获硕士学
位的有 9 人。合理、强大的教师梯队不仅使西北的高等农业教育拥有
雄厚的师资力量，而且为培植大批的科学人才作了充分的准备。

表 5 - 4　　　　　　　国立西北农学院成立前后教师人数变化

学校名称	年度	教授	副教授	讲师	助教	其他	教师人数
西北农林专科学校	1937	10	6	12	18	4	50
西北联大农学院	1938	15	1	9	3	2	30
国立西北农学院	1939	40	13	14	39	7	113
	1942	46	13	29	22	4	114
	1943	50	14	28	40		132
	1944	60	15	25	37		137
	1945	48	15	26	48		137
	1946	44	15	37	46		142
	1947	52	16	31	39		138

在学生培养与管理方面，西北农学院施行学分制，招生必须经过
严格考试，合格后方能录取，生源面向全国，绝大部分学生为自费
生，仅有 10% 的免费生，5% 的公费生。其培养目标就是培植高级农
学专门人才，以研究改进西北的农业建设与发展。表 5 - 5 为 1942 学
年西北农学院在学学生统计表，从表中可见，当时在校学生有 614
人，其中农业经济学系与农业经济专修科在学学生占了很大比例，共
有 210 人，占全校学生 34.2%。其次畜牧兽医学系的学生也较多，有
99 人，农艺学系有 79 人，农田水利学系与农业化学系分别有 68 人、
58 人，即使是新增设的植物病虫害学系亦有 15 人，农科研究所农田
水利部还培养了 2 名研究生。由以上数据分析可见，在当时社会环
境、物质条件如此恶劣，绝大部分学生学费自理的情况下，却有如此
规模的学生人数，实属不易，同时亦体现了学校、社会、民众急于通
过学习农业经济、畜牧兽医、农艺、农田水利、农业化学以及森林园
艺等相关农业科学知识，以服务农业、增加农业生产，从而发展西北
农业经济的科学理念。

表 5 - 5　　　　　　　　1942 学年西北农学院在学学生①

系别 \ 人数 \ 年级	一年级	二年级	三年级	四年级	各系总计
农艺系	16	13	16	34	79
植物病虫害系	6	2	3	4	15
农业经济系	20	32	34	37	123
林学系	6	5	10	23	44
园艺系	6	7	9	17	39
畜牧兽医系　畜牧组	9	15	20	20	64
畜牧兽医系　兽医组	2	7	14	12	35
农业化学系	16	14	11	17	58
农田水利系	22	24	14	8	68
农业经济专修科	42	45			87
农科研究所农田水利部	2				2
学院部总计	147	164	131	172	614

　　表 5 - 6 为西北农学院 1938 学年至 1940 学年历届毕业学生统计表。由此表可见,三年间学院共培养的学生人数达 328 人,仅 1940 年度就有毕业生 153 人,占三年毕业生的近 50%,1939 年度、1938 年度毕业生人数亦不少,分别有 100 人和 75 人。从 1939 年到 1945 年抗日战争结束,学院共培养专科和本科学生近 900 人,培养研究生 12 名,毕业 1 名。从 1946 年至 1949 年,西北农学院已培养本、专科农业人才达 700 人之多,并培养研究生 6 人。由以上的数据可见,从西北农学院的创建到新中国的成立,10 年间学校培养了专科、本科、研究生等各级学生 1600 多人(高职学生除外),为国家、为西北地区的农业开发培养了大批人才。

---

① 《本院概况辑要》,《国立西北农学院院刊》1942 年第 1 期。

表 5 - 6 　　　　　　　国立西北农学院历届毕业学生统计①

年度 人数 系别	1938 年度	1939 年度	1940 年度	总计备注
农艺系	11	20	24	55
植物病虫害系	2	2	1	5
农业经济系	3	11	15	29
林学系	7	18	21	46
园艺系	6	12	8	26
畜牧兽医系	6	14	19	39
农业化学系	12	6	7	25
农田水利系	28	17	11	56
农业经济专修科			47	47
总计	75	100	153	328

3. 图书仪器与实验室建设

据 1942 年西北农学院院刊创刊号资料统计（如表 5 - 7 所示），全院已编目登记之图书有 26326 本（未编目图书 9957 本），期刊有 387 册。其中自然科学类 4035 本，应用技术类 4849 本，占全校图书总数的 1/3 强。可见，学校的图书资料在抗战时期较为丰富，且自然科学、应用技术类图书比重很大，学校非常重视科学教育。进一步分析此表数据，可知自然科学、应用技术类西文图书占其总数的 45%，平装中日文书占 51%，而线装中文书仅占 3.6%，亦由此说明，西北农学院所用的科学技术类图书、参考教材主要以西文，次之以日文为主，而人文社会类则以中文图书为主。究其原因，这与学校诸多教授留学欧美有密切关系，他们不仅通过言传身教，而且通过引进西方科学图书，将西方先进的科学技术、科学方法、科学思想引入西北，以开阔学生的科学视野、思想观念，发展西北农业科学技术。

---

① 《本院概况辑要》，《国立西北农学院院刊》1942 年第 1 期。

表 5-7　　　　　1942 年国立西北农学院中西文图书分类统计①　　（单位：本）

分类　　数目　种类	西文书	线装中文书	平装中日文书	总计
自然科学	1887	122	2026	4035
应用技术	2117	196	2536	4849
哲学	17	358	401	776
宗教	8	13	114	135
社会科学	426	467	3213	4106
语文学	481	367	248	1096
美术	110	6	268	384
文学	126	2310	1402	3838
史地	75	2031	1588	3694
综合类	34	2989	390	3413
总计	5281	8859	12186	26326

　　此外，西北农学院为了配合教学、实验的进行，有效地开展科学教育，购置了各类学科所需的仪器标本、药品等实验器具。据统计，西北农学院成立之初，已购置各种仪器 700 余件，动物、植物和岩石标本上万余种，各类化学实验药品价值累计达 3 万余法币。表 5-8 为 1942 年时西北农学院各学系仪器标本及药品统计数据，可见，学校与各学系在仪器、标本、药品等方面投入很大的资金，购置了较为完善的实验设施，能够有力地支持各种农林试验与师生的科学研究活动。

表 5-8　　　　　　1942 年西北农学院仪器标本及药品②

系别	仪器标本及药品
农艺系	打字机、计算机、显微镜、解剖器等仪器 99 种，标本 300 余件
植物病虫害系	显微镜、解剖镜、扩大镜、解剖器、植物生长指针等仪器 168 种，植物分类、植物病害、真菌及昆虫等标本 1500 余种，药品 74 种

① 《本院概况辑要》，《国立西北农学院院刊》1942 年第 1 期。

② 同上。

续表

系别		仪器标本药品
农业经济系		打字机、计算机等仪器 6 种
林学系		各种仪器 88 种，标本药品多种
园艺系		显微镜、高压杀菌器、定温箱、发芽箱、压盖机等仪器 49 种，园艺作物种子、病虫害标本、腊菜标本、浸渍标本共计 2209 种，药品 155 瓶
畜牧兽医系	畜牧组	家畜解剖器、家畜治疗器、孵卵器、饲料、动物模型、动物骨骼、鸟类、畜毛等标本 253 种，药品 48 种
	兽医组	显微镜、扩大镜、照相机、高压蒸汽减菌器、电气干热减菌器、干燥箱、孵化器、解剖器、注射器及各种外科器械等仪器 300 余件，病理、细菌及病理切片千余件，药品 200 余种
农业化学系		各种化学仪器 403 种，标本 22 种，药品 350 种
农田水利系		各种测量计算仪器数百件

此外，西北农学院还建立了许多教学实验农场及工厂。学院的教学试验农场创建于 1934 年，至 1936 年建场面积已达 7889 亩，分置在陕西武功张家岗、扶风县法禧寺、乾县水磨头、咸阳南高乡六陵、眉县等地。至 1946 年，已形成农场、林场、园艺场、畜牧场等 4 个试验场，分由各系归管。之后，又成立了农林试验总场。据 1948 年资料统计，农场总场拥有 3582.48 亩土地，其中农场 710.98 亩、园艺场 619.5 亩、林场 1788 亩、畜牧场 464 亩。新中国成立后，眉县与咸阳分场 9585 亩林地划为地方使用。

4. 科学研究与农业技术推广

国立西北农学院紧密结合西北实际，通过教学试验农场及科研试验基地积极开展科学研究，并取得了非常丰富的研究成果。如农艺学系在其教学试验农场主要开展的实验研究工作有育种试验、栽培试验、肥料试验以及作物抵抗病虫害试验等。（1）育种试验：包括"改良小麦品种；改良棉作品种；玉米自交及杂交试验；大豆育种试验；高粱育种试验；马铃薯育种试验；黑麦燕麦育种试验；烟草、油菜、芝麻、麻类作物品种观察；牧草品种比较试验；改良水稻品种；甘蔗、甜菜品种观察"。（2）栽培试验：农艺场开展的栽培试验如表 5-9 所示，其试验均按西北各省所应解决之实际问题设计、开展。

（3）肥料试验：各项作物之王素肥效与农家肥料试验。（4）作物抵抗病虫害试验：小麦抵抗黄锈病、秆黑厌病、麦秆蝇等试验以及玉米、高粱、小米等作物抵抗各种黑厌病试验。通过育种、栽培等各种试验，取得了多项研究成果。至 1942 年，西北农学院已育成优良品种有[1]：（1）小麦：武功"27 号"，碧玉麦，第一号（蚂蚱麦与里麦之杂交品种）、第二号（蚂蚱麦与奈字麦之杂交品种）、第三号（蚂蚱麦与碧玉麦杂交品种）杂交小麦等，这些优良小麦品种比农家品种产量高、不落粒，抗病虫害克疫能力以及适应环境能力强。（2）棉花：隆字棉（L δ. 33 – 12）。（3）杂粮：Chikema 马铃薯、打锣锤高粱、8 – 696 小米、28 – 502 黄大豆、28 – 509 黑大豆、28 – 503 黑大豆、武功白玉米、六陵大麦等，其特点主要为产量高、成熟早。1942 年开始试验研究"碧蚂 1 号"小麦，至 1947 年成功育成。抗战结束后，西北农学院继续加紧开展优良品种的培育研究。1946 年至 1949 年，先后育成良种 22 个[2]，其中棉花有"西农 32 – 433"；大麦有"西农 3102""西农 3120""西农 31 – 1153""西农 31 – 10177"；谷子有"西农 8 – 696""西农 33 – 597"；大豆有"西农 502""西农 503""西农 506""西农 509"；玉米有"西农混选玉米"、自交系；高粱有"西农混选大锣锤"；马铃薯有"西农 700 号"；小麦除"碧蚂 1 号"外，还有"碧蚂 2 号""西农 27"和"西农 30 – 198"等。在园艺方面，育成的新品种有武魁番茄、紫白甜萝卜、武功包心菜、农学院大蒜、武功水蜜桃等。这些具有高产量、高性能的优良农业品种对西北地区的农业生产及其农业经济发展做出了很大贡献。

表 5 – 9　　　　　　　　　农艺场栽培试验[3]

试验名称	试验结果摘要
小麦播种期试验	蚂蚱麦以 9 月下旬播种最好
	碧玉麦以 10 月下旬播种最好

① 《本院概况辑要》，《国立西北农学院院刊》1942 年第 1 期。
② 储常林：《西北农林高等教育史》，中国农业出版社 1995 年版，第 8 页。
③ 《本院概况辑要》，《国立西北农学院院刊》1942 年第 1 期。

续表

试验名称	试验结果摘要
小麦促短生产试验	促短生长可以补救小麦之播种误期
小麦中耕试验	中耕对小麦产量无显著影响
小麦播种量试验	以每亩一市斗为适宜
小麦播种法试验	撒播与条播无显著差异
棉花摘心、去叶试验	各处理无显著影响
棉花铃数试验	以不摘铃者为最好
棉花深耕试验	深耕及浅耕无显著差异

西北农学院非常重视科研成果、农业新技术的推广应用。学院成立之初，将旧有的农村事务处改称为农业推广处，内分农村合作、生产指导、农村教育及编辑宣传四组①，专门负责农业生产指导与科学技术的推广工作。早在西北农林专科学校时期，辛树帜校长就与当时陕西省林务局合作推广适宜陕西土壤的果树栽植。1941 年，西北农学院租让给陕西省改良作物品种繁殖场（后改为西北区推广繁殖站）700 亩水旱地，专门用来进行良种的繁殖与推广工作。据《西北农报》记载："武功 509 号黑大豆，为本站与西北农学院合作新育出之优良品种，优质丰产，由一九四三年开始繁殖。一九四三年八亩，一九四四年十亩，一九四五年一百三十五亩，一九四六年一百五十亩。本站与西北农学院合作育成的大麦品种'3102'、'3120'，每亩超过标准产量九十四点七至一百零四点三斤"②。西北农学院在研究育成优良品种作物的同时，还以学院农业推广处为依托，配备农业技术人员深入农村，积极开展以下工作推动农业科技成果推广。（1）农业生产指导与技术推广。西北农学院常派教师、专家深入农村，对农民的选种播种、病虫害的防治以及轮作、间作、施肥和农产品储存、因地制宜有效经营农业生产等给予技术方法上的指导，同时将学院培育成功

---

① 关联芳：《西北农业大学校史》（1934—1984），陕西人民出版社 1986 年版，第30 页。

② 刘敦道：《西北区推广繁殖站历年来推广繁殖工作》，《西北农报》1947 年第 6 期。

的小麦、玉米、棉花等新的优良品种推广于农村。如由农艺学系教授育成的"武功27号"小麦，即蚂蚱麦，其特点是成熟一致，产量超过农家品种的19.38%。学院将其在农村推广，1939年种植面积达400多亩，之后逐年增加。"泾阳302号"小麦是在"27号"小麦混杂后开始推广。1937年"斯字棉4号"育种成功，从1943年开始向西北农学院附近的董家庄、穆家寨、徐家湾等生产合作社大力推广，产量大为增加。之后，"泾阳302号"小麦、"斯字棉4号"等多种优良品种陆续向陕西其他乡村、甘肃等黄河流域更大面积推广，对提高西北地区的农业生产及其科技水平发挥了重要的作用。（2）开展科学教育，传播农业科学知识。西北农学院在深入农村指导农业生产、推广农业科技的同时，还为农民办理民众学校、农民夜校、农业科学培训班等开展农业教育，讲授农民们关心的农业科学知识、生产技术、合作理论等课程，推荐农业科学知识通俗读物，举办农业讨论会，开展农产品评比展览会等。如在西北农林专科学校时期，学校就组织师生前往附近农村，创办了多个民众学校。后又在校内多次举办培训班，招收农民，培养农业示范人才。1940年，西北农学院还专门创办新旧农事讨论会，教授们与附近12个县的农民代表一起讨论农事，传授农业生产技术，介绍学院先进设备，解答农民耕作疑难问题，发送优良品种借以推广。向农民推进宣传《田间选种法》《造林浅说》《植棉浅说》《防除棉虫浅说》等通俗易懂的农业科普读物。西北农学院开展的这些农业科学教育活动特别受农民们的欢迎，不仅使他们获得了许多农业科学知识与生产技术方法，而且使科学技术的研究成果得以推广，对西北增加农业生产、发展农业经济起到了积极的作用。（3）指导农村成立合作社。在当时人力、物力不足的农村，为增加农业生产，增强农作物抵抗病虫害、自然灾疫的能力，许多农村乡政府联合一些教育或科学研究机构组织农业合作社或农民自发组织小型合作，联合科研机构给予农业科学生产指导，农忙季节农民互助互帮，调配劳动力。这种合作不仅有利于提高农业生产，增加农民收入，而且能促进农业科技推广。但是在战乱时期，陕西的合作事业很不发达。西北农学院农业推广处向附近农村极力宣传成立合作社的意义及其利益，辅助农民成立了多种农业合作社，先后指导陕西扶风、武功两县成立棉麦生产合作社共计 170 个，信用合作社 265 个，社员达 3251 人，并对社员进行分区训练①。并督导合作社种植学院育成的小麦、棉花等新的优良品种，指导社员植树造林、兴修引水灌溉工程。通过合作社不仅使农民得到经济的实惠，而且培养了农民的合作意识，提高了农民科学生产的素养。

三　甘肃高等农业教育

（一）国立西北技艺专科学校

抗战时期，是国家最艰难、人民最困苦的时期，西北尤甚。国民政府教育部指出"欲开发西北，须先培植人才"，于 1939 年 4 月向行政院提议设西北技艺专科学校，"以学授应用科学，培养技术人才，发展西北生产事业为宗旨"②。经批准后，于同年 6 月 6 日，教育部派曾济宽为国立西北技艺专科学校筹备主任。7 月 12 日，曾济宽抵兰后，即聘请齐敬鑫、张丕介、杨著诚、殷良弼、谷子俊、陈万聪、刘世超、沈亦珍、南秉方、王自治、戈定邦、潘詠珂 12 人为筹备委员，开始在皋兰县查勘校址，并函请甘肃教育厅，商借临时校舍，俾能如期开学，随后在兰州、天水、西宁、宁夏等处开始招生。于 1939 年 10 月 16 日，在所借临时校舍中开始上课，西北技艺专科学校正式成立，首任校长曾济宽。开课一月有余，学校不意于 11 月、12 月陆续遭到敌机轰炸，临时校舍惨遭破坏，不得已学校只好停课。后经数月努力重建，于 1940 年 9 月 24 日正式开学复课，校址定在兰州西郊西果园。1945 年 8 月奉教育部令，将西北技艺专科学校改名为西北农业专科学校，1947 年，路葆清任校长。

西北技艺专科学校原拟设置畜牧、兽医、农学、森林、农业经

---

① 关联芳：《西北农业大学校史》（1934—1984），陕西人民出版社 1986 年版，第 32 页。

② 《本校之过去与现在》，《国立西北技艺专科学校校刊》1942 年第 1 期。

济、土木水利、机械、纺织、化学制造 9 科，但建校之初，鉴于学校校舍、设备、师资等实际条件所限，先设畜牧、兽医、农学、森林、农业经济 5 科，后又陆续增设农田水利和牧草。学制有五年制与三年制两种。课程设置方面，"五年制一、二两年级多系共同必修科目，计 19 种，三年级及三年制一年级起，各科逐年添加专门科目"①，农业经济科二、三年级开设选修科目。1941 学年第一学期时所开科目可达 76 种之多。即便当时兰州条件异常艰苦，但许多著名的农业专家毅然前来支援，特别是西北农学院的教师，如齐敬鑫、许康祖、孔宪武、路葆清、朱立煌、杨志农、李林海、崔堉溪等教授。学校亦多方延聘知名教授来校任教，加强科学教学效率。"各种科目均聘请专人教授，所有实习实验，亦由专人指导，务期学以致用，达到造就专门技术人才之宗旨"②。至 1941 年全校已有教职员 55 人，其中教授 14人，副教授 7 人，讲师 9 人，助教 22 人，教员 3 人。学生招生主要来源于甘肃、青海、宁夏三省，均以高中学生程度者为合格。学校开办之初，"取录农业经济科 50 人，农学、森林、兽医、畜牧四科各 40人，共 210 人"③。1941 学年时，有五年制和三年制农艺、森林、畜牧、兽医四科，其中五年制二、三年级各 1 班，三年制一年级各 1班，以及三年制农业经济科一、二、三年级各 1 班，三年制农田水利科一年级 1 班，全校共计 16 班，共有学生 259 人（如表 5 - 10 所示）。1939—1949 年的 10 年间，西北技艺专科学校培养了一大批农林牧业专门人才，服务于西北农林建设，为我国农业建设做出了成绩。在实验设备、图书资料方面，虽为经费所限及受物质高涨之影响，但学校尽所能为各科的需要扩充仪器设备，向重庆、上海科学仪器分馆订购理化、生物仪器药品 1912 件，图书百余册。同时，国立西北农学院借给化学天平、显微镜等 3 具，玻璃仪器百余件，并向咸阳医院购置高倍显微镜 1 具，以力谋充实各科仪器、图书等应急设施。学校还积极筹建了平凉农场、临洮牧场等农林事业场，以供教职

---

① 《三十年度第一学期教务概况》，《国立西北技艺专科学校校刊》1942 年第 1 期。

② 同上。

③ 《本校之过去与现在》，《国立西北技艺专科学校校刊》1942 年第 1 期。

员科学研究之用，或作各种试验及经济经营，以备畜牧、兽医各科学生寒暑假长期实习之用。如临洮牧场，从 1941 年 4 月起开始种植，大部分用以种植牧草及饲料作物外，留一部分种植小麦，以资试验，并购买绵羊、猪、鸡等饲养，以观察品种，作西北植物、动物科学研究。

表 5 - 10　国立西北技艺专科学校 1941 学年第一学期学生人数统计①

（单位：人）

科别＼年级	五年制		三年制			总计
	二	三	一	二	三	
农艺科	30	19	7			56
森林科	10	13	1			24
畜牧科	9	15	9			33
兽医科	11	18	5			34
农业经济科			38	24	37	99
农田水利科			13			13
合计	60	65	73	24	37	259

国立西北技艺专科学校以"实践而不尚空谈"，"以身教代替言教"② 为自己的教育方针与科学教育方法，为建设祖国、开发西北，培植了高级农林牧业专门人才。该校的创建，不仅开创了甘肃省一所独立、学科体系较为完善的高等农业专门学校，而且促进了西北地区高等农业教育事业的发展。

（二）国立兽医学院

抗日战争全面爆发后，西北成为战略大后方。许多高校迁移西北，农业科学技术力量也开始西迁，特别是许多畜牧兽医人才聚集甘肃兰州，建立农业研究机关。1943 年，著名兽医学教授罗清生和熊大

---

① 《本校之过去与现在》，《国立西北技艺专科学校校刊》1942 年第 1 期。

② 曾济宽：《力行与宣传》（发刊词），《国立西北技艺专科学校校刊》1942 年第 1 期。

仕率先在甘肃兰州创建研究机关。之后，陆续创建了甘肃省畜牧兽医研究所、中央西北兽医防治处、西北羊毛改进处等①，极大地促进了现代西北高等农学教育事业的发展。

1946年，经国民政府教育部批准，中国教育史上第一所亦是唯一一所独立的兽医学院——国立兽医学院在甘肃兰州成立。中国著名的兽医学家、微生物学家和兽医学教育家盛彤笙任首任院长。为筹建兽医学院，教育部还专门聘请联合国善后救济总署中国分署兽医史丹福主任、国防部兽医崔步瀛总监、农林部畜牧司虞振镛司长、兰州大学辛树帜校长、中央大学畜牧兽医系盛彤笙教授5人组成筹委会，并由辛树帜与盛彤笙筹划建设。1946年10月国立兽医学院正式成立。1947年，甘肃省畜牧兽医研究所并入兽医学院。建院开始，学院尚无校舍，暂借于当年成立的兰州大学开展办学工作，随后，购置西北兽医防治处的小西湖牧场作为院址，其占地210亩，于1947年陆续修建了赫赫有名的伏羲堂以及家畜病院和生活用房。自此，国立兽医学院以独立的学科、雄厚的师资、严谨的治学态度成为国内第一所独立的专门从事高等兽医科学教育的学校。

1. 构建兽医系统学科，开创国内唯一独立的兽医学院

国立兽医学院设置了系统全面的兽医学科，形成了独立的专业科学体系。其学科下设在学院教务处，囊括畜牧科、诊疗科、细菌卫生科、寄生虫科、病理科、生物药理科、生物生化科、解剖科等。表5-11是新中国成立前国立兽医学院开设的必修科目。由此科目表可见，兽医院的课程主要包括四方面：一为培养学生人文科学素养的基础课，如国文、英文。二为专业基础课，如生物学、普通化学、普通物理等课程。三为系统、全面的专业课，开设了解剖学、遗传学、胚胎学、内科学、外科学、生物药品学等23门专业课程，其中一些课程进行了更加细致的划分，如畜牧学又细分为育种、鉴别、饲养管理。四为知行合一的专业实习与毕业论文，在学习专业理论的基础上，进行多形式、多渠道的专业实践，积极开展一些基础研究和应用

---

① 储常林：《西北农林高等教育史》，中国农业出版社1995年版，第9页。

研究，并将其转化成科研成果，撰写毕业论文。为了加强兽医院的学科建设，学校在成立之初，就已购买了中西文畜牧、兽医等图书1366册，并建立图书馆。当时教科书极其缺乏，但教授们积极精心编写教材和教学参考书，出版发行的有盛彤笙、林晓屏主编的《兽医细菌学实习指导》以及罗清生、朱宣人主编的《家畜传染病学》①。同时，学院还创办并出版发行《国立兽医学院院刊》月刊，记载学院发展历史，传播农业科学技术，成为甘肃省最早创刊的农业科技期刊。

表5－11　　　　　　　　国立兽医学院必修科目

年级	课程
一年级	三民主义、国文、英文、生物学、普通化学、普通物理、解剖学（上）
二年级	英文、解剖学（下）、生物化学、遗传学、生理学、组织学、胚胎学、细菌免疫学、畜牧学（育种）
三年级	诊断学、病理学、药理学、传染病学、寄生虫学、内科学、外科学、调剂学、诊疗实习、畜牧学（鉴别）
四年级	外科手术学、蹄学、肉品检查学、产科学、卫生学、乳学、生物药品学、治疗学、诊疗实习、畜牧学（饲养管理）、毕业论文

2. 聘请兽医学界权威专家，发展世界最好的兽医学院

国立兽医学院的首任院长盛彤笙教授，不仅是我国著名的兽医学家、微生物学家，而且是我国现代畜牧兽医教育的先驱。他为发展我国畜牧兽医事业，为西北、为国家培养专业科技人才，他毅然向中央大学辞去其教授职务，独自前往兰州创办中国首座独立的国立兽医学院。在筹备期间，他常往返奔波于兰州、南京之间，为学院争取经费设备，延揽师资，聘请兽医学界权威专家，发展世界最好的兽医学院。

盛彤笙（1911—1987）院长自身就是中国兽医学界的权威专家。他曾赴德国柏林大学攻读医学专业，1936年获医学博士学位。在他留学期间，欧洲畜牧兽医业的繁荣与发达使他真实地体会到其对民族经济发展起到的至关作用，因此他深刻地意识到要发展一个现代化的民族国家，必须有发达的畜牧兽医事业，特别是像中国这样一个农业大国。于是他由医学

① 栗振霄：《甘肃农业大学校史》，甘肃科学技术出版社2006年版，第47页。

转而投身兽医科学的学习。因此他继而前往德国汉诺威医学院攻读兽医学，1938 年又获博士学位。回国后，长期从事畜牧兽医教育及其科学研究工作，在中国畜牧兽医事业上取得了重大的成就，不仅为国家培植了一批高级畜牧兽医专门人才，而且译著了《克氏细菌学》《家畜传染病学》《家畜内科学》等经典著作。在国立兽医学院担任院长期间，把办学的目标定为世界最好，竭力聘请兽医学界权威专家。先从国内尽力聘请著名的学者来校任教，如留学美国俄亥俄州立大学获博士学位的生物化学家郑集教授以及留学美国依阿华州立大学兽医学院、著名的畜牧育种学家路葆清教授。后又预约正在国外留学人员回国来院任教，如在英国爱丁堡大学攻读兽医病理学博士学位的朱宣人，回国后应约赴兰州国立兽医学院病理科任教授。还有同样留学于英国爱丁堡大学的营养学家杨诗兴博士亦是盛彤笙从国外聘请回来担任畜牧科教授。加之相继到来的"畜牧学家粟显倬教授、中兽医学家蒋次升教授、兽医微生物学家廖延雄教授、饲养学家卢德仁教授、养羊学家张松荫教授、草原学家任继周教授……再加上当时在西北兽医防治处的罗清生、邝荣禄、谢丕帕"[1] 等一大批国内外知名专家会集国立兽医学院，扎根西北，严谨治学，英文讲学，结合教学开展科学研究，使西北地区畜牧兽医教育事业达到了前所未有的高度。

3. 治学严谨，派遣师生留学深造，培养一流专业人才

国立兽医学院是一所专家荟萃的学院，以治学严谨而出名，无论是招生还是教学，对师生的要求都特别严格。1946 年 9 月开始首届招生时，从全国 500 多名报名学生中，通过严格选拔，仅招收本科生 48 名，学制定为 4 年。为了培养一流的畜牧兽医专业人才，学院的教学制度亦特别严格，对学生培养施行淘汰制，两门课不及格直接淘汰，一门课不及格，给一次补考机会，补考仍不及格者即淘汰[2]。在此教学制度下，第一届学生毕业时仅剩下 8 人。至 1951 年国立兽医学院改称西北兽医学院时，毕业学生共 34 人。同时，兽医院亦特别重视吸收学习国外先进的科学知识和理念，派遣师生留学深造。1948 年夏

---

① 王文元：《盛彤笙与中国第一所兽医学院》，《新西部》2003 年第 8 期。

② 同上。

季和秋季，学院分别以资助路费和一部分学费的方式，派教师到英国、美国进修深造，当时派出学习的有谢铮铭、李振钧、陈北亨、金文炘4人①。兽医院严谨治学，为国家培养了一批高级专业人才，他们为畜牧兽医学科的建设与发展奠定了扎实的基础。

国立兽医学院的创办，不仅是国内首座独立的高等畜牧兽医专业学府，而且开创了甘肃省高等农学本科教育，促进了西北地区高等农学教育体系的强化与完善。

四　近代新疆、青海、宁夏的高等农业教育

在新中国成立之前，青海没有一所真正意义上的高等院校。新疆曾先后办过2所农业学校，一是1934年由新疆农矿厅主办的农业讲习所，其目的培训农牧业技术人员；二是1939年成立的农业学校，由时任建设厅厅长阿不都拉·大毛拉兼任校长，涂治任教务长。1941年，新疆农矿厅原办之高级农业学校划属新疆学院，此时新疆学院创立农业系。其农业系预科分四组：农艺组两班50余名（系汉、回两族），畜牧组一班10余名（系维、哈两族），兽医组两班60余名（系维、哈两族），水利组一班30余名（系维、哈两族）。同年，新疆学院附中成立并开始招生，编为文科、理科各一班②。青海于1939年5月筹建青海初级实用职业学校，1940年9月开学上课。先设畜产制造科，学制4年，招生45名；1941年增设垦牧科，学制为3年，招生30名，宁夏开启高等农业教育最晚，至1946年成立了高级农业职业学校，罗时宁兼任校长，招生两个班，分农林、畜牧两科，后又增设水利科。校址暂设省垣南门外谢家寨，校内附设生物标本研究制造所，行农田70余亩③。

---

① 栗振霄：《甘肃农业大学校史》，甘肃科学技术出版社2006年版，第107页。

② 马文华：《民国时期的新疆学院》，《新疆大学学报》（哲学社会科学版）1991年第4期。

③ 胡半生：《民国时期的宁夏省》，台湾书生书局1988年版，第406页。

结　　论

　　纵观近代西北地区科学教育的发展和嬗变，虽然起步较晚，但在抗战时期，平津高校西迁至陕，以其强强联合组建西北联大，扎根西北，融会世界教育思想，兴学强国，肩负起建设西北之重任。它不仅开拓了西北地区的高等教育，推动了西北科学教育的迅速发展，而且构建起完整的科学教育体系，在中国高等教育史上做出了重要贡献，占据有重要的地位。笔者基于对本课题的详细研究探讨，可以得出以下几方面的结论。

一　首次从科学教育角度，勾勒出近代西北地区科学教育的历史脉络

　　近代西北地区科学教育发展的历史脉络：第一，晚清民初时期科学教育的萌芽阶段。1902 年陕西大学堂的创建与发展标志着西北科学教育的萌芽。这一时期，学制尚无明确规定，科目和课程设置多以中学为体，伦理为先，次及经猷才艺，自然科学教习严重缺乏，生源为中学堂学生，多不合格，培养目标仅为陕西地方培养人才。从根本上看，科学教育制度尚不完善，不存在真正高等教育意义上的科学教育。

　　第二，民初至 1937 年高等科学教育的初步发展阶段。以西北大学之陕源民国初期西北大学为标志，这一时期科学教育略有发展，已设立数学、物理学、化学、地质等自然科学，但在实际办学过程中，合格生源严重不足，所聘师资与原设定课程所需不符，只好因人设科。教育规模很小，学制较紊乱，课程设置、实验仪器设备不完备，

师资缺乏，经费不足，且至 1935 年陕源西北大学办学中断。这一时期国立西北农林专科学校的创建标志着西北高等农学教育有了一定的发展。西北农林专科学校以"兴学兴农"，"建设西北、开发西北"为办学目标，设置了农艺、森林、园艺、畜牧、农业经济、水利、兽医、病虫害、农业化学等学科，学制三年，且聚集了沙玉清、石声汉、涂治、刘慎锷、齐敬鑫、李赋都、郭厚菴、王学书、南秉方、王恭睦、杨亦周等一大批来自我国各地著名的农业学科专家、学者，从事科学教育与农业科学研究。显然，此时期西北地区的高等科学教育在农学教育方面有了一定的发展。从西北区域来看，以陕西为中心的西北高等科学教育有了一定的发展，甘肃、新疆主要集中在法律、国文、教育等人文社会科学，自然科学教育相对较薄弱，而宁夏和青海在新中国成立之前尚未有高等科学教育。从自然科学学科整体来看，以农学教育为主，基础自然科学教育的发展相对缓慢，没有形成较为全面的科学学科教育。从教育体系来看，西北地区还没有形成系统化、体制化的科学教育体系。

第三，抗战时期以及新中国成立前高等科学教育的迅速发展阶段。抗战时期平津高校迁到西安，组建西北联大，才形成真正意义上的高等科学教育。1937 年 9 月国立北平大学、国立北洋工学院、国立北平师范大学（及北平研究院）西迁至陕西西安，合组为西安临时大学，1938 年 4 月西安临时大学改称国立西北联合大学，1938 年 7 月，西北联大农学院与工学院独立分出，并分别与西北农林专科学校、焦作工学院组建为国立西北农学院、国立西北工学院。1939 年 8 月西北联大改称为国立西北大学，并将原西北联大师范学院、西北联大医学院分别独立设置为国立西北师范学院、国立西北医学院。自此，由西北联大延伸出国立西北大学、国立西北农学院、国立西北工学院、国立西北师范学院、国立西北医学院等分立、合作的国立西北五校。其学科分为文理、法商、教育、农学、工学、医学 6 大学科，1940 年国立西北师范学院迁往兰州，使甘肃有了第一所高等师范学校。1942 年 10 月甘肃学院医科独立并创办西北医学专科学校，1944 年后，国立西北医学院在甘肃兰州设立分院，西北医学专科学校随即亦并入。

1946 年 8 月，又将西北医学院兰州分院并入同时在甘肃学院基础上成立的兰州大学。1946 年，国立西北兽医院在兰州成立，成为国内唯一一所国立兽医专业高等院校。至此，陕西已有西北大学、西北工学院、西北农学院、西北医学院、陕西省立医学专科学校、私立西北药学专科学校、陕西省立商业专科学校、陕西省立师范专科学校、私立西北音乐学院 9 所高等学府。甘肃设有兰州大学、西北师范学院、西北农业专科学校、国立兽医学院、国立西北医学专科学校 5 所高等学府。新疆设有新疆学院、新疆女子学院 2 所。从西北区域来看，高等科学教育的发展仍然以陕西为中心，在数学、物理学、化学、生物学、地理地质学、工程学、农学、医学等学科方面迅速发展；甘肃在这一时期，特别是抗战结束后，数学、物理学、化学、动物学、植物学、地理学、医学与兽医学等学科的高等科学教育有了很大发展；新疆的高等科学教育主要集中在工程学、农业学与医药学，在新中国成立前有了一定的发展。从学科教育发展来看，此时期，已在理学、工学、农学、医学等科学学科方面有了系统、全面的发展。从教育体系结构来看，学科、课程设置全面，师资力量强大，学生培养与管理体制化，相对教育规模庞大，科学教育体系渐已完善。可以说，这一时期是西北科学教育最重要的一个历史阶段，形成了真正意义上的高等科学教育，如果没有这一阶段科学教育的发展，就没有今天的西北科学教育。

二　实现了中国高等科学教育区域分布的历史性转折

中国高等教育的发展，向来注重东南、西南及东北各区域的开发。从历史沿革而论，中国高等教育起源于京师同文馆，其发源之地便是北平。从地域来看，其演进顺序则是自珠江流域起沿着江河流域或京沪铁路沿线进行。民国时期著名的教育学家、西北联大教授姜琦曾指出中国的许多大学"名之曰'线的大学'，极端地说，可以名之曰'点的大学'，它并没有顾到一面，更未曾顾到全面之设置"，显然中国的高等教育仅是"点"或"线"的畸形分布，也因此，各区域高等教育发展极不平衡，特别是西北地区高等科学教育发展极为薄弱。抗战前，西北地区真正意义上的高等教育仅在西北大学陕源时期略有发展，以及与甘肃学院、新疆学院仅构成了西北高等教育的三个"点"的分布。

抗战时期，平津三校一院西迁至陕西西安，合组为西安临时大学。从"临时"一词便知教育当局最初并未计划各平津高校久居于西北，使其转化为西北自身拥有的大学。但后来国民政府教育部鉴于中国高等教育的畸形分布，于是提出："原合并成西安临时大学，现为发展西北高等教育，提高边省文化起见，拟令该校各学院向西北陕甘一带移布，并改称国立西北联合大学"，后西北联大又分立为国立西北五校。同时，与陆续成立的陕西省立医学专科学校、私立西北药学专科学校、陕西省立师范专科学校、陕西省立商业专科学校、私立西北音乐学院等高等院校，甘肃学院、国立西北技艺专科学校、国立兽医学院、国立西北医学专科学校等以及新疆学院、新疆女子学院等高等院校，共同构建起一个庞大而完整的"面"的西北高等教育布局。可以说，西北科学教育的中心在抗战时期，以西安为大后方，向陕南城固、兰州移布，最后展布到陕西西安。笔者认为西北联大将平津三校一院从"点"的分布，转化为"面"的均衡分布，并化成西北自身所有、永久存在的高等教育机构，形成了西北地区以西安、城固、兰州为中心城市的高等科学教育区域布局，从而实现了中国高等科学教育区域分布由"点线"布局向"面"的布局的历史性转折，平衡了高等教育的区域分布。

三　西北联大成就了西北地区的高等科学教育

（一）构建完善的科学教育体系，填补我国西北地区科学教育的空白

抗战时期，以西北联大为核心以及国立西北五校的分立发展，西北地区已形成理、工、农、医完整的科学教育体系。一是理学教育，

形成了数学、物理学、化学、生物学、地理学、地质学等学科，以及从本科到研究生的层次结构，从学校教育、师范教育、民众教育到社会教育的完整的基础自然科学高等教育体系。二是工程教育，以留学生为主体的师资队伍，紧密联系西北地区工业实践，形成了土木工程、电机工程、化学工程、纺织工程、机械工程、矿冶工程、水利工程、航空工程、工业管理，以及从本科到研究生的系统完整的工程高等教育体系，通专并重，从严治教，引进西方工程教育理念，促进工程教育本土化进程，开创西北地区高等工程教育之先河，奠定高等工程教育和工程学术的基础。三是农学教育，趋重西北实际，广揽专家人才，积极开展农业研究，推广科学研究成果与农业新技术的应用，形成了农艺、植物病虫害、农业经济、林学、园艺、畜牧兽医、农业化学、农田水利、农业机械、农产制造、土木水利、纺织、化学制造、牧草等农林学科与畜牧科、诊疗科、细菌卫生科、寄生虫科、病理科、生物药理科、生物生化科、解剖科等兽医学系构建的系统全面的农学学科体系，并培养了专科、本科、研究生到高等职业技术教育不同层次结构的专业人才，构建了完整的高等农学教育体系，为西北地区的农学及其高等教育的发展奠定了坚实的基础。四是医学教育，西北医学院的医学教育不仅为中国最早的高等医学教育保存了火种，而且汇入陕西、甘肃的医学教育，从而奠定了西北地区高等医学教育和医学科学的基础。笔者认为，以西北联大为核心以及由其演化而来的国立西北五校的科学教育活动为代表，其自然科学学科互为补充，各具特色与优势，构建了我国西北地区以数、理、化、生、天、地、工、农、医为表征的自然科学教育体系，填补了西北以农业教育为单一特征的科学教育的空白。

（二）扎根西北，融会世界思想

西北联大及其子体国立西北五校扎根西北，发展西北高等教育。（1）从办学发展战略来看，国民政府教育部将平津三校一院的合并并移布西北，就是为了提高边省文化，发展西北高等教育。合组后的西北联大及其分立后的国立西北五校，以原有的平津地区雄厚的高等教育资源为基础，扎根西北，开发西北高等教育，为战后国家建设储备人才。（2）从师资队伍来看，抗战期间，西北联大及其子体国立西北五校向陕甘的展布，形成 505 名教授、1489 名员工的庞大的师资队伍，其中教授中西北本土仅占 20%，80% 以上教授来自其他省份。自抗战平津三校一院迁至西安，移布城固、兰州，扎根西北，他们就积极投身西北地区的高等教育事业建设之中。有的教授一直到抗战结束，而更多的教授甚至将自己的一生都奉献给大西北。西北联大生物学教授汪堃仁，我国近代著名的生理学家、细胞生物学家、教育家，是中国组织化学的开拓者。在抗战时期条件环境最恶劣的西北地区，他几乎开出了在协和医学院开过的全部现代生理学及实验课程。西北联大物理学教授岳劼恒是络合物光学研究新领域的创始人之一，他从抗战开始，就投入西北联大的物理教育，凡是物理系没人能讲的课程均由他讲授，一人开出了光学、晶体光学、高等光学、理论力学、热力学、量子力学、普通物理、高等物理、理论物理、近代物理、原子物理、化学、气体动力学理论等多门课程，利用自己所长，参阅国外教科书，为师生编写《理论力学》《光学》《热学》《近代物理》等十几种讲义，解决当时教材紧缺的问题。他一生在西北辛勤耕耘，不懈探索，为西北高等教育奉献了自己毕生的精力。农业化学教授虞宏正，著名的胶体化学、物理化学家和教育家。1937 年随北京农业大学辗转来到陕西西安、沔县（今勉县），从此长期扎根西北。面对西北地区贫瘠的土地干旱多灾，水土流失严重，便决心努力改变黄土高原的面貌。为此，他一生都在西北从事农业科学教育和科学研究，他提出新建的分支学科——土壤热力学对农业具有重要的价值，极大地促进了农业发展，为我国农业科学与西北科学教育事业做出了开拓性的贡献。（3）从办学结果来看，西北联大及其分立后子体国立西北五校全部扎根在西北，在短短的 9 年时间构建了完整的人文社会科学，理、工、农、医等自然科学与师范教育高等教育体系，西北联大将高等教育体系根植于西北，以致发展成今天的西北大学、西北工业大学、西北农业科技大学、西安交大医学院、西北师范大学。

1943 年 11 月，国立西北大学创办《西北学术》月刊，在其创刊号题词中赖琏校长指出："融合东西文化，发扬民族精神"，以此来"恢复西北历史的光荣，创建新兴的文化"，肩负起开发西北之重要使命。同时，编辑部主任郭文鹤亦在《发刊词》中指出：西北大学为西北最高学府，并明确指出其宗旨为"发扬民族精神、融会世界思想、肩负建设西北之重任"。西北联大及其子体国立西北五校以此为办学宗旨，扎根西北本土，融会世界思想，开展科学研究。云集在西北联大的教授们均在各学科方面有着很深的造诣和研究，绝大多数都有在国外一流高等学府留学的经历，曾师从世界著名的学科专家，接受前沿科学训练，具有很强的科学研究能力，并获得了硕士、博士学位。数学教授曾炯，是中国研究抽象代数的第一位学者，也是国际上最早进入抽象代数学领域做出重大贡献的中国数学家；傅种孙教授，不仅是将西方数学基础研究引入中国的第一人，还是引入西方数理逻辑的第一人。张贻惠教授是近代中国较早留学日本学习物理的人，率先在我国高等学府开设原子物理学。地理学教授黄国璋，是最早将西方先进的地理科学理论传入中国、引导地理学发展方向的重要学者之一。地质学教授张伯声，创建的"地壳波浪状镶嵌构造学说"，成为中国地质学界五大构造学派之一。土木工程学教授金宝桢，专于结构力学研究，为我国结构力学课程奠定了其教学体系；刘德润教授，学贯中西的著名水利专家，将西方先进的水利技术引进西北，因地制宜，为西北培养了许多水利人才。矿冶工程学教授马载之，将西方采矿科学引进中国，引入西北。机械工程学有汽车和内燃机专家潘承孝教授，船舶设计制造工程学家张文治等教授。航空工程学教授罗明燏，在建筑、造船、飞机设计、结构与力学等领域很有建树。电机工程学有电机专家刘锡瑛教授。化工学教授萧连波是我国著名的造纸工业专家，制浆造纸课程的开创者。纺织工程学有纺织与染化专家张汉文教授以及纺织专家任尚武等教授。农学教授汪厥明，首创中国生物统计学；辛树帜教授是著名的农业教育家、生物学家，将自己的一生贡献给了西北的农林教育事业；森林学教授殷良弼是我国著名的林学家、林业教育家，中国近代林业先驱之一。农艺学教授沈学年是我国著名的农学家，是中国耕作学创始人之一，为高产量小麦良种"碧蚂1号"选育育种做出了重要贡献。西北农学院培养的优秀学子赵洪璋，在沈学年等教授研究的基础上，同西北农学院的其他教师合作培育出在我国推广面积第一的"碧蚂1号"小麦。从事师范教育的李蒸教授，将美国单师制教育思想，杜威的"教育即是生长，即是生活"，"教育是继续不断地改造经验"等教育思想、终身教育理念引入中国、引入西北，他认为"教育之于人生，无异于汽油之于机器，故任何人无往不可不受教育，无时不可不受教育"。为此，在陕西城固、兰州等地积极倡导与践行民众教育、社会教育，并提出一个完整的符合中国实际的民众教育体系指标，明确了中国民众教育实施与发展的方向与目标，同时为高等师范教育的生存与发展做出了重要贡献，开创了西北地区的高等师范教育。

这些教授们不畏艰难，长期扎根西北，引进西方先进的科学技术，创建新兴学科、开出大量新课，利用专业所长，自编课程讲义，讲授多门前沿课程，推动学科建设，使西北地区科学教育体系渐于完善；率领师生创建实验室，亲手制作实验仪器和设备，竭力开展完整的实验课程；积极开展科学研究，撰写科学论文，出版学术刊物，引进国外先进的科学理论、科学方法与实验手段；设置科学研究机构，培养高级专门科学人才，极大地提高了西北地区科学研究的整体水平。

（三）提升西北科学教育水平，为国家储备人才

西北联大的组建，极大地提升了西北地区科学教育质量，为国家储备了人才。首先，从中国高等教育发展战略来看，抗战前中国高等教育仅是"点""线"分布，而西北高等教育发展极其薄弱，高素质教师资源紧缺，自然科学学科设置单一，主要以农学教育为主，高等科学教育水平整体发展低下。平津三校一院的西迁与合组，以其雄厚的高等教育资源，极大地提升了西北地区高等教育的水平，特别是科学教育得到了长足的发展，不仅为国家保存了高等教育的文脉，而且为战后重建与发展储备了人才。其次，从办学目标来看，无论是西北联大或国立西北五校，还是其他在抗战前后创建的高等院校，均以开

发西北高等教育，提升边省文化为重任，为西北乃至中国培植人才。譬如战时各处之防御工程，前线伤兵之治疗调护，食料药物缺乏之补救制备，皆是习自然科学者之研究内容以应战时需要。西北联大创建之初，就以发展西北高等教育，提高边省文化为起见，学校在发展中亦侧重于西北问题研究，如李仪祉、刘钟瑞教授的"泾惠渠之水利问题"研究，刘慎锷的"中国西北之植物地理"，理查逊博士（Dr. Richardson）的"甘肃之地理与农业"，刘钟瑞的"渭惠渠工程概况"，孙健初的"甘肃青海省之地质"，卫楼博士（Dr. Willer）的"中国西北部之地形"等研究皆围绕西北地区存在的实际展开研究，以发展、服务于西北。国立西北工学院则要求学生"潜心攻研，培植能力，以备异日担负复兴建设大业之重任"，并要求学生"熟察地方情形，准备协助地方政府，开发资源，兴建西北"。各校也常常甄选优秀的人才赴陕西、甘肃、宁夏等各省服务，为西北地区的开发与进步做出了贡献。再次，从科学教育管理来看，以严格的管理制度来提高西北科学教育水平，为国家储备人才。各学校不仅有着严格的教学管理体制，而且在全国大学中西北联大首创建立训导制度。严格的训导制度，不仅明确制定了关于训导学生思想行为、学业及身心的训导目标、纲要、方式以及成绩评定等详细而完善的训导大纲，而且与导师制相结合，实施过程中注重训教合一、以身作则、启发开导、由做而学，同时注重训导方式的多种多样，成绩评价的不拘一格。通过这种训导方式的训练，学生不仅在思想上养成研究之信仰、合作改进之精神、服务之观念，而且在治学上学生养成切实、虚心、创造之精神以及养成寻求、探讨问题之兴趣与习惯。这种训导制度有力地提升了高等教育的水平，为国家培植了优秀的人才，当时在全国大学影响甚大。最后，大力推行社会教育，以全面提高民众科学教育水平。西北联大在抗战时期将科学教育竭力灌输，并将学校教育与社会教育切实联系，以提高一般民众的科学教育程度。在城固时期，西北联大就特别强调社会教育之重要，指出我国受强敌压迫之原因就在于我国一般民众受教育水平甚低，无国家观念与民族意识，国家未现代化，故应大力推行社会教育，给一般民众提供求知机会，提高其科学文化水平，扫除文盲，以补助学校之不足。还专门提出抗战期间社会教育之实现途径，以学校举办的民众学校、民众训导班、补习学校、人员养成所以及社会的以民教馆、博物馆、电影、戏剧等为具体方式实施社会教育。李蒸教授亦提出学校兼办社会教育之办法，在强调学校教育与社会教育切实联系的同时，应注重"培养人才与服务社会并行；以先知觉后知，推广学术至于社会；深入社会，交相受益；参加抗战建国，贡献方略专技"，他还进一步提出了详细的社会教育计划大纲草案。为普及与提高民众的科学知识，西北联大师生切实办理实施社会教育，开办防空、防毒讲习班，科学常识讲习班，暑期小学教员讲习会，救护训练班等，教员们积极开展科学价值、遗传与环境、史地教育、防毒、防空、算术教材及教法、理化教材及教法、生物教材及教法等学术演讲，工学院、农学院、师范学院等院学生在教师带领下亦积极投入社会教育，深入社会，开展社会义务教育，深入大自然，调研自然环境、地理、地质与生物等，为地方贡献方略，以科学方法发扬中国固有文化，大大地提高了地方民众的科学知识、人文素养，有力地提高了西北地方科学教育的水平，促进了地方科学文化的发展。

四　西北联大在中国高等教育史上占据重要的地位

"七七"卢沟桥事变爆发后，中华民族处在生死存亡的紧要关头，我民族最根本的高等教育文脉亦即将面临沦丧的空前灾难，特别是高等教育的重心地带东北、平、津、沪等地区的形势甚为严峻。

西北联大在民族危难时期，不仅为中国高等教育保存了文脉，为国家储备了人才，而且极大地推动了西北地区高等教育与科学教育的发展。今日的北京师范大学、天津大学、东北大学、河北师范大学、河南理工大学等中国北方的许多高校，以及西北大学、西北工业大学、西安交通大学医学院、西北农林科技大学、西北师范大学、甘肃农业大学、兰州医学院等西北高校，无不与西北联大有着直接或间接的渊源与传承关系，而这些高校名师云集、学科全面，已发展成我国研究型、多科性和开放式的高等院校，成为我国高层次人才培养、科学研究和科技创新的重要基地，许多学科已成为国家或省部级重点学科，为推动我国科学技术和科学教育事业发展做出了突出贡献。如果没有西北联大为国家保存高等教育文脉，就没有今天中国高等教育的繁荣，特别是西北高等教育的发展。因此笔者认为西北联大在战时中国高等教育史上具有重要的地位。

参考文献

［1］［美］李约瑟：《中国科学技术史》（第一卷），科学出版社 1975 年版。

［2］李娟：《中国科学技术教育史研究百年历程及反思》，《河北师范大学学报》（教育科学版）2006 年第 1 期。

［3］［德］雅斯贝尔斯：《什么是教育》，邹进译，三联书店 1991 年版。

［4］李大钊：《李大钊选集》，人民出版社 1959 年版。

［5］李晓霞、姚远：《〈科学〉与西方现代科学教育理念的传入》，《西北大学学报》（自然科学版）2011 年第 1 期。

［6］李晓霞、姚远：《中国〈科学〉月刊传播科学的编辑策略》，《编辑学报》2012 年第 4 期。

［7］李晓霞、姚远：《国立西北联合大学的数学教育》，《西北大学学报》（自然科学版）2012 年第 3 期。

［8］李晓霞：《国立西北联合大学的物理教育研究》，《教育评论》2013 年第 1 期。

［9］李晓霞：《我国西北地区化学学科的肇始与发展——以国立西北联合大学的化学教育研究为例》，《宁夏大学学报》（社科版）2013 年第 1 期。

［10］李晓霞、姚远：《国立西北联合大学的地质地理学教育》，《西北大学学报》（自然科学版）2012 年第 6 期。

［11］李晓霞、姚远：《我国西北地区工程教育肇始与演化——以西北工学院工程教育发展为例》，《内蒙古师范大学学报》（教育科学版）2012 年第 7 期。

［12］丁邦平:《国际科学教育导论》,山西教育出版社 2002 年版。

［13］［英］托马斯·亨利·赫胥黎:《科学与教育》,单中惠等译,人民教育出版社 2005 年版。

［14］朱华:《任鸿隽科学教育思想及其实践初探》,《贵州文史丛刊》2008 年第 3 期。

［15］朱有瓛:《中国近代学制史料》(第一辑上册),华东师范大学出版社 1983 年版。

［16］曲铁华、李娟:《中国近代科学教育史》,人民教育出版社 2010 年版。

［17］汤志钧:《康有为政论集》上册,中华书局 1986 年版。

［18］王栻:《严复集》第 3 册,中华书局 1986 年版。

［19］任鸿隽:《科学教育与科学》,载樊洪业、张久春《科学救国之梦——任鸿隽文存》,上海科学技术出版社 2002 年版。

［20］任鸿隽:《科学与教育》,《科学》1915 年第 12 期。

［21］任鸿隽:《科学与工业》,《科学》1915 年第 10 期。

［22］任鸿隽:《说中国无科学之原因》,《科学》1915 年第 1 期。

［23］任鸿隽:《解惑》,《科学》1915 年第 6 期。

［24］任鸿隽:《吾国学术思想之未来》,《科学》1916 年第 12 期。

［25］［美］伏恩:《教育之性质与本旨》,胡明复译,《科学》1915 年第 6 期。

［26］任鸿隽:《实业教育观》,《科学》1917 年第 6 期。

［27］胡明复:《论近年派送留学政策——为一般国民与有志留学者告》,《科学》1915 年第 9 期。

［28］任鸿隽:《实业学生与实业》,《科学》1917 年第 4 期。

［29］任鸿隽:《建立学界论》,《留美学生季报》1917 年第 9 期。

［30］李垕身:《职工教育》,《科学》1916 年第 4 期。

［31］姚远、王睿、姚树峰:《中国近代科技期刊源流》(1792—1949,上、中、下),山东教育出版社 2008 年版。

［32］朱敬:《中国早期电化教育的特点与逻辑》,《现代教育技术》2007 年第 2 期。

［33］编者：《科学索引》，《科学教育》1934 年第 1 期。

［34］余光烺：《发刊词》，《科学教育》1934 年第 1 期。

［35］戴安邦：《今后中国科学教育应注意之数点及问题》，《科学教育》1934 年第 1 期。

［36］魏学仁：《认清科学教育目标》，《科学教育》1934 年第 1 期。

［37］李书华：《科学教育第二卷祝词》，《科学教育》1935 年第 1 期。

［38］周厚枢：《介绍科学教育季刊》，《科学教育》1935 年第 1 期。

［39］范谦衷：《关乎中小学生物学教授实验方法的一点意见》，《科学教育》1934 年第 1 期。

［40］编者：《教育部颁行中学理科课程标准新书之比较》，《科学教育》1936 年第 1 期。

［41］朱纪动：《如何使学生对于生物学发生兴趣》，《科学教育》1934 年第 2 期。

［42］姚远：《中国西部最早的高等学府陕西大学堂》，《西安电子科技大学学报》2000 年第 3 期。

［43］李永森、姚远：《西北大学史稿上卷》（1902—1949），西北大学出版社 2002 年版。

［44］《本校城固本部举行开学典礼志盛》，《西北联大校刊》1938 年第 1 期。

［45］《国民政府教育部给西安临时大学的训令》，1938 年 4 月 3 日。

［46］《国立西北大学第三届毕业同学录》，现存西北大学校史馆。

［47］编者：《本大学组织系统说明》，《西北联大校刊》1938 年第 1 期。

［48］李书田：《适应抗战期间之生产建置与工程教育》，《西安临大校刊》1937 年第 2 期。

［49］《颁布文理法三学院共同必修科目》（训令二），《西北联大校刊》1938 年第 3 期。

［50］《师范学院算学系必修选修科目表》，《西北联合大学校刊》1939 年第 8 期。

[51]《国立西北大学三十年度各院系所用课本》，西北大学学报资料室所藏。

[52] 李文铭、曾令林：《陈省身与曾炯之》，《西北大学学报》（自然科学版）2004 年第 1 期。

[53] 张肇炽：《中国第一位抽象代数学家——纪念曾炯之博士诞生一百周年》，《数学学习》1997 年第 4 期。

[54] 姚远：《西北大学学人谱》，西北大学出版社 1997 年版。

[55] 王世强：《数学基础研究的一些新进展——纪念傅种孙先生百年诞辰》，《数学通报》1998 年第 1 期。

[56] 叶述武、李国平、刘书琴等：《数学和天文学家赵进义》，《纯释数学与应用数学》1939 年第 5 期。

[57]《本校录取借读生名单》，《西安临大校刊》1937 年第 3 期。

[58]《本校学生人数统计》，《西安临大校刊》1937 年第 2 期。

[59]《训导处章程》，《西北联大校刊》1938 年第 3 期。

[60]《本校训导大纲》，《西北联大校刊》1939 年第 8 期。

[61]《教育部训令》，《西北联大校刊》1938 年第 1 期。

[62]《聘定文理师范两院系各年级导师》，《西北联大校刊》1938 年第 7 期。

[63] 赖琏：《题词》，《西北学术》1943 年第 1 期。

[64] 亢小玉、姚远：《〈西北学术〉与现代数学在西北的传播》，《西北大学学报》（自然科学版）2011 年第 2 期。

[65]《中国物理学会第十二届年会西北分区分会胜利召开》，《国立西北大学校刊复刊》1944 年第 3 期。

[66]《本校学术讲演办学》，《西安临大校刊》1938 年第 3 期。

[67]《历届纪念周讲演纪要：中算的故事》，《西北联大校刊》1938 年第 1 期。

[68] 李俨：《中算家之平方零约术》，《中国科学》1950 年第 2—4 期。

[69]《美国李约瑟博士来校访问》，《国立西北大学校刊复刊》1945 年第 15 期。

[70]《师范学院理化系必修选修科目表》,《西北联合大学校刊》1939 年第 8 期。

[71] 张景勋:《岳劼恒——络合物光学研究新领域的开拓者》,2006 年 7 月 (http://www.gmw.cn/content/2006 - 07/31/content_ 455422.htm)。

[72]《本校录取新生名单》,《西安临大校刊》1938 年第 3 期。

[73]《本校学生人数统计》,《西安临大校刊》1937 年第 2 期。

[74]《国立西北联合大学二十七年度上学期在校学生人数统计表》,《西北联大校刊》1939 年第 9 期。

[75]《毕业论文题目》,《国立西北大学校刊》1944 年第 14 期。

[76]《本校社教推委会成立自然科学讲习班概况》,《西北联大校刊》1939 年第 11 期。

[77]《日食观测报告》,《国立西北大学校刊》1941 年第 1 期。

[78]《纪念牛顿诞生三百周年》,《国立西北大学校刊复刊》1943 年第 5 期。

[79]《家政系课程标准》,《西北联大校刊》1938 年第 3 期。

[80]《化学系本学期所经办之重要事项》,《西北联大校刊》1938 年第 1 期。

[81]《本校教职员录》,《西安临大校刊》1938 年第 4 期。

[82]《国立西北联合大学二十七年度第一学期在校学生籍贯统计表》,《西北联大校刊》1939 年第 9 期。

[83]《本校二十六年度毕业同学就业调查》,《西北联大校刊》1938 年第 6 期。

[84] 刘季洪:《本校之现在与将来》,《国立西北大学校刊复刊》1945 年第 17 期。

[85]《各学院之现在与将来》,《国立西北大学校刊复刊》1945 年第 17 期。

[86] 田岁成:《母校试验室的光和热》,《西北联大回忆录》,西北大学档案馆藏。

[87] 刘茂寅:《简单防毒概设》,《西北联大校刊》1938 年第 7 期。

［88］《农业化学系同学组织战时食品问题研究会》，《西安临大校刊》1938 年第 8 期。

［89］《陕南六县小学教师暑期讲习会讲师一览》，《西北联大校刊》1938 年第 2 期。

［90］《本校社教推委会成立防空防毒讲习班概况》，《西北联大校刊》1939 年第 11 期。

［91］《师范学院博物系必修选修科目表草案》，《西北联合大学校刊》1939 年第 8 期。

［92］《本校常务委员会议报告及决议案撷要》，《西北联大校刊》1938 年第 1 期。

［93］《周尧》，百度百科（http：//baike. baidu. com/view/307902. htm）。

［94］黎锦熙：《方志拟目（自然之部）》（城固新修县志方案之二），《西北联大校刊》1939 年第 9 期。

［95］《地理系工作报告》，《西安临大校刊》1937 年第 1 期。

［96］《地理系第三次工作报告》，《西安临大校刊》1938 年第 11 期。

［97］《郁士元传奇》（http：//forum. book. sina. com. cn/thread – 5080829 – 1 – 1. html）。

［98］《地理系各年级籍贯人数比较表》，《西安临大校刊》1938 年第 5 期。

［99］赵重远、黄发潮、朱恪孝：《西北大学地质系的回顾与展望》，《西北大学学报》1987 年第 4 期。

［100］于洸：《西南联合大学地质地理气象系概况》，中国地质大学出版社 1995 年版，第 99—100 页。

［101］《地质地理学系学术空气日趋浓厚》，《国立西北大学校刊复刊》1944 年第 5 期。

［102］郁士元：《勉县煤矿区之地质》，《西北联大校刊》1939 年第 9 期。

［103］《目录》，《地理教学》1939 年第 5、6 期。

［104］《国语演说竞赛会纪录》，《西北联大校刊》1939 年第 10 期。

[105]　《学生举行时事讲演会》，《国立西北大学校刊》1943年第
　　　　3期。

[106]　李溪桥：《李蒸纪念文集》，中国社会科学出版社1996年版。

[107]　张俊宗：《李蒸及其民众教育思想》，《西北师大学报》（社会
　　　　科学版）2002年第5期。

[108]　李元魁（记录）：《乡村社会教育施教区开幕典礼纪实——李
　　　　蒸院长致词》，《西北师院校务汇报》1944年第23期。

[109]　编者：《西北师范学院社会教育实验区迁兰成立典礼》，《甘肃
　　　　民国日报》1943年11月16日。

[110]　李蒸：《民众教育的途程》，《教育与民众》1929年第4期。

[111]　李蒸：《本院的使命与校风——代发刊词》，《国立西北师院学
　　　　术季刊创刊号》1942年第1期。

[112]　田素宁：《安新县文史资料》（第5辑），政协安新县文史资料
　　　　委员会保存，1993年。

[113]　程民德：《中国现代数学家传》（第4卷），江苏教育出版社
　　　　2000年版。

[114]　李春兰：《刘亦珩的数学教育思想》，《数学通报》2012年第
　　　　9期。

[115]　余郁：《一位赤诚的爱国数学家——刘亦珩》，《中学数学教学
　　　　参考》1994年第12期。

[116]　姚远：《西北联大史料汇编》，西北大学出版社2012年版。

[117]　张素敏：《数学家刘亦珩》，《西北大学学报》（自然科学版）
　　　　1990年第3期。

[118]　张友余：《纪念刘亦珩诞生100周年》，《高等数学研究》2004
　　　　年第5期。

[119]　任南衡、张友余：《中国数学会史料》，江苏教育出版社1995
　　　　年版。

[120]　孔庆新、弥静：《中国现代数学家传》（第四卷），江苏教育出
　　　　版社2000年版。

[121]　张奠宙：《中国数学史大系：中国近现代数学的发展》，河北

科学技术出版社 2000 年版。

［122］梁星亮、李敬谦：《陕西近现代名人录》（第五集），西北大学
　　　　出版社 2006 年版。

［123］刘亦珩：《数学教育改造与师资养成》，《师大月刊》1933 年
　　　　第 3 期。

［124］刘亦珩：《几何学之对象的空间》，《安徽大学月刊》1933 年
　　　　第 8 期。

［125］［日］山本善之、近藤一夫：《有限变位弹性论变形几何学》，
　　　　刘亦珩译，上海科学技术出版社 1961 年版。

［126］［日］鹫津久一郎：《塑性论》，刘亦珩译，上海科学技术出版
　　　　社 1961 年版。

［127］《清末民初的北洋大学》（http：//news. sina. com. cn/c/2006 -
　　　　03 - 30/14248570370s. shtml，2014 - 9 - 6）。

［128］《周宗莲董钟林放洋留学》，《北洋周刊》1934 年第 33 期。

［129］编者：《周宗莲由英来函》，《北洋周刊》1934 年第 47 期。

［130］编者：《周宗莲君将得博士学位》，《北洋周刊》1936 年第
　　　　104 期。

［131］编者：《周宗莲同学函告在英近况》，《北洋周刊》1936 年第
　　　　110 期。

［132］编者：《周宗莲同学函告欧游考察印象》，《北洋周刊》1936
　　　　年第 108 期。

［133］编者：《下学期已聘定周宗莲博士》，《北洋周刊》1937 年第
　　　　146 期。

［134］《周宗莲——汉寿县史志办》（http：//www. hanshou. gov. cn/
　　　　dsb/index_ fyrw8. asp，2014 - 6 - 12）。

［135］《工学院教授各方纷纷顾问》，《西安临大校刊》1938 年第
　　　　6 期。

［136］《工程学术推广部推广组织规程》，《西安临大校刊》1938 年
　　　　第 10 期。

［137］胡清林：《抗日战争中的国立西康技艺专科学校》，《中国科技

史料》1994 年第 3 期。

[138] 周宗莲：《拱坝》，《华北水利月刊》1930 年第 3 期。

[139] 周宗莲：《水利救国》，《华北水利月刊》1932 年第 7—8 期。

[140] 周宗莲：《整理湖南水利大纲》，《水利》1933 年第 5—6 期。

[141] 周宗莲：《英国之土木工程教育》，《北洋理工季刊》1936 年第 3 期。

[142] 编者：《周宗莲由英来函》，《北洋周刊》1934 年第 47 期。

[143] 周宗莲：《英国土木工程教育杂谈》，《北洋周刊》1936 年第 110 期。

[144] 周宗莲：《英国工程教育上的几个优点》，《北洋理工季刊》1936 年第 3 期。

[145] 张光斗、王冀生：《中国高等工程教育》，清华大学出版社 1995 年版。

[146]《北洋大学——天津大学校史资料选编》（第一卷），天津大学出版社 1991 年版。

[147]《国立西北工学院概要》，《西工友声》1940 年第 1 期。

[148] 杨玉东：《对抗战时期的西北工学院组成分析——兼论私立焦作工学院扮演的角色和作用》，《焦作师范高等专科学校学报》2010 年第 1 期。

[149] 张建新、李晓霞：《国立西北工学院工程教育课程体系的演化》，《西北大学学报》（自然科学版）2012 年第 4 期。

[150] 刁永健：《抗战中成长的国立西北工学院》，《读书通讯》1943 年第 67 期。

[151]《赖琏抵渝谈西北工院近况》，《申报》1941 年第 2 期。

[152] 赖琏：《发刊词》，《西北工学院季刊》1939 年第 1 期。

[153] 赵文钦：《本院土木系训练方针之商榷》，《国立西北工学院月刊》1948 年第 4 期。

[154] 赖琏：《对本院第二届毕业生训词一工程人员的责任、信仰与修养》，《西工友声》1940 年第 1 期。

[155]《西北最高学府简影》，《西北文化日报》1947 年 3 月 24 日。

［156］《美金五千，收购图书》，《西工友声》1948 年第 3 期。

［157］《教师介绍》，《国立西北工学院月刊》1948 年第 1 期。

［158］《教师介绍——本年度教授阵容》，《国立西北工学院月刊》1948 年第 4 期。

［159］编者：《国立西北工学院拟在渝蓉等处招生》，《西北文化日报》1941 年 7 月 19 日。

［160］编者：《赖琏抵渝谈西北工学院现况》，《西京日报》1942 年 9 月 28 日。

［161］孙越崎：《抗战时期焦作工学院西迁》，1983 年 6 月未刊稿。

［162］潘承孝：《期望于毕业校友者》，现存陕西省档案馆西北工学院档案。

［163］《国立西北工学院土木工程系概况》，1939 年 7 月，现存陕西省档案馆西北工学院档案。

［164］编者：《母校矿冶陈列室概况》，《西工友声》1941 年第 3—4 期。

［165］潘承孝：《本院复员经过情形》，《国立西北工学院月刊》1948 年第 1 期。

［166］王维华：《水工实验室概况》，《国立西北工学院月刊》1948 年第 5 期。

［167］杜晓晨：《机械工程概况》，《国立西北工学院月刊》1948 年第 4 期。

［168］王杰、朱红春：《北洋大学的工程教育与科学研究》，《高等工程教育研究》2008 年第 3 期。

［169］《化工系学生赴大工厂参观》，《国立西北工学院月刊》1949 年第 5 期。

［170］琦鑫圭、唐良炎：《中国近代教育史资料汇编·学制演变》，上海教育出版社 1991 年版。

［171］时赟：《中国高等农业教育近代化的历史进程》，博士学位论文，河北大学，2007 年。

［172］闵宗殿、王达：《晚清时期我国农业的新变化》，《中国社会经

济史研究》1985 年第 4 期。

[173] 宋联奎:《咸宁长安两县续志》,陕西省通志馆,1936 年。

[174] 费旭:《中国农业教育纪事》,江苏教育出版社 1989 年版。

[175] 储常林:《西北农林高等教育史》,中国农业出版社 1995 年版。

[176] 安汉:《对于西北农林专科学校设施之意见》,《西北开发》1934 年第 2 期。

[177] 关联芳:《西北农业大学校史 (1934—1984)》,陕西人民出版社 1986 年版。

[178] 黎锦熙:《国立西北大学校史》,1944 年,现存西北大学档案室。

[179] 周伯敏:《纪念本院三周年》,1942 年创刊号。

[180]《发刊词》,《国立西北农学院院刊》1942 年第 1 期。

[181] 辛树帜:《创刊号题词》,《西北农林》1936 年第 1 期。

[182]《沈学年》,百度百科 (http://baike.baidu.com/view/1670306.htm,2012 - 12 - 29)。

[183]《本院概况辑要》,《国立西北农学院院刊》1942 年第 1 期。

[184] 刘敦道:《西北区推广繁殖站历年来推广繁殖工作》,《西北农报》1947 年第 6 期。

[185]《本校之过去与现在》,《国立西北技艺专科学校校刊》1942 年第 1 期。

[186]《三十年度第一学期教务概况》,《国立西北技艺专科学校校刊》1942 年第 1 期。

[187] 曾济宽:《力行与宣传》(发刊词),《国立西北技艺专科学校校刊》1942 年第 1 期。

[188] 栗振霄:《甘肃农业大学校史》,甘肃科学技术出版社 2006 年版。

[189] 王文元:《盛彤笙与中国第一所兽医学院》,《新西部》2003 年第 8 期。

[190] 马文华:《民国时期的新疆学院》,《新疆大学学报》(哲学社会科学版) 1991 年第 4 期。

[191] 胡半生:《民国时期的宁夏省》,台湾书生书局 1988 年版。

后　记

　　时光流逝，岁月蹉跎，转眼间博士毕业已近三年。或许是艰辛攻读博士之后追求安逸，或许是对毕业论文还不甚满意，或许是工作之后教学科研任务繁重，三年来，除了忙碌地写本子、申报各级各类项目，或在原有的基础上继续研究西北联大代表性的人物，对博士论文，我一直没敢去看。好在我的导师不时提醒督促，让我终于借着付梓之机，把博士论文重又审视了一遍。

　　近代意义上的科学教育是从西方传入中国的，换言之，在近代以前中国没有真正的科学教育。而中国的科学教育肇始于洋务运动时期，西方列强用坚船利炮大肆侵略中国，挟其声、光、电、热、机器、天算等科学炫耀于吾国人面前，举国上下如梦初醒。因此，洋务派试图"师夷之长技以制夷"，积极学习西方的坚船利炮、格致器械、军备制造等"技艺"，有学者称之为"西艺教育"。维新运动时期，科学教育逐渐被重视。维新派在变法运动中废科举、兴学堂，提倡西学，创办了数百所新式学堂。而对科学（西学）教育思想最有影响的莫过于"近代西学第一人"的严复，他认为"中国此后教育，在宜著科学"，并强调其教学应以西方实事求是的科学方法作为指导，但他并未规定科学教育实施的具体教学内容、学制等，又因他的思想超前而使其发展受到限制。因此，严格来说，这一时期的科学教育并不能称为真正意义上的科学教育。新政时期，清政府于1902年颁布了中国教育史上第一个比较完整的学制，即"壬寅学制"，第一次正式将科学教育纳入学校教育体系。但是，科学教育在中国真正的倡导与发展则是在五四运动时期。这一时期，为中国科学教育做出突出贡献的则首推科学教育家任鸿隽先生，他强调"科学于教育之重要"当"确立不移"，认为"今之科学教育""唯有教以归纳的理论、实验的方法"，并实际践行科学教育。

　　近代西北地区高等科学教育的历史演变主要经历了三个阶段，即清末民初的萌芽、民初至 1937 年的初步发展以及抗战时期至新中国成立前的快速发展。而抗战时期西北联大的组建发展是捍卫中国高校与文化存续的一个重要成果。西北联大名师云集、融汇世界思想，扎根西北，在民族危难时期，不仅为中国高等教育保存了文脉，为国家储备了人才，而且极大地推动了西北地区高等教育与科学教育的发展。今日中国北方及西北的诸多知名高校，无不与西北联大有着直接或间接的渊源与传承关系。作为中国高等教育史上的一座丰碑，西北联大在战火硝烟中不仅构建了完备的高等教育体系，而且奠定了西北地区高等教育的基本格局，书写了辉煌篇章。这也正是本课题选择以西北联大为主要研究对象的初衷。

　　蓦然回首，恍如在西北大学读博的那些日子。三年的寒窗苦读，有过成功的喜悦，亦有过失败的沮丧。科学研究的路途漫漫无边，在你徘徊、迷茫之时有人为你指点方向，在你失败之时有人为你鼓舞加油，在你成功之时有人为你欢呼喝彩，曾经多少人无私的帮助与支持让你感动得泪流满面，太多的人、太多的事永远铭刻在心。

　　首先，我谨向我的导师姚远先生致以最崇高的敬意和衷心的感谢！刚进西北大学时，我就为科学研究的开启与博士论文的选题而苦恼，原因在于我本科、硕士一直攻读的是教育技术专业，但博士的学习我却选择了科学技术史。恰是姚远先生考虑到我的专业、工作、科研喜好等方方面面，再三考量与斟酌为我选定了科学教育史作为研究方向。也正是先生将我带入了科学研究的大门，教授了我科学研究的基本方法。三年来先生的教诲，字字为珍，历历在目，无论是论文的选题立题、提纲编写还是论文的撰写修改皆倾注了先生大量的心血。他严谨的治学态度、精益求精的工作作风、渊博的知识、创新的思维和高尚的人格给我留下了深刻的印象，并将使我受益终生。先生在学问方面对我们要求极为严格，还未正式入学读博，却早已要求我们上讨论班，计划学习期间的工作任务，着手毕业论文的选题与资料的收集。三年的学习期间，每一篇论文的撰写，先生都要求我们对框架结构、观点论述反复论证推敲，一字一句地修改，甚或标点符号的错误，都会严厉地批评。同时，每一篇论文都被先生改得"面目全非"，也常常让我醍醐灌顶，进而领悟到做学问的方法。先生既是严师又是慈父，在生活中给予我们许多的关心和帮助，哪怕是有好吃的东西，先生都要留给如同他的孩子一样的学生。先生的恩泽，我无以为报，唯有时刻铭记在心，努力奋斗。我也时常为花甲年轮仍在忘我耕耘，不顾身体抱恙的先生担忧，更是时常为自己不谙世事、生性笨拙，不能传承先生的学术精神、智德思想而长夜不眠。

其次，我谨以最诚挚的敬意感谢西北大学科学史研究中心曲安京教授，每一次见面，曲教授都问及我的论文进展和研究过程中存在的问题，也常常给我提出许多宝贵意见，使我备受鼓舞和启发。也曾参加了多次曲老师的近代数学讨论班，虽然我的专业不是数学，但曲教授清晰的讲解、思维的敏捷以及渊博的学识、严谨的学术态度与儒雅的风范给我留下了深刻的印象，使我领悟到许多做学问和做人的道理。

在此，我也衷心地感谢西北大学前任校长方光华教授。每每遇到方校长，他都关切地问起我对西北联大的研究进展情况，是否发现新的资料，有何观点等，还常常给我建议在哪些方面多挖掘多做些研究，从不同视角拓宽了我对西北联大研究的思路。

我还要感谢李文林教授、王大明教授、罗见今教授，他们严谨的治学精神、渊博的学识、高尚的人格使我受益匪浅。也特别感谢袁敏老师对我无尽的支持和帮助，在此，真诚地说声谢谢！感谢徐传胜教授、赵继伟博士、陈镱文博士、亢小玉博士、潘丽云博士、唐泉博士、贾随军博士等老师的指点和帮助。

在博士三年的学习生活期间，得到了李楠、宋轶文、白秀英、张必胜、尹莉、杨显、聂淑媛、滕艳辉、王鹏云、刘小燕、李婧、高琳娜、柴莉、崔莉莉、陈啸、徐跃、刘莹、吕杨等师姐、师弟、师妹们无私的帮助，与他们的交流、讨论使我获益匪浅，感谢他们的一路相伴！

感谢咸阳师范学院校各位领导为我们营造了一个宽松、和谐的科研工作环境，感谢方明校长，感谢毛龙灿副校长为我解决了许多让人一直无法释怀的难题，感谢科技产业处处长王长顺教授、张力、林君飞等老师的大力支持。我还要特别感谢教育科学学院院长贾玉霞教授、教务处处长姬建锋教授多年来给予我诸多的关心、帮助与支持，使我能够全身心投入科研工作。感谢学院图书馆馆长宇文高峰编审曾为我的研究与写作给予无私的帮助与支持。在此，一并向各位说声谢谢！

本著作出版获咸阳师范学院学术著作出版基金、咸阳师范学院拟建硕士点教育学学科建设经费资助，在此，感谢学院、感谢领导的大力支持！

最后，我要感谢我的父母多少年来给予我的关心、鼓励和帮助，每当因论文的头绪繁乱无法下笔而沮丧时，父母亲切宽慰鼓励的话语给了我前进的动力；每当我下午学习结束准备回家时，母亲一次次的电话催促着叫我去吃饭；而每当我获得一个小小的成功时，父母则满脸洋溢着喜悦；还有孩子最小最艰难的那些日子，是母亲拖着生病的身体给我照看孩子……一声感谢，怎能"报得三春晖"！还要感谢我的公婆、我的先生高阳。在读博期间，我的先生任劳任怨，担起所有的家务以及照顾孩子的责任，如果没有他的支持，我也无法专心学习、顺利毕业。要说最对不起的则是儿子高立奥，从出生到现在，我要么远在成都准备硕士论文，要么远在他乡工作，要么复习考博，他的眼里只有一次次妈妈离去的背影，他眼巴巴地盼望着跟妈妈相聚的时候，我又去读博，而他从上小学第一天起就自己去自己回，无人接送……在他最需要照顾、关心、呵护的时候，我却没在他的身边陪伴，而他却不时地为我加油，感谢儿子的懂事给予我坚持的勇气。

此刻，泪落涕流，思绪万千，一切尽在不言中，我唯有向所有关心、帮助、支持我的师长、同学、领导、同事、亲人、朋友说声谢谢，祝你们幸福快乐！我将会继续发奋努力、积极进取，不辜负大家对我的期望。

李晓霞

2017 年 3 月 9 日于秦都咸阳